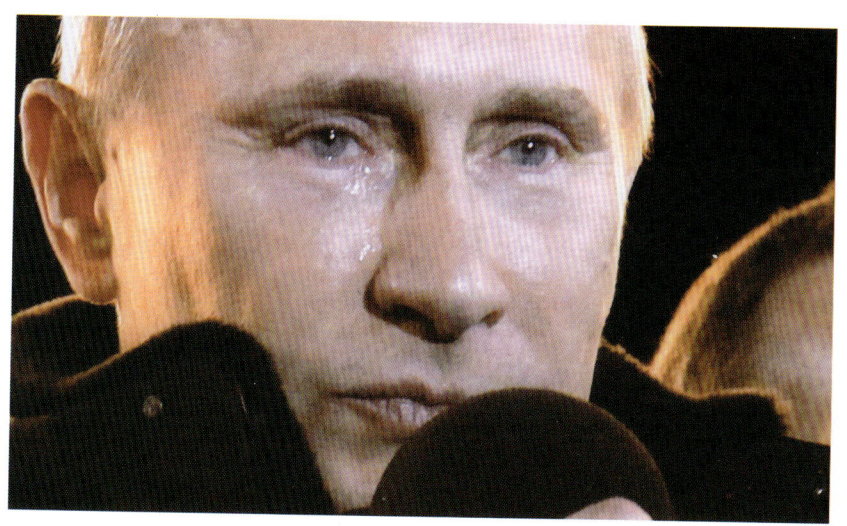

▲ 2012年3月4日，在俄罗斯首都莫斯科市中心的马涅什广场，大选获胜后，普京含泪向支持者表示感谢。

▶ 2012年5月7日，普京在莫斯科克里姆林宫安德烈厅手按宪法宣誓就任俄罗斯联邦总统。

◀ 2012年5月8日，俄罗斯国家杜马（议会下院）在非例行全体会议上以299票赞成、144票反对的表决结果，批准了俄总统普京（右）对梅德韦杰夫（左）出任新一届政府总理的提名。

◀ 2013年4月10日，普京与两只爱犬巴里与尤玛在莫斯科州郊外的雪地上玩耍。

▶ 2013年6月，普京和夫人柳德米拉·普京娜宣布离婚。图为2008年3月2日在俄罗斯莫斯科拍摄的普京和柳德米拉的资料照片。

◀ 2013年7月20日，普京在西伯利亚图瓦地区度假时举着捕获的巨大梭子鱼。

▶ 2013年8月30日，在俄罗斯哈巴罗夫斯克边疆区，普京安慰一名受灾撤离的孩子。

◀ 2013年12月12日，俄罗斯莫斯科克里姆林宫，普京走入会场。当日，普京在克里姆林宫发表了一年一度的国情咨文。

▶ 2013年12月24日，在俄罗斯首都莫斯科，俄罗斯总统普京（中）、白俄罗斯总统卢卡申科（右）和哈萨克斯坦总统纳扎尔巴耶夫（左）出席欧亚经济委员会最高理事会会议。

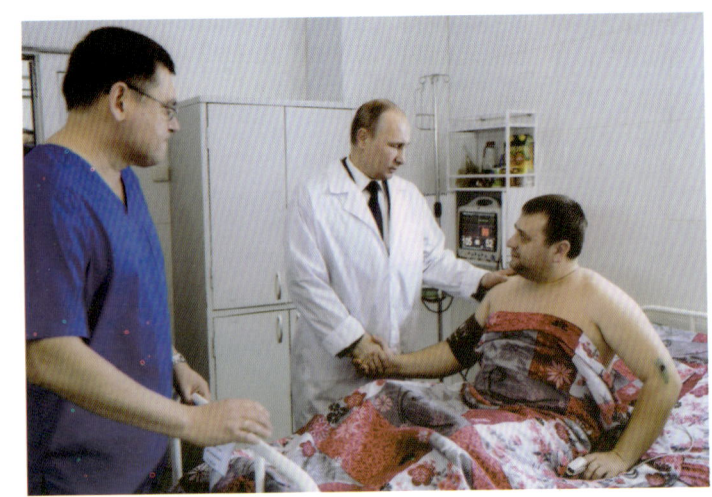

▶ 2014年1月1日,普京在俄南部城市伏尔加格勒的一所医院内慰问爆炸受伤人员。

◀ 2014年1月3日,普京和总理梅德韦杰夫(中)在索契劳拉滑雪中心乘坐缆车。

▶ 2014年2月13日,俄罗斯总统普京(右)在首都莫斯科与埃及军方领导人塞西会晤。

▲ 2014年3月21日，俄罗斯总统普京在莫斯科克里姆林宫签署克里米亚入俄条约。

◀ 2014年4月29日，在白俄罗斯首都明斯克，俄罗斯总统普京、白俄罗斯总统卢卡申科和哈萨克斯坦总统纳扎尔巴耶夫（从右至左）在欧亚经济委员会最高理事会会议前合影。

▲ 2014年5月8日，普京参加在莫斯科无名烈士墓举行的献花仪式，悼念在伟大的卫国战争（1941～1945年）期间牺牲的苏联红军将士。

▶ 2014年5月9日，普京与政府总理梅德韦杰夫参加在莫斯科红场举行的伟大卫国战争胜利69周年阅兵式。

◀ 2014年5月10日,普京(左)在索契参加了一场冰球友谊赛。

▶ 2014年5月28日,普京在莫斯科克里姆林宫出席政府会议。

◀ 2014年6月6日,在法国多维尔,普京在出席诺曼底登陆70周年国际纪念仪式之后举行的新闻发布会上讲话。

▲ 2014年6月11日，在俄罗斯首都莫斯科市中心一家商店，店员身着印有普京头像的T恤衫。

► 2014年6月22日，在俄罗斯莫斯科，普京和总理梅德韦杰夫出席俄罗斯卫国战争爆发73周年纪念仪式后离开。

魅力王者 普京传

文轩 编著

中国书籍出版社

图书在版编目（CIP）数据

魅力王者：普京传 / 文轩编著 .—北京：中国书籍出版社，2014.7
ISBN 978-7-5068-4339-3

Ⅰ．①魅… Ⅱ．①文… Ⅲ．①普京—传记 Ⅳ．① K835.127=6

中国版本图书馆 CIP 数据核字（2014）第 190474 号

魅力王者：普京传

文轩　编著

图书策划	武　斌　崔付建
责任编辑	牛　超
责任印制	孙马飞　张智勇
出版发行	中国书籍出版社
地　　址	北京市丰台区三路居路 97 号（邮编：100073）
电　　话	（010）52257143（总编室）　（010）52257153（发行部）
电子邮箱	chinabp@vip.sina.com
经　　销	全国新华书店
印　　刷	北京富达印务有限公司
开　　本	710 毫米 × 1000 毫米　1/16
字　　数	350 千字
印　　张	20.75
版　　次	2014 年 9 月第 1 版　2016 年 1 月第 3 次印刷
书　　号	ISBN 978-7-5068-4339-3
定　　价	38.00 元

版权所有　翻印必究

普京是谁?

他有着足够传奇的人生:他曾是神秘莫测的职业特工,他也是精通飞行、格斗的硬汉,他还是令男人崇拜、女人着迷的跨国偶像。噢,对了,他真正的身份是强力维护俄罗斯利益的铁腕政治家,在俄罗斯政坛空前绝后的两任总理三任总统。

您说什么呢,在地球上我有很多工作!

至今为止,在世界各国元首级人物中,普京似乎有些另类,他是如此爱好多多、精力旺盛:他能在西伯利亚林海雪原策马奔驰,在滚滚波涛中钓鱼摸鲸;他能开战斗机上九天揽月,也能乘潜艇下大洋探海;他能威风凛凛驾驶哈雷摩托风驰电掣,还能打冰球、弹钢琴、练柔道,他跆拳道功夫更是了得,被授予了荣誉黑带九段。在这个世界上,很难找到比普京更"多才多艺"的政要了。但当记者问他"是不是还要去宇宙"时,普京笑着说:"您说什么呢,在地球上我有很多工作!"

我像奴隶一样从早到晚地劳作,我付出了自己的全部力气!

主政俄罗斯以来,他加强中央集权、打击金融寡头、治理车臣乱局、应对金融危机。他就像伏尔加河上的纤夫,用练过柔道的肩膀拉动着俄罗斯这条大船奋力前行。他凝聚了俄罗斯人民的民族精神，鼓起了他们开拓幸福生活的勇气和热情。在今天的俄罗斯，很难找到比普京更让百姓放心的领导人了。当记者问他"做一把手的感觉"时，普京却冷静地说："我像奴隶一样从早到晚地劳作，我付出了自己的全部力气！"

给我 20 年时间，还你一个奇迹般的俄罗斯！

他曾多次引用彼得大帝的话："我为生在俄罗斯而自豪！"他渴望："我要一直掌权下去，将俄罗斯带回世界之巅！"他承诺："我将用我毕生的精力去捍卫俄罗斯，为服务人民而努力！"他梦想："我希望有一天俄罗斯人能够说，我为生在俄罗斯而自豪！"从总理到总统再到总理，直到第三次当选总统，他正演绎着国际政坛上绝无仅有的传奇。他豪言："给我 20 年时间，还你一个奇迹般的俄罗斯！"

我给自己的评分是良好，打 4 分。

政治是一个荆棘丛生、布满陷阱的领域，参与其中进行角逐的人多是高手、精英。在这个精英云集的角斗场上普京却如鱼得水、大获成功，从一个名不见经传的普通官员，悄无声息地执掌了世界上最复杂、最棘手、也是最不稳定的国家大权。而且，这种大权在握不是昙花一现，而是 10 年、20 年地持续，并创造了一个时代——普京时代。

普京的铁腕治国，不仅使他赢得了俄罗斯民众的拥护，也给他带来了众说纷纭的争议，在国内、国外都不乏对普京的批评乃至谴责的声音。2014 年的克里米亚闪电入俄后，普京在这一事件中以及历来对西方国家的强硬表现，让许多西方人惊呼"希特勒再生"。美国前国务卿希拉里就评论说：普京保护乌克兰克里米亚半岛的所有俄裔居民，令人想起希特勒在二战前为保护日耳曼人所采取的行动。对此，普京的回应是："如果有人越界太远，这往往并不是因为其强大，而是因为其软弱。"

"软弱"是普京眼中的弱点，也反映了俄罗斯这个民族的价值取向。"对于俄罗斯人来说，一个强大的国家不是什么异己的怪物，不是要与之做斗争的东西，恰恰相反，它是秩序的源头和保障，是一切革新的基础。目前俄罗斯复兴和蓬勃发展的关键就在于国家政治领域。俄罗斯需要一个强有力的国家政权体系，也应该拥有这样一个政权体系。"普京这样表述自己的政治观念。

从这个意义上说，是俄罗斯人民选择了普京和普京的强硬。

对于自己的表现，普京说："我给自己的评分是良好，打4分。"

那么，只给自己打4分的普京，想必会在这条强者之路上继续努力下去，直到实现他的理想——将俄罗斯带回世界之巅。

目 录
contents

第一章 普京，俄罗斯人的骄傲

一、普京，俄罗斯人的骄傲……………………………………… 3
二、为俄罗斯重夺大国话语权…………………………………… 3
三、普京魅力唤起爱国热情……………………………………… 5
四、普京离婚，"硬汉"也是"普通人"………………………… 7

第二章 普京，平民中崛起的一颗新星

一、我本平凡……………………………………………………… 11
二、为圣彼得堡争光……………………………………………… 12
三、综合素质打天下……………………………………………… 14
四、觉悟之路——从青涩到成熟………………………………… 18
五、跨进大学，实现梦想………………………………………… 21
六、"特务营"练神功…………………………………………… 23
七、东德谈判，小荷才露尖尖角………………………………… 26
八、抓住机遇，实现命运的转折………………………………… 30

九、到关键部门工作，赢得关键人物的信任和好感……………… 32

十、迎来事业的辉煌——圣彼得堡的副市长………………………… 37

十一、面临低谷也生死不弃……………………………………………… 38

第三章　走进权力中心，成为叶利钦的红人

一、峰回路转，一脚踏进莫斯科………………………………………… 43

二、成为叶利钦身边的红人……………………………………………… 45

三、顺应时局，让命运奇迹般崛起……………………………………… 48

四、车臣一战扬威名……………………………………………………… 49

五、叶利钦运筹帷幄，用"团结联盟"搞定杜马……………………… 52

六、叶利钦惊人之举给普京意外转机…………………………………… 55

第四章　难忘新千年，走向权力的红地毯

一、2000年，普京命运的转折年………………………………………… 61

二、竞选总统硝烟浓……………………………………………………… 62

三、调换得力干将，铺平竞争的道路…………………………………… 65

四、组建智囊团，为竞选获胜打好基础………………………………… 68

五、意外转机，登上权力巅峰…………………………………………… 72

六、就职，经历辉煌的那一刻…………………………………………… 74

第五章　重整山河，大显身手

一、普京接了个"烂摊子"……………………………………………… 79

二、普京，现在就看你的了 ………………………………… 82

三、果断"削藩"，恢复中央权威 ………………………… 84

四、改革联邦委员会 ………………………………………… 87

五、组建现代化政治力量 …………………………………… 89

六、行政改革全面展开 ……………………………………… 92

七、打击"寡头"毫不手软 ………………………………… 95

八、走独特的经济发展之路 ………………………………… 100

九、加快经济改革步伐 ……………………………………… 102

十、经济发展，任重道远 …………………………………… 104

第六章 传播友谊，让俄罗斯影响世界

一、从一边倒到多极外交 …………………………………… 109

二、独联体：俄罗斯的坚强后盾 …………………………… 111

三、欧洲，最亲密的伙伴 …………………………………… 115

四、加强与亚太新兴国家关系 ……………………………… 119

五、俄中关系在磨砺中推进 ………………………………… 122

六、美国——对手变朋友 …………………………………… 124

第七章 应对危机——俄罗斯永远拥有未来

一、意外的打击——"库尔斯克号"事件 ………………… 129

二、又一次意外打击——"米-26"直升机的坠落 ………… 133

三、反恐行动，驱散俄罗斯上空的乌云 …………………… 137

四、重新面对车臣 ……………………………………………… 141
五、反恐斗争任重道远 …………………………………………… 144
六、建立一个政治稳定、经济发展的新车臣 ………………… 148

第八章　成功连任，普京登上新台阶

一、地方官员备战杜马选举 …………………………………… 153
二、杜马选举的冲刺阶段 ……………………………………… 155
三、选举投票，一锤定音 ……………………………………… 157
四、七大候选人角逐总统 ……………………………………… 158
五、普京频频亮相，以独立候选人的方式参加竞选 ………… 160
六、把寡头从政治领域清除出去 ……………………………… 163
七、总理换人 …………………………………………………… 168
八、联合军事演习为普京竞选造势 …………………………… 172
九、2004年3月，俄罗斯人民的重要抉择 …………………… 174
十、众望所归，成就最有说服力 ……………………………… 180

第九章　我有一个强国梦

一、我有一个强国梦 …………………………………………… 187
二、连任，任重道远 …………………………………………… 189
三、震撼俄罗斯的政治改革 …………………………………… 191
四、普京再动人事手术刀 ……………………………………… 194
五、挥起反腐利剑 ……………………………………………… 196

六、严整强力部门……197

七、让经济均衡发展……201

八、重建军事强国……203

九、普京连任后的外交政策……206

十、打好能源外交牌……210

十一、应对"橙色风暴"……212

十二、普京遇到的大挑战……216

十三、把反恐进行到底……219

第十章 角色变换——普京从总统到总理

一、2008,普京权力交接年……227

二、完成权力交接,普京可以轻松一下了……228

三、我已准备好出任总理……230

四、低调"管家",确保继任者"独立强势"……232

五、"普京计划"点燃人们的梦想……234

六、怎样看待梅普组合……235

七、梅普联手,走出危机……237

八、普京任总理时的俄中关系……240

第十一章 王者归来看普京

一、俄罗斯政坛变动,中国不能不关心……245

二、王者归来看普京……247

三、眼含热泪的普京：我们赢了！……………………………………… 248

四、"梅普"二人转——权力的轮回与默契 ……………………… 250

五、强权背后的政治智慧……………………………………………… 252

六、无可替代的普京…………………………………………………… 254

七、大选：金钱与权力的对决………………………………………… 255

八、俄罗斯民众这样看普京归来……………………………………… 257

九、普京归来，外界众说纷纭………………………………………… 258

十、中国，怎样看待普京归来？……………………………………… 260

第十二章　第三度入主克里姆林宫

一、普京上任周年获半数民众认可…………………………………… 265

二、普京的2013——五大年度关键事件 …………………………… 267

三、克里米亚入俄：俄罗斯安全环境新挑战………………………… 268

四、普京反腐：没有碰不得的人……………………………………… 272

五、涨薪背后的官员财产公示………………………………………… 273

六、普京离婚——无关政治只因爱…………………………………… 274

第十三章　走近魅力普京

一、"平民"总统，这就是独特的魅力……………………………… 281

二、亲切随和的总统…………………………………………………… 283

三、女性心目中最有魅力的男人……………………………………… 286

四、运动健将普京……………………………………………………… 290

五、普京思想的魅力……………………………293
六、普京的个性感召力…………………………295
七、独特的工作风格……………………………298
八、老练的处事原则……………………………301
九、韬光养晦，以柔克刚………………………304
十、像普京那样健康生活………………………306

第一章

普京，俄罗斯人的骄傲

俄罗斯莫斯科市市长索比亚宁评价普京："真正的男子汉和一名强有力的领袖。"

传记作者克罗波克评价普京："从许多方面来看，普京是俄罗斯民族意识的具体体现。在过去100年中，我们从来没有一个领导人能够像普京一样如此接近俄罗斯的魂。"

截至2014年3月末普京的支持率达到82.3%。

普京，俄罗斯人的骄傲！

一、普京，俄罗斯人的骄傲

2012年12月6日，美国《福布斯》杂志公布了"2012年全球最具影响力人物"排行，于当年重新当选俄罗斯总统的弗拉基米尔·普京排名第三。而在2011年的排行榜中时任俄罗斯总理的普京位居第二。

2013年10月30日，《福布斯》杂志揭晓2013年世界最有影响力的名人榜，俄罗斯总统普京坐上首位，成为"世界上最有权势"的人。这是普京第一次问鼎该排行榜。美国总统奥巴马自2011年以来第一次丢掉榜首位置，跌至第二位。《福布斯》杂志认为，普京第三度出任总统，显示权力巩固，是"一个实力日渐损耗、却仍然要强的超级大国的全能领导者"。普京之所以比美国总统奥巴马排名更靠前，是因为他"巩固了对俄罗斯的控制"。

2013年11月4日，俄罗斯总统普京荣获全世界俄罗斯人民大会首次颁发的捍卫俄罗斯大国地位奖。莫斯科与全俄罗斯东正教大牧首基里尔授予普京奖品与证书。奖品是以1862年建成的"下诺夫哥罗德千年纪念碑"为模型设计的。基里尔表示，"众所周知，不是别人，正是您在20世纪末做出的贡献使俄罗斯重新成为了一个大国，让它恢复了自己的地位。"因而，全世界俄罗斯人民大会领导层在10月底做出决定，将俄罗斯人民大会首次颁发的捍卫俄罗斯大国地位奖授予普京，以表彰他为"人民、社会和国家"所做出的特别贡献。

2014年3月，普京被提名为2014年诺贝尔和平奖候选人。

二、为俄罗斯重夺大国话语权

苏联解体以后，在拥有强大媒体传播能力的西方的语境中，俄罗斯的国家形象被严重"他塑"。但随着俄罗斯在叙利亚危机、乌克兰危机和克里米亚变局中力挽狂澜，世界发现，必须学会倾听普京所代表的"俄罗斯的声音"。

普京在几次危机中态度坚决、手段强悍地维护国家战略利益，其高超的外交手腕大大提升了俄罗斯的国际影响力，冲击了西方世界的道德神坛与话语统治权，提高了俄罗斯在国际上尤其是在非西方世界的威望，有效地传播了俄罗斯的政治态度和立场，并在国际社会产生强烈反响。普京的言行不仅增强了俄罗斯的软实力，也为俄罗斯在世界政治舞台上赢得了更多的话语权，提高了俄罗斯民族整体的凝聚力和向心力，扩大了俄罗斯的政治影响力。

普京给俄罗斯人带来了民族复兴的梦想和自豪感，使俄罗斯人振奋精神，重新燃起对大国地位的强烈渴望。普京面对西方国家态度强硬，风格果敢，带有一种不可动摇的淡定，这些都让俄罗斯人钦佩不已。普京之所以敢强硬地同西方国家抗衡，是因为他始终把俄罗斯的利益摆在高于一切的位置。

从2007年在慕尼黑安全会议上宣称要"打破单极世界幻想"，到2013年在《纽约时报》上发表名为"恳请"、实为警告的《俄罗斯恳请谨慎》一文，再至2014年3月发表关于乌克兰局势和克里米亚入俄问题的讲话，俄罗斯在普京的言行中重现了一个世界政治强国的姿态。

中国古语讲：听其言，观其行。普京的语言有着鲜明的风格和特点：有理有据，以理服人，以情动人；对友邻尊重，礼遇相加，而回击对手则言辞犀利，丝毫不留情面。普京曾在批驳西方大国的双重标准时讲道："同一件事情你今天说它是白的，明天说它是黑的。"在听到西方的批评或挑衅时，普京也绝不忍气吞声，总能以眼还眼、以牙还牙。但普京的风格有时也尽显温情，当他说出"俄罗斯现在退到了无路可退的边缘，就像一根弹簧被压到底，它是会猛烈地弹起来的"这番话时，带给人们的却是电视屏幕上那个眼角湿润的形象。

三、普京魅力唤起爱国热情

爱国主义是普京维持较高支持率的重要支柱之一,爱国主义与普京实现富民强国梦想相辅相成,为俄罗斯重振大国雄风不断提供强大精神动力。俄罗斯官方将爱国主义定义为:尊重国家的传统和价值观,热爱祖国,忠于祖国,努力为国家利益服务,时刻准备保卫祖国,在必要时不惜为国家献出生命。

推进爱国主义教育

苏联解体后,在俄罗斯青少年教育中,"爱国主义""祖国"和"责任"等字眼曾一度消失,从而导致年轻人公民意识淡漠,国家发展缺乏精神动力。普京执政以来,高度重视对公民进行爱国主义教育。他指出,爱国主义教育要遵循"诚实、公开和高效"原则。

在俄罗斯,爱国主义教育已被视为一项系统工程,并采取了一系列措施将这一工作推向深入。2012年9月,普京在俄南部克拉斯诺达尔边疆区专门召开会议,系统讨论如何完善俄罗斯爱国主义教育体系问题。10月,普京签署《关于完善国家爱国主义教育政策》的命令。根据此项命令,俄罗斯在总统办公厅框架内成立社会项目管理局。这一机构也被称为"爱国主义管理局",其主要任务是加强全社会思想道德建设,完善爱国主义教育政策,制定和落实大型项目推进爱国主义教育。2013年11月,普京还亲自向议会提交法案,建议俄各教育机构更广泛使用国旗、国歌等国家象征,以培养年轻一代的爱国主义情怀。

普京指出,外部势力正企图对俄罗斯民族文化施加影响,将自身价值体系强加于俄罗斯,为了使俄罗斯不失去民族特性,应该培养青年的爱国主义情感。他还强调，真正的爱国主义与种族主义完全不是一回事。

强势体育带来荣耀

　　体育是俄政府爱国主义教育体系的重要组成部分。2014年2月在俄罗斯索契举办的第22届冬季奥林匹克运动会遭到一些西方国家的抵制，而国际社会也因俄罗斯南部伏尔加格勒市遭恐怖袭击而对此次冬奥会安全状况担忧，但在俄罗斯政府的出色组织下，索契冬奥会成功举行，得到了俄罗斯民众的认可，俄罗斯体育健儿取得的佳绩更是激发了民众强烈的自豪感。

　　在此之前，2013年7月在俄罗斯喀山市举行的第27届世界大学生运动会上，俄罗斯代表团在金牌榜和奖牌榜上均以傲人优势雄踞榜首；8月的世界田径锦标赛上俄罗斯队成功超越老对手美国队位列金牌榜第一。

　　俄罗斯体育健儿的出色表现让俄罗斯人迸发出了强烈的爱国情绪和民族自豪感。每当有俄罗斯运动员出场时，俄罗斯观众都会发出震耳欲聋的呐喊助威声，每当赛场升起俄罗斯国旗、奏响俄罗斯国歌时，许多俄罗斯观众便随着音乐旋律高唱国歌，一些人还流下激动的泪水。

历史教育效果显著

　　历史教育也是俄罗斯爱国主义教育的重要切入点。其中，围绕卫国战争等重大事件纪念日开展的爱国主义教育活动规模最大，所产生的正面效果最为显著。

　　每年5月9日胜利日当天，俄罗斯都会在红场举行盛大阅兵式。卫国战争老战士胸前挂满勋章，应邀观摩阅兵式。许多年轻人都主动与老战士合影，倾听他们讲述战争时期的人与事。对于年轻人来说，阅兵式仿佛是一堂生动的历史课，他们能从中感受到爱国主义的熏陶。除了每年庆祝胜利日外,俄罗斯还隆重纪念卫国战争中的一些重大战役胜利日,以便让全社会牢记历史。

在俄罗斯,苏联时期形成的军事爱国主义教育方式绝大多数都以不同形式保留下来,比如苏沃洛夫军事学校、支援陆海空军志愿协会、军事爱国主义俱乐部等。

其中,苏沃洛夫军事学校于1943年建立,是为中小学年龄段的孩子建立的军校,当时的主要任务是使在卫国战争中阵亡将士的孩子们受到教育,使他们成为军人。如今其主要任务是按照忠于祖国和保卫祖国的传统培养和教育新一代,为学生们今后报考国防部和其他强力机构下属高等学校进行准备。这类少年军校与普通中小学相比在爱国主义教育方面力度更大,对培养年轻人的荣誉感起到了很大作用。

四、普京离婚,"硬汉"也是"普通人"

2013年6月6日,普京夫妇二人在克里姆林宫看完芭蕾舞演出后,宣布和平分手,为坊间有关普京婚姻状况的传言划上句号。普京宣布离婚,揭开这名"硬汉"普通人的一面。

俄罗斯《莫斯科记者报》2008年曾有过报道,称普京将与柳德米拉离婚,迎娶25岁的艺术体操运动员阿琳娜·卡巴耶娃。卡巴耶娃随即否认这一报道。当时在意大利访问的普京斥责这一报道"没有任何真实性"。《莫斯科记者报》随后承认报道不属实,向两人道歉。

而除了卡巴耶娃外,一些媒体还曾炒作过普京和因俄美互换特工而"走红"的俄罗斯"美女特工"安娜·查普曼之间的绯闻,遭到严厉驳斥。

2008年4月,普京在一场新闻发布会上斥责媒体,称他们是在对自己造谣诽谤。他说,"有报纸谈到卡巴耶娃,还有一些媒体提到其他成功而漂亮的姑娘们……她们,我都很喜欢,这并不奇怪,就像我喜欢所有俄罗斯女性一样"。

而普京一直把家人保护在媒体聚光灯之外。外界都知道普京有两个女儿，但所知也仅限于二人分别出生于1985年和1986年。俄官方和主流媒体几乎没有发布过普京两个女儿玛莎和卡佳成年后的照片。

普京表示，尽管公众有权知道公众人物如何生活，但每个人都有私生活，干涉别人的私生活是不允许的。"我会很不客气地对待那些用敏感鼻子和肉欲想象窥探别人私生活的人，我讨厌这些人。"

就普京公开自己的婚姻状况，俄罗斯分析师和民众反应不一。有人认为普京公开宣布离婚"显然史无前例"，而不少俄罗斯人对这一消息并不感到吃惊。虽然"担心他的支持率会下降"，但觉得普京公开感情生活是"不错的做法"。大部分人则认为离婚不会影响普京的公众形象，相反可能会推升他的支持率，因为"许多人会想，他也是人"。

第二章

普京，平民中崛起的一颗新星

众所周知，普京的出身既不高贵，也没有什么显赫的背景。那么，他能成功难道只是因为幸运女神格外眷顾他这个"小个子"吗？非也！就像任何人取得事业的成功都有一番道理一样，普京的成功也有着一定的规律可循。沿着他成功的轨迹去寻找，我们就可以得到很多启示！

一、我本平凡

　　1952年10月7日，普京出生于列宁格勒(1991年改名为圣彼得堡)一个普通的工人家庭里。虽然普京的父母是工人，但是他们都来自特维尔州图尔根诺斯基农村，都是地地道道的农民出身。婚后第4年，他们决定移居列宁格勒。当时他们并没有住到繁华的大城市，而是住在了城郊。但是这次迁移，父母的身份发生了变化。母亲进工厂工作成了工人，父亲则到潜艇舰队服役成为士兵。卫国战争中，父亲上了前线，受伤后父亲退伍回到列宁格勒的工厂，在那里工作了一辈子。

　　可见，普京的家庭出身是很普通的，没有什么显赫的家庭背景，也没有什么炫目的光环。

　　普京曾有两个哥哥，都是幼年早夭。母亲直到41岁时才生下他这个"独苗"，父母自然视他为掌上明珠，疼爱有加。普京的父亲虽然是一个很严肃的人，不苟言笑，和邻居们交往也不多，对普京也往往很严厉，可是普京知道，父亲对他的爱深埋在内心里，不会轻易表达出来的。普京的母亲更是舐犊情深，处处围着他这个"小皇帝"转。普京自己曾回忆说："在父母的心目中，最为珍贵的就是我！"这让他本身有一种优越感，相信自己可以胜任任何事情。这种优越感带来的自信感为他以后从政，处理各种意外和棘手的事件时都能坚强屹立、泰山压顶不弯腰打下了心理基础。

　　小时候的普京就像大多数这个年龄段的孩子一样十分贪玩。当时普京家住的地方是两个院子合在一起的，所以，他有很多小伙伴。他也喜欢和他们一起在外面玩，经常玩得昏天黑地。即便上学后小普京也不安分。根据俄罗斯权威报纸《共青团真理报》报道，普京当年上小学时，老师在他的学生手册上曾写过："今天普京在上课前把黑板擦往同学身上砸去""回家没有做数学作业""上课时大声说话"等等此类的内容。另外，该手册还记录了普京居然和学校的体育老师打架的事情。可想而知，普京当时是多么顽皮。

小普京不但贪玩，而且学习成绩也不理想。普京的小学生手册上还记录着他当时算术和自然课只得了三分，而绘画更是只拿了二分。他唯一拿到五分的课程是历史。在当时的苏联推行的是五分制，五分就是满分了。正因为他"好勇斗狠"，又加上成绩不怎么样，直到6年级才加入少先队。

但是，有一点奇怪的是，普京当时最喜欢的课程是德语。4年级时，班上组织外语学习小组分别教英语和德语。学英语在当时比较时髦，可小普京做出了与众不同的选择——学德语。这一选择为他日后入选国家安全委员会并赴东德工作打下了良好的基础。

尽管普京有这个爱好，可也没有给他的成绩增色多少。因此，可以说，普京在学生时代是平淡无奇的。许多教过他的老师都想不起他来，即使有想起他的老师，也只是惊讶，"想不到他会当总统！他太普通了！"

虽然学习成绩不理想，但普京喜爱运动和体育。普京因为个子小，不是打篮球、跳高、跳远的料，于是从10岁起，就开始学柔道。普京的教练在训练场上就像是他的父亲一样，言传身教，把他从一个爱打架闹事的顽皮孩子变成了一个热爱搏击运动的体育苗子。1974年秋天，普京获得了列宁格勒的柔道冠军。

二、为圣彼得堡争光

由此看来，不论普京的家庭出身还是上小学时的表现都很普通，但是他的出生地——圣彼得堡，是一个英雄的充满无限荣光的城市。普京在圣彼得堡出生，在这里从小学读到大学。1990年他从克格勃退役后，又是故乡接纳了他。圣彼得堡在普京的人生轨迹中占有很重要的地位。

普京最崇敬的人物就是这座城市的奠基者——彼得大帝。普京在出任代总统之后，办公室里所挂的唯一肖像，就是彼得大帝的画像。因此，要了解普京，应该先了解圣彼得堡和彼得大帝。

彼得大帝是圣彼得堡的创建者。彼得大帝生于1672年，1725年去世。他是沙皇阿列克谢一世的儿子，17岁亲政。他年轻时曾用化名到当时的航海大国荷兰和英国学习造船技术，后创建了俄罗斯的海军舰队，此后不断对外发动战争。在战争初期，彼得在通往芬兰湾的涅瓦河两岸开始构筑堡垒，命名为彼得堡。尽管当时条件恶劣，彼得还是以他的慧眼看到了这块土地的重要性，这里是通向波罗的海的出口，是俄罗斯通向欧洲的海上通道。因此，他不顾莫斯科贵族和官员的反对，决定迁都此地。终于，圣彼得堡终于在1712年初具规模，发展为以工业为主的城市。到18世纪中叶，圣彼得堡已经有十万人口。圣彼得堡能发展到今天，俄罗斯能有现在辽阔的版图，都和彼得大帝的功劳分不开。

圣彼得堡在1917年二月革命后改名彼得格勒，1924年列宁去世后，改为列宁格勒，到1991年再改回圣彼得堡。

圣彼得堡是俄罗斯第二大城市，市区面积570平方公里（包括水域面积58平方公里）。

这里和莫斯科不同，圣彼得堡是优雅的，也是开放的，它是世界上最美丽的城市之一。从地理位置上来说，圣彼得堡气候属温和大陆型，冬季严寒，夏季凉爽。从自然环境上来说，圣彼得堡位于波罗的海芬兰湾的东岸，跨涅瓦河，有"北方威尼斯"之称。

从人文景观上来说，圣彼得堡具有深厚的文化传统，是俄国的文化、艺术、科学中心。在俄国和世界文学史上占有重要地位的作家普希金、陀思妥也夫斯基、果戈理、阿赫马托娃、冈察洛夫、莱蒙托夫、屠格涅夫、叶赛宁等均活跃于圣彼得堡。另外，圣彼得堡的音乐和芭蕾舞也享誉世界，这里有世界上享有盛名的大型音乐和芭蕾舞表演团体。俄罗斯芭蕾舞是在圣彼得堡发展起来的，圣彼得堡音乐学院还培养了柴可夫斯基、拉赫曼尼诺夫等一批著名的作曲家。圣彼得堡爱乐交响乐团，是俄国和欧洲最好的交响乐团之一。普京当圣彼得堡副市长的时候，经常观赏精彩的演出。圣彼得堡也是俄罗斯美术的中心，列宾、苏里科夫和谢罗夫等大师均出自圣彼得堡美术学院。

一个城市能够产生如此众多的文学家和艺术家，在世界各地的大城市中并不多见。圣彼得堡不仅盛产文学家和艺术家，而且也是科学家的殿堂。18世纪和19世纪几乎俄国所有最重要的科学家都曾经在圣彼得堡工作，包括俄国自然科学之父罗蒙诺索夫，发现化学元素周期的门杰列夫，俄国首位获得诺贝尔奖的生物学家巴甫洛夫等。能够在这样的城市出生、生活和受教育，对普京的成长有着深远的影响。

三、综合素质打天下

尽管普京小时候学习成绩并不理想，而且还是个爱捣蛋的孩子王，可是他品质是善良的、质朴的，性格是坚毅刚强的，也是充满正义感和追求上进的。这一切和他的家庭出身和父母的教育分不开。

爱国情怀

普京出生在一个普通的工人家庭中，父母都是质朴善良的，而且父亲特别追求进步。普京的父亲是一名"模范共产党员"，对祖国有着深厚的感情，经常对儿子进行爱国主义教育，一心要让儿子成为一个对国家真正有用的人。这对普京以后理想的树立和职业的选择都起到了重要的影响。

爱憎分明

普京的善良大多受母亲言传身教的影响。母亲是一名虔诚的东正教信徒。由于东正教当时被苏联政府打压，普京的母亲不在家中进行宗教活动，但她在普京小时候便向他灌输东正教思想。起初，普京并没有太当回事，可是当他长大结婚后，妻子遭遇了一次车祸，一场大火烧毁了他们的房屋。这件事使得普京成为了一名东正教徒。

普京小学时的教师维拉还记得，有一年夏天，维拉老师和普京的父母一起带着自己的儿女到南方旅游。他们住在一位农民家中，曾发生过这样一件事情。当时，主人家的一只猫生下了5只猫仔，女主人二话不说，把这5只小猫全都丢进了泔水桶里。维拉老师的女儿看到这种恐怖的情景后哭着去喊普京救救猫。普京马上从泔水桶中捞出了活着的3只。以后的几天，普京看到女主人都紧绷着脸不理睬她。有一次，普京和维拉老师的女儿在吃香肠，女主人说："真想尝尝香肠是什么味道啊！"普京毫不犹豫地一口拒绝。维拉老师听到后吃惊地问他为什么这样，普京回答说"我才不会给这种毫无人性的恶棍吃东西！"可见爱憎分明的立场和慈爱的情怀从小就在普京心中生根发芽了。

争强好胜

小时候的普京争强好胜是有名的。他曾和人打赌，敢把身子悬在学校4楼的阳台上。结果他真的冒着摔下去的危险这样做了。在一片惊呼声中，他赢了。他的虚荣心得到了满足。

当普京喜欢上摔跤和柔道后，他的理念就是干什么就一定要干好。他学习摔跤和柔道两年之后，便开始获奖了。通过参加体育运动，普京也懂得了公平的竞争意识和道德准则，树立了不服输和尊重竞争对手的良好品格。

坚强刚毅

在普京的性格中，有着坚强刚毅的一面，这和他长期参加体育锻炼是分不开的。练习柔道和摔跤时老师要求十分严厉，普京也为此付出过很大的代价，可是他从不叫苦叫累，总是咬牙坚持着。从事这些体育活动锻炼了他坚强刚毅的性格。

平等待人

如果说小时候的普京只知道争强好胜出风头的话，随着年龄的增长，他也学会了要平等待人。

有一件事给普京的震动很大，他至今记忆犹新。

普京读完8年级转入了281中学继续学习。281中学当时在圣彼得堡算是一所比较注重教育质量的学校。可是，281中学的教师却不像其他学校的老师那样总是板起一张扑克脸来教训学生。很多老师都主张"人性化教学"。

普京记得，有一次，数学老师戈里高里耶夫娜·波格达诺娃在上课前忽然发现自己鞋上的绒球不见了，便开始四下寻找。这时，小普京开口说道："老师，我们已经把它当足球玩了。"没想到这位女老师不但没有严厉斥责普京，反而从另一只鞋上解下绒球递给同学们说："这是你们的第二个足球，你们拿去玩吧。"

学生们没想到老师如此和蔼可亲，把他们当成朋友一般看待，之前对老师威严的印象一下子改变了。可想而知，这种宽松的学习环境，对正接受教育和成长的孩子们来说是多么重要。

就是在这种民主平等、和蔼可亲的氛围中，普京度过了他的中学时光，也学会了用同样的方式对待周围的人，而不是单纯去用拳头打天下。

不轻易卷入冲突

普京在小时候，曾经被一个"瘦猴"打过。起因是因为普京当时小看了这个男孩。他认为这个男孩子一点也不人高马大，因此对他出言不逊。没想到这个瘦骨伶仃的男孩一下子就把他打倒了，因为他在年龄上比普京大，力气也比他大得多。等普京吃了苦头后才明白，以后不论对谁都应当尊重，不到万不得已，不能轻易卷入冲突。但是，一旦开战，不管自己是对是错，就不能坐以待毙。不打则已，打则必赢！不论怎样都要咬牙坚持下去，直到最后胜利。小时候从打架中悟出的哲学一直陪伴他成长。此后，在克格勃的工作中，普京还掌握了另外一条准则：如果你不准备动武，你就不要拿起武器，不应该随意恫吓别人。只有在你决定开枪的时候，才须掏出手枪。在以后的车臣之战中，他的这种观念得到了完整的体现：他先后两次对车臣发起攻击，不消灭叛乱分子誓不收兵。

关心政治

在281中学，让普京日后最为自豪的一件事就是他担任了281中学的政治时事宣传员。

在当时的政治环境里，政治时事宣传员是苏联各个中学里必不可少的"大人物"，主要任务就是要定期站在全班乃至全校师生面前通报近期的国内和国际政治事件，并要配上合适的评论。普京平时表现出了对时政高度的关心，再加上他独到的正确的分析能力，老师和同学们都认为让他担任这个职位非常适合。

普京之所以能从年少时一个学习不佳，甚至顽皮捣蛋不被老师看好的孩子，成长为国家最高领导人，这种神奇的跨越说明了判断一个人是否优秀，综合素质占有很大成分。而综合素质的形成和培养是一种软实力，可以奠定一个人一生的品行。因此，在重视学习成绩、工作成绩的同时，还要注重一个人综合素质的培养。

四、觉悟之路——从青涩到成熟

其实，在每个人的成长过程中，都有着从青涩到成熟的过程。每个人在青涩的岁月中都会做一些令人不可思议或者愚不可及的事情，可是千万不要认为他们一辈子就是这样了。随着年龄的增长，他们自己一旦觉悟了，自我开窍了，取得的成就也会令人感到惊奇。

普京的成长过程就是如此。虽然父母由于文化水平的限制，不可能对他的学习有太多的帮助，可是，普京自己的觉悟比任何人的开导都更见效。觉悟之后，他就会树立自己的奋斗目标，并且主动积极地向着目标奋斗。

确立奋斗的目标——当特工

对普京有大致了解的人都知道，普京22岁进入克格勃成为职业情报军官，直到1990年38岁退出现役，仍然是预备役中校，1998年又成为克格勃的继承者俄罗斯联邦安全总局局长。他成年后的大部分时间是为克格勃工作的，因此被西方媒体称为"克格勃之子"。那么，普京为什么会选择这个职业的呢？普京的选择与他少年时的理想分不开。

普京中学毕业前一年，在一次作文课上，老师布置了题为《我的理想》的作文。同学们的理想五花八门，想做什么的都有。但出乎老师的意料，普京的理想竟然是要当一名特工人员。他在作文中写道："我的理想是做一名间谍，尽管全世界的人们对这个名字都不曾有任何好感，但是从国家的利益、人民的利益出发，我觉得间谍所做的贡献是十分巨大的……"

听到这个选择，同学和老师们都感到有些吃惊。普京怎么会选择去从事间谍职业呢？虽然这个职业比较神秘，容易引起人的好奇心，可是毕竟从事这种职业的人比不上其他行业那么风光吧，而且还有一定的风险。

可是，普京之所以这样选择源于他的觉悟。普京的少年时代，也正是苏联文艺发展的鼎盛期。苏联伟大的卫国战争为爱国主义教育提供了丰富而生动的素材，各类战争题材的文艺作品影响了一代又一代苏联人。普京也被文学作品中那些智勇双全的特工英雄形象深深地感染了。他产生了这样的印象：一个间谍的作用能顶千军万马。他想，如果能够从事这种侦察、搜集情报的职业，一定很神秘、很刺激，也很骄傲吧。他决定将来要成为这样的人。

普京选择的理由从这篇作文中可以看出。他首先回顾了在战争年代里间谍所发挥的巨大作用，接着论述了在苏美对峙的冷战时期间谍的重要作用。最后，普京写道："父亲从小就教育我要做一个对国家和人民有所贡献的人，做一名出色的间谍，就可以报效祖国和人民。"

看完作文后，老师想，这个平时不显山露水的孩子心目中竟然有着这样不为人知的秘密和远大而清晰的理想。此后他对这名平时不善言辞的孩子有些刮目相看了。

一直奔向目标跑

听到普京的理想居然是当间谍，父母一时无法理解普京的决定。

普京的父亲本来就脾气很倔，他认为普京还是个小孩子，还不清楚自己长大后要干什么，于是想让儿子听自己的选择——当兵。可是，没想到，儿子不仅目标明确，而且还意志坚定，不可动摇。于是，说服不了儿子的父亲请来了普京尊敬而喜爱的德高望重的摔跤老师——莱昂尼德教练来家里说服他。

但是，普京的性格就是这样，一旦决定了的事是不会轻易更改的，他要自己为自己的命运做主。普京后来回忆说："有生以来，需要我倾尽全部为之一搏的情形有过几次，这次就是其中之一。或者我现在就做决定，一切都自己做，然后就会出现自己所希望的人生中的一个新阶段；或者我彻底完蛋。"从这里我们可以看出普京那种坚韧不拔的性格。

这年的暑假，一心向往当间谍的普京说干就干，独自一人跑到"克格勃"列宁格勒接待处，去拜访自己心目中的"圣地"。

克格勃虽然是普京心目中的理想，但对于西方世界来说可是谈虎色变的特务组织。1946年3月，根据斯大林的指示，苏联组建国家安全部，加强了对国外的情报活动，重点是对美国的情报活动。1954年，赫鲁晓夫决定将国家安全部门从内务部划出，组建国家安全委员会。1978年，"克格勃"升级为国家级机构，正式的名称是苏联国家安全委员会。在苏联的重要城市，都有它的分支机构。

当普京去拜访心中的圣地时，一个男人坐在办公桌前。普京告诉他，自己是一名中学生，今后很想到国家安全部门工作，之后他又询问要实现这种理想，现在应该做些什么。

男人看着这个眼神充满羡慕和渴望的中学生，坦白告诉他说，他们通常是不接收那些自告奋勇者的。作为一名想当间谍的中学生来说，最现实的办法就是读完大学或者服满兵役，然后才能进入国家安全部专门的学校——因为那里只接收当过兵或上过大学的人，闲散人员一概不要。

普京像遇见指路明灯一样，他紧接着问道："最好是什么大学毕业？"

"法律专科学校或者大学的法律系。"对方回答说。

这个回答让普京明白了，应该走怎样一条路才能实现自己的目标。

自从去了一趟"克格勃"列宁格勒接待处之后，普京就在思考，一定要考上大学，而且是法律大学或者法律系。

怀着这个目的，他来到了无比仰慕的列宁格勒大学，找到了法律系的教学楼，围着他向往的那个教学楼，仔细看了看教学楼的位置、办公室和教室，了解一下他们的课程计划、考试科目等。他暗暗告诉自己，一定要考取这个大学。

有了明确的目标后，他就开始专心学习与法律系相关的科目。此时的普京，早已不是那个爱玩爱闹、不爱学习的孩子了。他正处于少年向青年过渡的年龄段，已经开始思考以后怎样立足社会，做一个什么样的人的问题了。这一切都表明，他成熟了！

五、跨进大学，实现梦想

1970年，18岁的普京中学毕业，终于如愿以偿地考入了列宁格勒大学（现已改名为圣彼得堡大学）法律系国际法专业。

列宁格勒大学是一所综合性大学，以理科和哲学社会科学为主，历史比莫斯科大学还早32年。列宁格勒大学一直都是有志学子积极投考的热门高校之一。一是因为列宁格勒大学是世界最优秀的大学之一，二是因为列宁格勒大学里走出了那么多伟大人物。列宁格勒大学每年的招生考试都极为严格。

当时，在普京报考它的时候，法律专业更是该校最热门的专业之一。法律系报考人数和录取学生的平均比例是20∶1。即使是这样，有了充分准备的普京经过激烈的竞争和严格的筛选，最后还是被录取了。

能考上大学，对于一个工人家庭来说，无疑是一件大喜事。普京的老父亲看到儿子有了出息，便把家庭的希望都寄托在普京身上。普京日后的表现也没有辜负家人的期望。

大学的生活是丰富多彩的，但是普京最爱的就是学习，不用任何人督促，因为实现理想的欲望就是他发奋学习的动力。在这里，他以一个崭新的面貌出现在同学们面前，在校期间，他各科成绩都是5分。

此外，普京最喜爱的就是柔道、摔跤和空手道。1974年秋天，普京参加竞赛，还获得了列宁格勒的柔道冠军。普京练习这些的目的也是有意培养自己的意志和耐力。

单纯快乐而又充满朝气的大学生活很快就要过去了，临近大学毕业的前一年，一个陌生人找到了普京。这个陌生人是克格勃的工作人员。当时因工作需要，克格勃常在各大学特别是著名的大学公开招募毕业生。而且有一条公开的原则，要尽一切努力吸收那些有胆有识、意志坚强的优秀人才。

这位陌生人与普京进行了一次长时间的谈话。陌生人开门见山地说："弗拉基米尔·普京同学，这些天我一直在通过学校和你们法律系的共青团组织了解你。通过调查了解和我这段时间对你的观察，我发现你头脑灵活、思维敏锐、学习优异、少于言谈，身体强健，是一个难得的好青年。"听到这番话，普京很激动，他觉得看到理想的曙光了。

克格勃选人条件是十分苛刻的，需要分好几步才能完成。

第一步，看长相。克格勃一般会挑选那些相貌普通、没有明显生理特点的人作自己的工作人员，因为只有这样的人在工作中才会更不容易给别人留下深刻的印象。

第二步，看性格。该人一定要为人机智、易于共事、意志坚强和具有正常的性观念。

第三步，看档案。在经过以上两个程序之后，克格勃还会调阅候选人的档案。主要是查看其家庭出身，有无国外关系，以及是否受到刑事处罚等内容。克格勃一般对出身于清白的平民家庭、没有海外背景的青年人比较欢迎。

第四步，多样形式的考察。克格勃对经过三关而确定的候选人将进行严格的审查。包括对候选人的电话进行监听（一般是半年时间）；对其日常行动进行严密跟踪监视；向其邻居详细询问有关候选人的各种情况等等。

第五步，找被考核人谈话。鉴于克格勃工作的危险性，加之"肃反委员会"和其后的克格勃在处理"大清洗"等事件中曾犯有很多错误，苏联许多民众对其并没有太多的好感，因此克格勃在吸收新成员前都要与其进行谈话，要求其做出自愿加入安全部门工作的表示，以免在以后的工作中陷入被动。

普京就是通过这样严格的层层筛选后终于过五关斩六将，被克格勃挑中了，为此他很激动，终于圆了他的少年梦。普京后来在克里姆林宫回忆说，"我对克格勃向往已久，我就是喜欢情报工作，因为我有远大理想。我认为，我可以利用我的专长成为社会上最有用的人。我愿以我的青春和热血为祖国效力。"

此后的普京开始了他长达15年的谍报生涯。

六、"特务营"练神功

怀着对未来的憧憬和向往，普京开始了新生活。普京受训的学校叫"帕拉霍夫卡"，这是一所位于俄罗斯明斯克市东北约70公里处的地方。

当时普京和同学们根本不知道去"进修"的是一所什么学院。在前苏联，克格勃办了200多所间谍学校，其中大型学校共有7所，都是地图上没有标记的"特务城"。因此，普京只是按照安排和同学们一起直接上了克格勃的专用飞机，从列宁格勒市起飞，到达后才发现自己已经置身于"国外"了——"帕拉霍夫卡"间谍学校的德国分校。

学校生活军事化，纪律十分严格，通信也得使用假地址。学校规定的训练时间为一年半，除了学习一些基础课外，还要学习一些特科课程。第一部分主要是基本技能，比如：如何避免盯梢和摆脱跟踪，如何同间谍网的其他人员会面，如果被跟踪，采取什么手法去摆脱等。第二部分的课程要复杂得多，即如何招募情报供给者。

为了让这种训练尽可能达到目的，教师会扮成外国的官员、科学家、技术人员，通过现身说法让学生学会怎样去"收买"他们做间谍。教师还教导他们如何掌握各种人的不同弱点，对症下药地进行工作。比如：爱钱的，用利诱之；爱色的，用色诱之等。一旦他们上当，就拍下照片或视频，进行恐吓威胁，迫使他们就范等。于是，学员们就要使出各种办法，设法去制造陷阱，甚至付出自己的肉体来作诱饵也在所不惜。

就这样，经过一年半的间谍培训，1977年，经由特别专家组成考试团的严格考试，普京以优异的成绩从"帕拉霍夫卡"间谍学校毕业。毕业后被授予陆军中尉军衔，之后被分配到克格勃第一总局列宁格勒工作站侦查分队（特工科）工作，每天负责对外国人和外国使馆外交官进行跟踪。

普京在列宁格勒从事谍报工作，连他自己都没有想到在那里一干就是8年。

当时苏联的一份研究报告表明，苏联电子工业比西方至少落后10至20年。苏联认为自己在短时间内根本不可能赶上西方国家，于是采取了"偷"。从重视科技情报，特别是军事科技情报的获取开始，苏联希望通过这些科技情报的转化，在短时间内让本国的电子工业赶上西方。为此，苏联不惜血本加大资金和人才投入。几个月后，普京被送到列宁格勒的克格勃专业学校培训了6个月，之后，他又回到反间谍处工作了半年。

在列宁格勒的8年时间里，普京自己没有机会参与重大行动，主要就是从事情报参谋业务，包括协调克格勃与卫星国情报机构的行动，交换情报信息，撰写情报报告，上报和分发一些情报等。虽然基本上都是日常事务性工作，但是，他没有闹情绪，也没有找领导调换工作岗位。普京认为，现在的工作是组织对自己的考验，一个人要想出人头地，只有扎扎实实地干好当前的工作，靠工作成绩取信于组织、取信于领导。从这方面可以看出，普京是一个务实的人。用结果说话，这就是他一贯倡导的原则。在实际工作中，他也是这样做的。他曾说不理解"重在参与"这句话，因为他看重的就是结果。

正是这种务实的态度工作，磨砺出了一个成熟稳健、善于幕后工作、总是充满了神秘感的普京。这就是他的性格特点和工作作风的综合所形成的独特魅力。

尽管普京当时做的工作都是默默无闻的，可是他以务实的工作作风得

第二章 ◎ 普京，平民中崛起的一颗新星

到了上级的认可。对外情报局在那个时候看中了普京。

对外情报局是克格勃中的精华所在，在那里工作的都是受过良好训练的情报人员，会有出国驻外的机会。对于许多人来说，它既是一种工作能力的认可，也是一份美差。当然，他们挑选人员也是经过仔细考虑和认真审查的。他们看重普京的工作作风，普京欣然接受了对外情报局的邀请。

当时普京的前任领导彼得罗夫对于普京的离开回忆说："说句老实话，像普京这样出类拔萃、风华正茂的军官，我确实不愿意轻易放走。但我知道普京在业务上须进一步提高，虽然那时他只是少校，但他日后必成大器、担大任。俗话说，庭院跑不出千里马。我不愿把普京窝在我们这儿，耽误他的锦绣前程。"

为了适应新的工作，普京随后被派到莫斯科接受为期一年的专业训练。普京被保送的学校是红旗学院（现在的巴拉什哈对外情报学院），这里比间谍学校的气氛更加严肃和军事化。普京的一位同学回忆说："楼的四周围起一道通有高压电的带刺的铁丝网。便衣警卫荷枪实弹，带着警犬日夜巡逻。"当时，外界和附近村民误以为这是国防部下属的一个保密的科研所。

进入红旗学院，不仅需要经过严格的考试，而且录取时，主要看学员的外语知识水平。普京的外语和俄语一样流利。这里的学制为一年，即便是一年，学员面对的也是一次更加严格的培训。

据普京当年的同学诺维科夫回忆，训练项目首先是"钻坦克"。在一马平川的训练场上，一下子就有好几辆坦克同时对你进行围追堵截。需要快捷、准确地往这些坦克下面钻，而后紧贴地面纹丝不动、敛气屏息地趴着，以免撞到隆隆行驶的坦克的履带上。这种训练，稍有不慎就会发生意外。

除了钻坦克外，高地跳伞也是对人的极限考验。一次，诺维科夫和普京一前一后纵身从高地跳下。快要着陆时，为减缓下降速度，他死死地拽着普京，突然间伞绳断了，而他们将要着陆的地面是一片刚收割完玉米的土地，满地都是随便丢弃的玉米秆。他心中充满了恐惧。可是，他们却有惊无险地安全着陆了，因为普京使出了柔道运动中的一招，趁势帮了他一把。

学会空中的功夫是不够的，还需陆地功夫过硬。学员们不仅要学会熟练驾车，还要眼观六路。因为在紧急的行驶过程中，教官可能会冷不丁地问他们后面行驶的汽车的牌号。如果是下雨天，教官们还会命令他们在林间曲折的小道上快速倒车。

掌握开车的过硬本领之后，学员们还要学会徒手格斗、空手对付手持刀枪的敌人等全套自卫技能。教官们还让他们练习射击，要求他们必须成为百发百中的神枪手。

除了这些过硬的武功外，在理论学习上，还要学习世界各国的文化、风土人情、民族特征和历史等相关知识。

年轻的普京是这批新学员中的佼佼者。他会熟练地驾驶任何汽车，能出色地使用任何枪械……经过特殊学校的特训，普京练就了一身本领，为他以后开展安全工作打下了扎实的基础。

七、东德谈判，小荷才露尖尖角

1985年，普京在红旗学院培训结束后，急于建功立业，选择了不需要在机关坐班，立即就可以去第一线工作的方案——去东德。因为当时的克格勃有规定，如果去西德，需要在本国克格勃工作1到3年，但是，去东德就没有这样的规定。

1984年普京离开苏联的时候，勃列日涅夫时代已经结束。勃列日涅夫是一个平庸的总书记，他没有远见，更没有创见，他有一句名言："改革、改革，谁需要这种改革？谁懂得这种改革？只要更好地工作，一切问题都会解决。"这是苏联的不幸，也是他本人的不幸。虽然勃列日涅夫时代结束了，此时的苏联表面上看国内社会稳定，克格勃也处在发展的高峰时期，但是多年积累的体制问题已经给苏联造成了严重的内伤。这种现象不仅苏联存在，苏联阵营的民主德国也表现出这种现象。

在这里，需要叙述一下民主德国的来历。两个德国是二战的产物。1945 年 7 月 17 日至 8 月 2 日，三个盟国 (苏联、美国和英国) 的国家元首和外长在德国波茨坦举行最高级会议，签署了《波茨坦协定》，商定了由这三国加上法国分别占领德国。然而，战争结束后，苏联和西方在德国问题上的矛盾越来越尖锐，最终导致德国的分裂。1949 年 9 月 21 日，在西方占领区范围内，德意志联邦共和国 (简称联邦德国，亦称西德) 正式成立。10 月 7 日，苏占区成立了德意志民主共和国 (简称民主德国，亦称东德)。从此德国正式一分为二。

两个德国在这种特殊的情势下，开始了战后重建，并且也分别取得了相当大的成就。但是，随着苏联自身发展的停滞，民主德国内部机制的僵化也越来越严重。1984 年普京到民主德国的时候看到，东德与西德在科技和工业技术方面的差距越来越大。尽管民主德国政府筑起了坚固的"柏林墙"，希望用钢筋水泥的高墙和武装军人阻止民主德国人移居联邦德国，但是仍然有大量公民采取各种手段逃往西德。同时，东德还是苏联在国外最大的驻军国，20 世纪 80 年代还保持着 28 万人的兵力，德累斯顿则是苏军在东德南部的主要基地。普京作为克格勃在德累斯顿的负责人，他们的主要任务就是窃取西方的经济和技术情报，以改善苏联的技术。

到 20 世纪 80 年代末期，西方演变苏联东欧阵营的主要方向是民主德国、捷克和波兰。此时，民主德国社会生活陷入混乱之中，各地的游行示威不断，社会秩序混乱，生产已经受到影响。新纳粹组织也出现了，他们攻击的矛头对准了犹太人和苏军。德累斯顿的大街上出现了"占领军滚出去"的大标语。这种暴风骤雨般的巨大变化是普京从未经历过的，他的感受是迷惘、困惑和痛苦的。毕竟，他为之服务的克格勃是苏联的情报机构，又和民主德国的官方有着良好的合作关系。

这期间令人印象深刻的一件事就是，普京在德累斯顿凭借智慧和勇气保护了苏联克格勃德累斯顿分局，尤其是其中异常重要的线人档案。1989 年，德国发生了柏林墙倒塌这件震动世界的大事件。在这个重大的事件发生后，人们对苏联的态度也有所改变。1989年12月的一个夜晚，德累斯顿群众聚集在一起，他们捣毁了附近的民主德国安全部门指挥部，有人说苏联的秘密警察就在旁边，于是，愤怒的人群便涌到德累斯顿分局的门口。

当天晚上，普京所在的分局领导们都出去了。看到外边不断涌过来的德国百姓，普京没有惊慌失措，他沉着冷静地把平时负责防卫的边防军小分队战士召集起来，让他们荷枪实弹，在窗口架上机枪，以防群众冲进来。为了防止局势恶化，普京拨通了驻扎在德累斯顿的苏联坦克部队。司令员听了普京的汇报后回答他必须请示莫斯科，之后被告知，莫斯科没有回应。"现在什么忙也帮不上"，司令员回答得很冷漠。

没有后援，怎么办？此时已经是深夜了，如果情绪激动的群众趁黑冲进来，便无法控制了。虽然根据两国签署的协议，保卫力量有权力对进入保密设施的人开枪，可以按照入侵行为处理，但这就必然会造成德国百姓的死伤。可是，这栋楼里不仅仅有数十个苏联人，还有大量的机密档案文件，如果让这些机密文件受到损失，后果不堪想象。此时的普京陷入了两难。

还有另外的解决方案吗？在自己的生命前途和德国百姓的生命都面临危险的关键时刻，普京决定用和平的方式解决问题，与围墙外边的人开展谈判。不过，那样做普京的风险很大。他也许会被群众扣留，甚至会被愤怒的群众杀死。但是，他顾不得那么多了。如果对话失败，同事就迅速采取第一种措施。

他带着两位士兵出去。德国群众中有人问他："这栋楼是用来干什么的？"

"这是合法的苏联军事设施。"

"那你们的汽车上为什么有我们的牌照？"

"有关协议是这么规定的。"

"你是什么人？"

"翻译。"

"翻译怎么可能讲这么流利的德语？"

"在这里工作多年炼成的。"普京无懈可击地回答。

尽管这样,群众还是试图冲进来。面对这种局面,普京强调:"我再对你们重复一次,这栋大楼和国家安全部没有关系,同民主德国军队也没有任何关系。这是苏联军事设施,是享有治外法权的。我们两国是签有国家间条约的,我请你们遵守礼节,不要越过界线。我们有自己的行为准则。"

说完之后,普京暗示陪同的士兵示威性地把枪重新装了一次子弹。人群开始窃窃私语,但看得出来,他们已经放弃了冲进大楼的打算。僵持到深夜,人群慢慢散去,普京他们才脱离了危机。

"我从来不惋惜在那里度过的岁月。"回忆在东德的工作经历,普京这样说。

仅从这一次谈判中就看出普京不是只会打打杀杀,而且还具备谈判能力。可以说,这一次,普京是小荷才露尖尖角,表现了自己的能力。总体说来,他在民主德国的工作总体上看来是令人满意的。因为普京到德国两年后就由少校晋升为中校,没过多久,他被任命为处长高级助理,这个职位介乎中校与上校之间。这样的升迁速度是很快的。

普京能取得这样的成就当然和他的工作态度和工作业绩分不开。据德国安全机构一名工作人员回忆说:"普京一向非常谨慎,经常使自己处于严格的自我控制状态,他总是默默无闻地工作,从不引人注目,以至于人们几乎没有发现他。他非常聪明,讲话不多,但工作效率极高。"他可能还没有想到,在以后的工作中他的这些能力还有更大发挥的空间。

那时,普京虽然常驻民主德国,但也经常前往联邦德国和奥地利、瑞士,他可以近距离观察那些国家的经济运作。当时,在列宁之后的苏联领导人还没有一个曾经长期在一个发达的西方国家生活过。事实证明,有这样的经历是非常重要的。外派的经历使普京眼界比较开阔,思想比较开放,工作比较务实。再加上他的工作作风很像德国人,井井有条,一丝不苟。他的工作和能力也就得到了人们的肯定。

八、抓住机遇，实现命运的转折

1989年，柏林墙被推倒后，苏联克格勃对驻外情报机关也进行了大幅度缩减，大批的情报官员都不得不举家回国。普京便是其中之一。

当时，普京面临的职业选择是要么转为预备役，放弃在情报部门中心的工作；要么回国继续干老本行。但是，回国后的住房和生活也成为普京必须考虑在内的因素之一。

当时，苏联政府对驻外情报人员采取完全放任自流的态度，克格勃内部已经乱成了一锅粥，大量有潜力、能够从事其他工作的人员被其他国家或者跨国企业雇佣，离开了克格勃。在德国的经历已经使普京对国家的前途和命运产生了怀疑，他选择了转为预备役军官。申请很快便被批准了。

当时，不少同事纷纷借机向政府伸手，解决涉及个人的种种利益问题，唯有普京一声不吭，无怨无悔地坚决服从命令，重返列宁格勒大学。但是，他在母校名义上是校长国际事务助理，实际上只是处理校办企业涉外的一些琐事。当时为改善财政状况，学校开办了一些合资企业。对于有着雄心壮志的普京来说，学校的工作范围毕竟太小，普京也想寻找一个可以一展身手的机会。

机遇很快来临了，普京在大学校园中遇见了他的老师索布恰克。

1990年的一天，普京在学校的办公楼走廊遇到了从市苏维埃赶到列宁格勒大学办事的索布恰克。普京在列宁格勒大学法律系读三年级的时候，主讲经济学的老师就是索布恰克。普京的毕业论文还是这位恩师评点的。只不过普京大学毕业后选择了效力克格勃，而索布恰克也弃教从政，当选了苏联人民代表，1990年春又上升为列宁格勒市苏维埃主席——该市苏共机关的一把手。没想到，多年之后，他们在这里又相遇了。

见面后，普京向老师问候后很自然地谈起现状。索布恰克看到这位学生眼前一亮：这不是一个现成的助手人选吗？当时的索布恰克作为市苏共机关的一把手深感自己责任重大，想有一番作为，也急于延揽各路英才。而普京有国外工作经历，视野开阔，精明干练，而且为人不嚣张跋扈，很沉稳。于是，索布恰克问普京愿不愿意到市苏维埃工作，有意就到办公室面谈。普京简单地想了一下，便爽快地答应了老师的邀请。

普京本人回忆他当时加入索布恰克麾下时的情景是这样的："在他(索布恰克)的办公室里，他说：'我需要一个帮手。说实话，我害怕去参加招待会。我不知道那里都是什么人……'我回答说：'我乐意效劳。但是转行明显存在着一个障碍……我是克格勃的军官。'他考虑再三后说：'好吧，克格勃就克格勃吧！'"于是普京辞去了在列宁格勒大学的工作，跟随老师来到了市苏维埃，开始了他在市政当局6年的行政官员的生涯。

普京遇到索布恰克无疑是遇到了命运崛起的关键点。但是，并不是每个人都能抓住这个大好机会。因为有些人在机遇面前往往把握不住，缺乏分析判断能力，不知道是机遇。还有一种人，在机遇面前犹豫不决，难以决断，因此机遇和他们擦肩而过。而那些成就一番事业的人，往往是做事果断的人。试想，如果普京当时犹豫不决，也就不会有他后来的成就。

也许有人说，从政是任何人都梦寐以求的，普京当然会紧紧抓住了。并非如此，有些人在这样的机会面前会想，"我是不是适合从政？从政风险很大，官场反复无情"等，结果在他们的犹豫中，机会溜走了。

所以说，普京能让自己的命运发生根本性的转变，是因为他练就了敏锐的观察力、综合分析问题的能力和处事果断的魄力。因此，他在事关前途发展的关键时刻，才果断地抓住了这个机遇，实现了命运的跨越。在贵人索布恰克的帮助下，他完成了职业生涯的跨越，从军界到政界。职业生涯的转折也是他人生的重要转折点。

而普京，也没有让恩师失望。在以后的从政岁月中，普京表现出了他决不动摇的忠诚和果断冷静的处理问题的能力。

九、到关键部门工作，赢得关键人物的信任和好感

在一个人取得成就的过程中，能否到关键部门从事关键性的工作很重要。对列宁格勒市来说，市政府无疑是最关键的部门，对于一个正在成长中的年轻人来说，是一个很好的锻炼机会，可以多方面锻炼才能。在市政府工作，普京有了更大的发展空间。这些工作历练，也为他以后在政坛上的高升打下了坚实的基础。

1991年春天，苏共中央决定"实验性"地在莫斯科和列宁格勒改革管理体制，成立由人民选举的市政府。6月份，列宁格勒取消了苏维埃，举行市长选举。尽管共产党人和很多"民主派"都反对索布恰克竞选列宁格勒市长，但他还是高票当选。普京又成了他的对外联络部主任。这一平台为普京的政治生涯奠定了一个很高的起点。

20世纪80年代末90年代初，在以索布恰克为首的"民主改革"派的鼓动下，列宁格勒改名为圣彼得堡，实现地方自治。这样一来，原来由莫斯科的外交部或有关部门安排、交办的一切外事活动，都可以由圣彼得堡市自主展开。普京走马上任后，便开始进入角色，陪索布恰克接待外宾或代为接待一些客人，同时也开始熟悉一个大城市的市政运作。

风暴眼中彰显智勇和忠诚

普京走上政坛时，正是全国的多事之秋。自1985年戈尔巴乔夫担任苏共总书记后，对苏联进行了政治、经济体制大改革，开始全面推行所谓"人道的、民主的社会主义"，鼓吹"民主化、公开化、多元化"，取消苏共领导。1990年，立陶宛、爱沙尼亚和拉脱维亚先后宣布独立。

1991年的苏联已经陷于全面的危机。全国三分之一的人口生活在贫

困线以下。具有惊人政治直觉的叶利钦，断定苏联的解体不可避免。他从1990年春就开始全力经营俄罗斯共和国。在这方面，优柔寡断的戈尔巴乔夫不是叶利钦的对手。

戈尔巴乔夫1931年出生于农民家庭，21岁加入苏共。24岁毕业于莫斯科大学法律系，35岁出任莫斯科市委书记。1970~1978年当选苏共中央委员，1978年当选苏共中央书记，1980年当选政治局委员，进入权力核心，是当时政治局委员兼书记处书记的五人中最年轻的。三年后当选苏联最高苏维埃主席，集党政军大权于一身。

戈尔巴乔夫上台时面临的局势是严峻的。虽然苏联号称超级大国，但当时的国民生产总值只有美国的一半。苏联有丰富的自然资源，农业却连年歉收，工业产品笨重粗糙，还供不应求。因此，1985年4月戈尔巴乔夫担任总书记后提出了加速经济发展和社会主义改革的初步纲领。戈尔巴乔夫首先调整高级干部，以保证改革的推进。叶利钦正是在这次大调整中，从地方来到中央工作的。

叶利钦，30岁加入苏共，1968年进入政界，开始担任地方的党委领导人。45岁担任家乡斯维尔德罗夫斯克的州委第一书记。1985年4月，叶利钦在接到中央政治局的调令之后来到首都，领导中央委员会建筑处。叶利钦工作雷厉风行，又勇于挑战，不到一年，戈尔巴乔夫看中了他，要他到莫斯科担任市委第一书记，推动改革。戈尔巴乔夫决不会想到这一决定为叶利钦提供了一个广阔的政治舞台。因为莫斯科也是15个加盟共和国之一的俄罗斯联邦的首府，叶利钦担任莫斯科市委第一书记，就得到了一个今后获得更大权力的基础和空间。叶利钦被任命后激动地引用了列宁一句很有诗意的话："这是多么好啊！这才是生活呢！"

戈尔巴乔夫上台后决定将政治体制改革作为改革的中心。他没想到这次会议实际上奏响了苏联的丧钟。1991年5月，叶利钦当选俄罗斯最高苏维埃主席后，他突然宣布俄罗斯独立。这一招无异于釜底抽薪，使苏联成了一个空架子。苏共领导层内部也发生了分裂，一些人正在酝酿推翻戈尔巴乔夫的政变。1991年6月12日举行的俄罗斯第一次总统选举中叶利钦获得了61%的选票，成为俄罗斯第一任民选总统。在7月举行的苏共28大，戈尔巴乔夫宣布苏共改做"议会党"，但是已经无济于事。

1991年8月19日，苏联总统戈尔巴乔夫全家在克里米亚别墅被扣留，震惊世界的"8·19事件"发生了。紧急状态委员会发布了《告苏联人民书》，宣布戈尔巴乔夫鉴于健康状况不能履行总统职责，国家权力由紧急状态委员会行使，在苏联部分地区实行6个月的紧急状态。

虽然反戈尔巴乔夫的紧急状态委员会想夺权，可是叶利钦举行记者招待会，宣读《告俄罗斯人民书》，指出紧急状态委员会是非法机构。他到俄罗斯最高苏维埃所在地白宫前的一辆坦克上发表演说，号召人民反抗紧急状态委员会。他还宣布，在苏联总统和俄罗斯总统两人之一不能履行职务时，即由另一人履行。8月24日，戈尔巴乔夫辞去苏共中央总书记的职务，执政74年的苏共顷刻土崩瓦解。当天晚上7时20分，戈尔巴乔夫将核电钮交给了叶利钦。克里姆林宫上飘扬的苏联国旗随即降下。

随着外部局势的恶化，圣彼得堡的局势也在不断地恶化，这座苏联的第二大城市，此刻也处在风暴的浪尖上，紧急状态委员会当然想要控制它。当时普京力阻军队进驻，确保圣彼得堡不卷入政变。

此时的叶利钦在克格勃特别部队包围他的别墅之前20分钟前往俄罗斯最高苏维埃所在地白宫，与紧急状态委员会开始了惊心动魄的斗智斗勇。经过几天的较量，紧急状态委员会失败了，戈尔巴乔夫也被架空了，叶利钦成了捍卫民主与法制的民族英雄。

而索布恰克却面临着杀身之祸。一是索布恰克不是叶利钦圈子中的人。索布恰克曾公开宣称"我不是叶利钦班子里的人"。再者，索布恰克自从当选市长后表现高调，像一位全俄的政治家一样经常出国访问，不仅访问西方大国，而且也访问东欧国家，影响力很大。外界传媒非常看好他，预言索布恰克会成为俄罗斯未来的总理。叶利钦当然无法容忍有人和他分享胜利果实。

第二章 ◎ 普京，平民中崛起的一颗新星

因此，尽管索布恰克在"8·19事件"后马上做出了追随俄罗斯联邦总统叶利钦的决定，并决定立即搭乘最早一班飞机赶回圣彼得堡声援叶利钦，然而他的名字早已被列入克格勃领导人签发的大逮捕名单中，危险正在向他降临。

这一切，索布恰克浑然不知。在索布恰克面临杀身之祸的关键时刻，是普京救了他。他在克格勃内部的老关系向普京通报了即将抓捕索布恰克的消息。普京接到这一消息，马上从外地赶回圣彼得堡，决定冒险实施一次"抢人"营救行动。

在普京的亲自指挥下，经过精心挑选的圣彼得堡的武装警卫人员抢在克格勃人员之前，在索布恰克乘坐的民航飞机还未在地面停稳时，便迅速将汽车直接开到飞机舱梯下，将索布恰克接出机场。就这样，普京以其果敢而有效的行动救了索布恰克。

普京在关键时刻救了索布恰克，这一行动的影响是广泛的。因为索布恰克代表的不是他自己，作为一市之长，他的命运直接影响着圣彼得堡的命运。无法想象，如果当时索布恰克被杀害，圣彼得堡会处于怎样的混乱中，普京和圣彼得堡的人民又会遭遇怎样的变故。因此，普京挽救了索布恰克，也使圣彼得堡这座大城市平稳地度过危机。此后，他帮助索布恰克控制住处于风雨飘摇中的圣彼得堡市的局势。

由此可见，普京对帮助自己、提拔自己的恩师十分忠诚。这种忠诚不是愚忠，而是敢于和贵人一起同生死共患难的忠诚和侠肝义胆。试想，在当时的情况下，有些人可能会树倒猢狲散，早早溜之乎也，为自己寻找一个"新"的老板。而普京，却从外地回来营救处于危难中的索布恰克。这就是普京的人格魅力所在，也是他令人佩服的地方。

当然，普京对恩师之所以如此忠诚，也是因为索布恰克值得他忠诚。忠诚从来都是双向的。如果有些人总希望别人对他忠诚，而他自己动不动就耍弄他人，可想而知，别人怎么可能对他们忠诚？所以，领导和被领导之间也好，朋友之间的交往、生意伙伴之间的合作也好，任何事都不能只

强调让一方对自己忠诚，首先要看自己对对方的表现。而且忠诚也需要明智和理智，如果对方不忠于己方，己方还要效忠，那就是愚忠的表现。

赢得关键人物的信赖和好感

人所共知，在每一个人崛起的过程中，都需要有十分得力的人帮助自己。可是，要想让别人出手帮助自己，首先需要赢得对方的信任。只有对方相信了自己，才肯出手帮助。

赢得对方信任需要付出一定的代价。因为对方至高无上的地位和荣耀总是和高风险联系在一起的。越是地位显赫、能够呼风唤雨的人，越是要经历更多的波折，会遭遇比常人更多的风险。许多人看不见这些，总想在他们顺风顺水时借助对方的光芒，在他们遇到风险或者处于命运的低谷时却不肯伸手帮助他们，或者脚踩两船，左右摇摆。那样的话，自然得不到对方真心的帮助。

而普京不是这样的人，不论索布恰克今后的命运如何，他都要保护索布恰克，这正是他的可贵之处。正是他的这一难得的品质，赢得了索布恰克——这个可以决定他命运的关键人物的信任。

在经历了上述生与死的考验后，普京的忠诚的确让索布恰克深受感动。他公开表示，普京是绝对可以信赖的人。无论是在工作还是在生活中，他都非常信任普京。

索布恰克后来回忆说："我和普京曾共同经历了两次政变，一次在1991年，另一次在1993年。我知道他在这些考验面前的表现。"1993年普京和索布恰克又一同经历了另一次"政变"（即炮打白宫事件）。白宫是俄罗斯最高苏维埃（议会）和人民代表大会所在地。这次事变是由叶利钦的亲密战友、副总统鲁茨科伊发起。

鲁茨科伊本来是叶利钦的战友，但是双方在应该建立怎样的政体这个关键问题上发生了尖锐的对立。叶利钦主张建立总统制共和国，鲁茨科伊则主张建立议会制共和国。1993年9月21日叶利钦宣布解散人代会和最高苏维埃，而议会针锋相对，宣布停止叶利钦的总统职务，由鲁茨科伊担任代总统。莫斯科出现了当代世界史上罕见的议会和政府武装对峙的局面。

危机中的叶利钦斗志昂扬，他宣布莫斯科进入紧急状态，并调兵遣将进入莫斯科。10月4日凌晨，军方以特种兵部队打头，强行攻占议会大楼白宫，结果鲁茨科伊沦为俘虏。举世震惊的炮打白宫事件结束了总统和议会的对抗，也结束了苏联时代遗留的政体。

这次事件中，索布恰克是支持叶利钦的，但是他自己也因此遭到追杀。和1991年8月一样，普京带领武装警卫人员在机场迎接市长，而且在机场加强了警卫，以防不测。

索布恰克认为，普京是一个真正值得信赖的有胆有识的人，他决不会做出背信弃义的事。他说："我曾发现在我身边的人中，有一些人仍与克格勃机构保持着秘密的合作关系。但普京却未让我对他的忠诚和正直产生过任何的怀疑。并且在我们共同工作的6年中，普京从不向我伸手要荣誉、地位和奖金。"

正是因为得到了索布恰克的信任，普京因此很快就被委以重任，进入了事业的辉煌期。

十、迎来事业的辉煌——圣彼得堡的副市长

1991年12月26日，苏联最高苏维埃共和国院举行了最后一次会议，通过了一项宣言，从法律上宣布终止苏联的存在。宣言称"这不是一个喜剧，而是一个悲剧，实际上是一个伟大国家的结束"。从此，苏联成为历史。

随着时代的更替，在1992年，普京也迎来了事业的辉煌期。这一年他被索布恰克从对外联络委员会主席提升为副市长。1994年3月，索布恰克又将普京提升为第一副市长兼任对外联络委员会主席，使之成为自己的"左

膀右臂"。

获得如此显赫的地位和荣耀，这对普京来说非常关键。因为索布恰克经常出国，处理市政府工作几乎都是普京唱重头戏。再者，市级政府是最能锻炼人的地方，担任圣彼得堡副市长，使普京积累了宝贵的行政管理经验，包括和媒体打交道的经验，为其今后领导俄罗斯打下了坚实的基础。

普京的表现也没有让索布恰克失望。无论是在任市政府对外联络委员会主席期间，还是在副市长的工作岗位上，普京都做出了突出的工作成绩。此刻，正是俄罗斯从计划经济向市场经济转变的阶段。在他的直接领导和参与下，圣彼得堡迅速建立起了外汇市场；在普京的倡议和支持下，圣彼得堡市开辟了外商投资区；普京也成功地与其他许多国外银行和大企业签署了引进外资、合资、合作建厂的协议书。特别是由于得到了在国外工作期间结识的老朋友帮助，包括德累斯顿银行在内的许多德国知名大公司、大企业到圣彼得堡设立办事处或分支机构。这一切，都奠定了圣彼得堡市推行市场经济的基础。

另外，普京还对市政基础设施进行了现代化改造，营造良好的招商和居住环境。在人才培养上，普京还在列宁格勒大学开设了国际关系系，培养市场经济发展所需的人才。

十一、面临低谷也生死不弃

经历了事业的辉煌后，普京的事业跌入低谷，又一次面临着人生的重大选择。

1996年的圣彼得堡市长选举，索布恰克踌躇满志，全力以赴，准备连任。可是，索布恰克在圣彼得堡执政六年，树敌甚多，政绩却不明显，竞选圣彼得堡的市长败北。他原来的副手弗拉基米尔·雅科夫列夫当选为市长。

当时，新市长雅科夫列夫曾提名普京继续留任，但普京没有答应。他

第二章 ◎ 普京，平民中崛起的一颗新星

认为这样做是对恩师的背叛。他有一句名言："宁愿因忠诚而被绞死，也比背叛偷生好！"

这些品质的形成固然和普京在克格勃所接受的教育分不开，更主要的是，普京从小就是一个爱憎分明、立场坚定的人。因此在大是大非的选择面前，他不会轻易为利益所打动，选择道德为先。

此时普京的忠诚是难能可贵的。要知道，当时的索布恰克是怎样狼狈。他不仅落选，而且面临竞争对手的打击和诬陷，有锒铛入狱的危险。而普京呢？此时处于失业状态，家里有两个孩子需要他抚养。一个大男人，一个政坛上的红人，不仅从高峰跌入低谷，而且无所事事，这段时间对于普京来说是最难熬的。"8·19事件"后，他看到了克格勃不过是一个被利用的工具，这和他当初选择克格勃的愿望相违背，他离开了克格勃。没有了事业，也没有稳定的生活来源，他一时如虎落平阳，仕途失意，全家生活也将难以为继。为另谋生计，年届不惑的普京曾一度想去开出租车。因为普京知道，在那样复杂的局势下，他可能无处工作，列宁格勒大学回不去，其他地方也甭想找到事儿干。普京回忆说："在那些日子里，没有人能知道对抗会怎样结束。我当时甚至想过：如果政变以政变分子的胜利而结束，并且我也没有被关进牢房的话，那今后该怎样养活全家？我唯一要操心的是——孩子们怎么办，怎么来保证她们的未来……"这是他一生中最艰难的决定。

可就是在这样严峻的生活考验中，普京显示出了硬汉形象。他不仅咬紧牙关，挺过艰难时期，而且也没有背叛恩师，在紧要关头救出了恩师，使索布恰克躲避了政敌的迫害。

后来，普京对这一事件回忆说："我去了圣彼得堡，见了索布恰克，去医院看望了他。11月7日，我的芬兰朋友派来了医疗飞机。这一天全国都在过节，所以，索布恰克离开俄国这件事直到11月10日大家才发觉。"由此可见，越是在大是大非面前，普京越能表现出自己坚定的立场和令人佩服的品质。

落魄的索布恰克旅居巴黎养病期间，尝尽世态炎凉。昔日的朋友大多疏远了，只有普京还和他保持着联系，在可能的情况下，普京一直为索布恰克提供力所能及地帮助。对此索布恰克是心怀感激的。

正是因为普京如此忠诚，以后，索布恰克渡过难关，起死回生后，在普京当选总统的过程中，为他摇旗呐喊、出谋划策。因此，普京不仅是以能力征服人心，更是以品质和道德赢得人心。他后来之所以能当选总统也是如此。

另外，普京的信仰也发生了改变。

尽管他退出了苏共，昔日的信仰已经失去了支柱，但是，人还是要有精神的家园。此时东正教开始成为他的信仰。

东正教是与天主教、新教并列的基督教三大教派之一，也称正教。15世纪拜占庭帝国灭亡后，俄罗斯等一些斯拉夫国家的正教会又脱离君士坦丁堡的管辖而建立自主教会，逐渐形成俄罗斯正教。

东正教在苏联时期是受排斥的，因此普京的母亲只能悄悄去教堂。虽然普京从小学到大学都在苏联体制下受教育，后来又加入了苏共，成为克格勃军官，客观和主观条件都排除了普京作为一个教徒的可能。然而现在，在这样一个特殊时期，在国家经历了如此巨大的变动之后，普京不能没有一种新的信仰和精神的寄托。于是，俄罗斯的宗教传统和气氛给过了不惑之年的普京非常深刻的影响。定期做礼拜，成为普京的一种精神寄托。

第三章

走进权力中心，成为叶利钦的红人

的确，在普京走进克里姆林宫之前，名不见经传；即便在普京走进克里姆林宫后，几乎所有政治评论家也都认为他是最没有希望成为俄罗斯总统人选的。但是，普京意外胜出了。他之所以能登上俄罗斯的权力巅峰，无疑全靠叶利钦为他铺路、搭桥。那么，普京是怎样在短时间内就赢得了叶利钦的信赖，并且成为叶利钦的红人，让叶利钦甘愿向他交班呢？

第三章 ◎ 走向权力中心，成为叶利钦的红人

一、峰回路转，一脚踏进莫斯科

由于拒绝新市长的邀请到市政府工作，而且又退出了克格勃，普京实际上已经成为一个失业者。但是，就是在这样的情况下，普京一直没有忘记学习经济方面的知识，他感到自己在这些方面需要补上很多课。因此，他在谋生之余利用这一段时间在圣彼得堡矿业学院修读不脱产的经济学课程。这一年他通过了论文答辩。

虽然处于命运的低谷，但是像普京这样能干又富有正义感和高尚的道德品质的人，怎能会被人遗忘呢？没过多久，在另一位圣彼得堡出身的领导人、第一副总理鲍尔萨科夫的关照下，普京的命运峰回路转。

1996年8月，普京准备上飞机寻找过去的旧友，到外地做点小生意。这时候，电话响了，是鲍尔萨科夫——先前在圣彼得堡一起共事的一位副市长打来的。他说："听着，弗拉基米尔，你愿意来莫斯科吗？"停了一下，他又说道，"明天，我要见一位十分重要的领导，找点事干干。你有兴趣吗？"听口气，这位老朋友异常兴奋和激动。

鲍尔萨科夫，在新市长上台后也曾经四处流浪，现在，他不但去了莫斯科，而且还担任了副总理。普京接到他的电话，有一种感觉，要翻身了！

莫斯科早就是他向往的地方！莫斯科是俄国的首都，也是俄国的第一大城市。15世纪末莫斯科成为俄罗斯帝国的首都，直到彼得大帝在1712年迁都彼得堡。1918年莫斯科成为俄罗斯联邦首都，1919年至1991年是苏联首都，现在又成为俄罗斯联邦首都。

莫斯科给人的印象是气派。莫斯科有31个行政区，著名的红场和克里姆林宫在中央区。莫斯科有4个机场、3个内河港、9个火车客运站、几十个货运站，有14条铁路线通往各地。莫斯科地铁有7条辐射线和一条环形线，车站有115个，规模之大，由此可见一斑。莫斯科水陆交通都很便利，还有众多的大学、博物馆、剧院、图书馆，它们构成了莫斯科的人文风景线。

从自然环境来看，莫斯利也非常优美。如果是在夏天从空中俯瞰，整个莫斯科仿佛是森林中的城市，那浓绿色真使人心旷神怡。

这座城市几乎是俄罗斯历史的缩影，而且又是政治、经济和文化中心。何况，普京现在是一个"流浪人"，听到来自自己向往的莫斯科的召唤，怎能不欣喜万分！

就这样，普京来到莫斯科，并被任命为总统总务局副局长，负责法律处和俄罗斯境外财产处理工作。

普京在总务局的主要工作其实还是和他的克格勃背景有关，特别是在德累斯顿时期的工作有关。当时俄罗斯继承了苏联在国外的债务，但是也继承了苏联和苏共在国外的财产，共有数十亿美元。另外，他也要参与管理包括克里姆林宫在内的总统府房产。

克里姆林宫始建于1156年，原是庄园，后经多次修建和扩建，成为俄国历代沙皇的宫殿，面积27.5万平方米。这是一个不等边三角形建筑群，沿宫殿的三边分布着20座不同风格的塔楼，主要建筑物包括：大克里姆林宫、伊万大钟塔楼、多棱宫、捷列姆诺伊宫、娱乐宫、圣母升天大教堂和天使大教堂。另外还有大厦、武器宫和古兵工厂（现分别为武器博物馆和兵器陈列馆），二战后又新建了克里姆林宫大会堂。普京也需要管理这些庞大房产的修缮等事宜。

普京就以自己的法律知识和在克格勃工作的经验，负责清理苏联在国外的资产。他把自己踏实、勤奋、严谨的工作作风也带到了总务局，兢兢业业地工作着。

不久他就因为工作出色得到了升迁。1997年3月，普京被调入总统办公厅，任副主任兼监督总局局长。办公厅和总务局当然不一样，总务局虽然重要，可是管的都是房子、车子、吃喝拉撒睡等具体的事务，而办公厅却可以参与宏观战略的制订、政策法规的研究，而且和高层领导接触的机会更多一些。

普京在总统办公厅主要负责监督总局的工作。这个局是专门代表总统和俄罗斯各个联邦主体(21个共和国、6个边疆区、49个州、2个直辖市、1个自治州和10个民族自治区)打交道的。俄罗斯联邦各主体由于各自不同的原因,和中央政府有这样或那样的矛盾,普京的工作就是检查总统政令在各联邦主体贯彻执行的情况,处理各主体的投诉和要求,以及协调相互的关系。监督总局局长这个职位为普京建立了和各联邦主体的关系,使他对各联邦主体有了了解,对其后来的逐步晋升很有好处。

更重要的是,普京的工作风格很令人欣赏。他实干、忠诚,不显山露水,甘作陪衬的绿叶。普京到莫斯科后,无论担任何种职务,都和在圣彼得堡时一样干练务实,依旧保持着自己严谨的工作作风,忠心耿耿地做好自己分内的事情。他很少接受记者的采访,不在电视上露面,更不发表任何文章,同时能够很好地处理与上级和左右的关系,与政界各党派团体保持距离。而对叶利钦总统,他又处处维护其政治形象。

在这里,普京开始和叶利钦家族建立起紧密的关系,特别是和尤马舍夫关系非同一般。尤马舍夫当时是叶利钦的办公厅主任,因为叶利钦膝下无子,而尤马舍夫的平民青年知识分子形象很讨他的欢心。叶利钦和尤马舍夫情同父子。普京能得到尤马舍夫的赏识,也就间接给叶利钦留下了好的印象。

就这样,凭借自己独特的处事办法和工作作风,普京在首都的地位得到了巩固,逐渐引起了总统叶利钦的注意,为今后的火箭式升迁埋下了伏笔。

二、成为叶利钦身边的红人

虽然普京总是退居幕后,做人低调,但是他做事高调。

1998年5月25日,普京又一次被叶利钦提升。此次普京被任命为总统办公厅第一副主任,主管中央与地方关系事务。

第一副主任之职本已撤消,但当时的俄罗斯强力人物叶利钦又为普京恢复了这一职务。这充分说明普京在总统办公厅的地位越来越巩固。同时，在叶利钦的授意下，普京仍然兼任总统办公厅监察总局局长的职务。就这样，从1996年到1998年短短的两年时间里，普京在克里姆林宫总统办公厅先后换了3个职务。但无论担任什么职务，他都能出色地完成任务。因此，他能在短时间内迅速蹿升，并不是靠的其他什么手段和技巧，而是凭他干练务实的工作作风，一切以结果说话。

在普京得到提升的同时，严峻的考验随之也摆在他面前。因为，随着叶利钦提倡的"休克疗法"的失败，进入1998年后，俄罗斯国内政治、经济形势持续恶化，居民强烈要求改善生活状况，而这些问题没有得到及时解决。5月初，俄罗斯北部地区和西伯利亚等地的煤矿工人高呼要求偿还工资、叶利钦下台、改变现行经济政策等口号，率先发起了声势浩大的罢工浪潮，切断了俄罗斯主要的铁路、公路交通线——这就是著名的"钢轨战争"。

"钢轨战争"导致一些地区出现燃料供应紧张，一些对联邦中央早已心怀不满的联邦主体开始趁火打劫，提出了建立独立国家的要求。眼看着俄联邦政府面临着全面失去对地方控制的危险，叶利钦想到了普京。

叶利钦已经注意到了此前普京在监督总局及总统办公厅的表现，但他对普京的克格勃出身有所斟酌。目前，自己的政敌开始打"联邦解体"牌，而普京是特工出身，可以利用他的经验和果敢把地方牢牢地抓在手中，从而保持俄罗斯联邦的稳定。

在这些意外事件面前，普京又一次显示了挽大厦于将倾的危机事件处理能力。他依靠铁腕政策，很快控制了局势。当然，这些铁腕政策得罪了不少蠢蠢欲动的地方首脑，但重新树立了克里姆林宫的绝对权威。

这个时候普京以自己出色的表现已经深得叶利钦的欢心，叶利钦决定把国家的安全交到这样一个能干而又可靠的人手里。于是在1998年7月25日，叶利钦签署命令，任命预备役中校普京为俄罗斯联邦安全局局长。这是一次重要的任命，充分说明叶利钦已经完全把普京视为自己人。从一名普通特工到特工组织的领导者，普京也许没想到自己能有这么大的跨越，

第三章 ◎ 走向权力中心，成为叶利钦的红人

但是这一切不是梦。据说上任那一天，普京来到俄罗斯联邦安全局总部大楼，也就是过去的克格勃总部大楼，他的第一句话是："我回家了。"

普京上任之初就开始改造克格勃。他认为，虽然克格勃曾经是一个为极权主义服务的机构，但是拥有非常专业的人员和组织架构。时代不同了，它的职能也应该有所改变，应该让这些人员不再为极权主义服务，而是为民主政治服务。正是出于要让克格勃脱胎换骨的初衷，再加上对克格勃的组织架构非常熟悉，在很短时间内，普京对全局进行了大刀阔斧的裁员改组，缩减中央机构，充实加强地方分局力量……他的务实工作作风赢得从中央到地方一片叫好声，很快被晋升为上校。而在处理完"斯库拉托夫事件"后，普京已完全成为叶利钦心目中无人能替代的角色。

1999年初，俄罗斯总检察长斯库拉托夫指控叶利钦的亲信别列佐夫斯基和女儿塔季雅娜涉嫌经济犯罪，下令展开调查。叶利钦决定解除斯库拉托夫的职务，但是他的决定在俄罗斯议会上院联邦委员会未被通过。一时间，叶利钦及其家人陷入了极其尴尬的境地。

就在这个时候，事情出现了转机。3月16日，俄罗斯电视台播放了一段酷似斯库拉托夫的人同妓女鬼混的录像，斯库拉托夫的政治命运开始走下坡路。据坊间传闻，普京领导的联邦安全局功不可没，普京又立下了一个奇功，在叶利钦面前再次增加了印象分。

此时，叶利钦已经把普京看成是无比值得信赖的左膀右臂，于是，1999年3月29日，叶利钦把俄罗斯安全会议秘书这一重要职位交给了普京。

安全会议秘书虽然只是个小角色，但却可以起到不可忽视的作用。首先，联邦安全委员会地位重要，权力很大，下设若干跨部门委员会，包括对外政策、跨地区、国际安全、边防安全和经济安全等委员会。这是一个超级的权力机构，其制定的政策都是关乎国家安全的大事。正因为这样，联邦安全委员会秘书都是由总统任命并且直属于总统。而且这个小小的秘书在关键时刻还能发挥其他职务不可替代的作用。在1996年总统选举时，为了在第二轮选举中击败俄共领导人久加诺夫，叶利钦曾让在第一轮选举

中排名第三的亚历山大·列别德担任安全会议秘书，以此赢得了更多的选票，稳获大选胜利。

就这样，普京成了集联邦安全局局长和安全会议秘书两职于一身的政府要员。他一方面可以正式代表国家元首监督所有强力部门，另一方面，又可以在高层选举中表现出自己的重要性。

三、顺应时局，让命运奇迹般崛起

连普京自己也没想到，他在联邦安全局局长的岗位上只干了不足5个月后，竟然被叶利钦提名为代总理。从主管某一方面事务的部局级官员到主管全国事务的代总理，这是多么大的跨越啊！普京政治生涯运气之好，连他自己都有点不太相信。

其实，就像时势造英雄一样，某个人的命运总是和某一时代的环境密切相关。普京之所以能升迁得快，是因为时代需要他这样的人。

普京进入莫斯科工作时，正赶上俄罗斯政局动荡不安的时代。此时，俄国的经济和社会问题丛生，政坛斗争激烈，形势发展变得对叶利钦越来越不利。进入1999年后，弹劾总统问题不断升温，叶利钦一年内换了三个总理。在1999年5月12日，叶利钦在俄罗斯国家电视台神色凝重地宣布："今天，我做出了一个非常困难的决定，我刚刚宣布了解除普利马科夫总理的职务！"5月19日，上将斯捷帕申被任命为总理。尽管这位上将采取的"科索沃空降行动"世界闻名，可是叶利钦及其家族成员一致认为他在总理职位上表现得优柔寡断，不堪重任。

正当叶利钦为寻找自己的接班人而愁眉不展时，普京进入了他的视线。一向稳重而不抢功、严厉而不失温情的普京给叶利钦留下了深刻的印象。而且他担任联邦安全委员会秘书，在协调和处理国内外重大的安全问题上都有出色的表现。再者，普京出身平民，身后也没有什么大财阀、大官僚撑腰。于是，经过仔细认真的观察后，叶利钦感到只有普京可以重用。他考虑再三，决定解除斯捷帕申的总理职务，撤换全体内阁，把总理一职交给普京。

1999年8月16日，俄国家杜马通过了叶利钦对普京任总理的提名。就这样，没有什么知名度，也没有什么背景的普京不仅从圣彼得堡走进了权力的最高中心莫斯科，而且在短时间内迅速蹿红，从一名普通官员做到了万人瞩目的总理的位置。

可是，陪伴叶利钦这只"老虎"非常不容易。要知道，叶利钦在位8年，身边的谋士亲信和高官重臣换了一批又一批，仅总理就换了8个。此刻的普京又是叶利钦钦定，谁能保证他哪一天不被换掉呢？因此，有人说普京是短跑接力棒手，权力在他手中只是过渡阶段。可即便是这样，普京也格外珍惜这样的机会。他可不想因为贪图权位，就忘记了正确行使权力的职能。普京说："当上政府总理算个非常高的级别了。我想，作为一名官员，我已经算是成功的。从这一点出发，在我个人命运的现阶段，在得到我现在的这一职位后，我可以为自己的国家做许多工作。总理职位可以让一个人最大程度地表现他自己。"

这就是普京的理想。运用人民赋予他的权力，尽可能多而好地为人民做有益有利的事，这就是他的价值观。

也许是因为他没有太留恋权力，他对权力有着如此清醒的认识，命运反而成全了他，之后他又从代总理的位置登上了总统的宝座。

四、车臣一战扬威名

当叶利钦提名普京当代总理时，俄罗斯人以为他又会像以前那样反复无常，因此对普京这个临时总理没有给予太多的关注，更没有寄予太高的希望。可是他们很快就发现，普京是当之无愧的。

此时车臣战争爆发，摆在新总理面前的紧迫任务是，要想接好叶利钦的班，必须解决好这个头等问题。

车臣共和国，是俄罗斯联邦的一个共和国，位于高加索山脉北侧、与格鲁吉亚为邻。车臣人素以骁勇善战闻名，其中绝大多数是信奉伊斯兰教的穆斯林。车臣与俄罗斯的民族矛盾可以追溯到18世纪。沙皇俄国经过五十多年的高加索战争，才将车臣人征服，于1859年将它并入沙俄的版图。20世纪40年代，斯大林以车臣人与德国侵略者合作为理由，把车臣人赶出世代居住的高加索，使他们的心灵饱受创伤。直至20世纪80年代车臣人才得以返回故乡，而此次迁徙更加深了车臣人对于俄罗斯人的民族仇恨，为日后的车臣问题埋下祸根。

1991年，车臣人口失业率达30%，车臣极端分子借此煽动民众的不满。而当时苏共中央对此并未给予足够的重视。之后，俄罗斯车臣境内的"伊斯兰民族分离主义势力"趁着苏联解体、中央政府顾不上边远地区之际，拥护在阿富汗战争中曾被授予苏联英雄称号的退役将军杜达耶夫当上车臣共和国的首位总统。杜达耶夫一上台就公开宣布车臣独立，公然冲击苏共政权机构。眼看车臣变成与中央政府唱对台戏的独立国家，1994年12月，俄军兵分三路开进车臣境内，打击车臣分裂势力，"车臣战争"由此爆发。

时任国防部长的格拉乔夫曾自信地说："只需一个空降营，几天就可拿下格罗兹尼。"这种自信最终被证明是盲目的，在第一次车臣战争中，从高层到基层一系列的战术错误导致俄军损失惨重，12个月内数千官兵以及2万多平民在战火中丧生。俄罗斯领导人的权威也面临着挑战。

牢牢控制住车臣，是俄罗斯的重要国策。因为从地理位置上说，车臣虽然只是处于里海与黑海之间的弹丸之地，但却是进出高加索的咽喉要道，地下蕴藏着丰富的石油资源。俄罗斯从中亚向欧洲输送石油的管道必须经过这里。因此，此时的普京来不及体味当总理的喜悦，就必须解决这个问题。

人们看到，普京出任总理的第二天就发表讲话宣称政府将坚决彻底打击车臣匪帮。他发出了坚定的声音："俄罗斯领土完整不可能是讨论的问

第三章 ◎ 走向权力中心，成为叶利钦的红人

题。"因此，当西方质疑为什么不考虑和平解决车臣问题时，普京回答："我们将通过投票，决定车臣的地位问题，但只能在消灭匪帮的情况下才能做到。"他武力解决车臣问题的决心已定。在他的精心策划下，俄罗斯抓住车臣叛军入侵临近的塔吉斯坦共和国这根导火索，发动了第二次车臣战争。普京决定在解决车臣问题上大显身手，在最短的时间内创下令人信服的政绩，提高自己的威望。

在第二次车臣战争中，普京充分展示了他果敢坚毅的硬汉形象。1999年10月中旬，普京出人意料地抵达车臣。普京对当地居民表示："俄军将战斗到底"。他视察俄罗斯高加索空军阵地时，在莫兹多克军营中，与进攻车臣的俄联邦高级指挥官们立下誓言："伙计们，当这一切彻底结束，这块土地上不再有歹徒的时候，我再喝这杯酒（伏特加酒）。"这"温酒斩华雄"的英雄气概使将军们受到极大鼓舞并坚定了信心。

最为关键的是，在第二次车臣战争中，俄罗斯吸取了上次的教训，战前组建了由普京领导的，由国防部长、总参谋长、内务部长和边防总局局长组成的联合指挥机构——"统一指挥中心"。并在战区组建了联合作战集群司令部，统一指挥各强力部门所属部队的作战行动。在作战方式上，各部队在炮兵和航空兵火力支援下，按预先侦察的路线果断、快速地到达指定地区，对非法武装进行合围，先对其进行封锁，给守敌下达投降通牒，然后特种突击支队和突击群占领城市。最后由内卫部队、特警和内务部特种快速反应支队清剿和解除非法武装。这种方式既有利打击了叛匪，又减少了俄军的伤亡。

就这样，俄联邦军队以现代化武器和先进的作战方式，完成了对车臣境内的大规模军事打击，并取得了决定性的胜利，把残余车臣非法武装分子赶入南部地区。

车臣一战，俄罗斯举国振奋，普京的名气和威望也大增。如果说普京刚刚上台时，人们还对他比较陌生的话，那么，经过车臣一战，没有人不知道普京。此时普京的支持率已经从8月中旬的1%上升到7%，俄罗斯人

民看到了新总理捍卫祖国统一的决心，开始认识并接受这个年轻的新总理。

五、叶利钦运筹帷幄，用"团结联盟"搞定杜马

当上总理并不是普京的目的，他的目光在更高处。

1999年8月10日，刚刚成为俄罗斯政府总理的普京在克里姆林宫对记者表示，他打算角逐即将于2000年举行的总统竞选。叶利钦也发表电视讲话宣布他已"签署了关于国家杜马选举的命令。国家杜马选举将于12月19日举行。"杜马选举一向被看作是总统竞选的一次预演。

"杜马"一词，意为"议会"，来源于沙皇俄国时代。当年沙皇为避免专制嫌疑，赐予其他党派一定权力，称为杜马。1917年十月革命胜利后，苏联的议会名称叫"人民代表苏维埃"。1988年，苏联进行改革，俄罗斯也照此办理，建立了"俄联邦人民代表大会"，其常设机构是"俄联邦最高苏维埃"。1993年10月俄罗斯发生"炮打白宫"事件后，叶利钦总统宣布废除苏维埃制度，俄罗斯又恢复"国家杜马"的称呼。杜马作为下院，其议政参政的职能作用和作为上院的"联邦委员会"遥相呼应。如果说联邦委员会是来自上层的政府内部官员的声音，"国家杜马"则代表了来自底层民众和各政党组织的声音。

按照宪法规定，国家杜马有下列职权：通过法律；批准总统对政府总理的任命；提出对政府的信任问题；对总统提出弹劾等。国家杜马如三次拒绝通过总统提名的总理，或两次通过对政府的不信任议案，总统就有权解散国家杜马。但是，国家杜马通过的法律，要经过联邦委员会（上院）的审议。

俄宪法规定："国家杜马由450名代表组成"，"每4年选举一次"。另据俄国家杜马选举法规定，国家杜马的225名代表在全联邦选举中按党派原则产生，得票率5%以上的政党才能进入国家杜马，并按得票率分配议席。因此，杜马选举一向被看成是各党派和政治团体争斗的"角斗场"。这次，

第三章 ◎ 走向权力中心，成为叶利钦的红人

1999年12月19日的杜马选举，主要竞争者所瞄准的实际上是俄罗斯新总统的位置。

当俄军在车臣战场上经受着血与火的洗礼时，俄罗斯大地上杜马选举的竞选活动正拉开帷幕。这次选举，不同阶层的人们参政议政的热情十分高涨，各党派竞争激烈。因为经过苏联解体后，各种政治和社会组织如雨后春笋般蓬勃发展，仅是1999年，在俄罗斯正式注册为全联邦性的政党有150个，政治运动50个，另外还有许多社会集团(联合组织)。

当时，在杜马中最具竞争力的有以下三大政治团体：一是成立于1999年的"祖国—全俄罗斯"，二是"俄共"，三是"亚博卢"。

"祖国—全俄罗斯"联盟在俄许多地区都设有分支机构，拥有近30万成员。这个联盟的现任领袖就是被叶利钦解除总理职务的普里马科夫。他出选"祖国—全俄罗斯"竞选联盟的领袖后，该联盟的支持率从原来的15%猛增到27%，暂时超过了长期领先的俄共。当然，普里马科夫本人的支持率也大幅度上升。就在复出的当天，普里马科夫宣布了"祖国—全俄罗斯"竞选联盟的几大任务，其中包括由新杜马多数派组阁修改宪法，限制总统权力，设立副总统职位等。这些措施使得他赢得了很高的支持度，位置跃居俄罗斯政治家排行榜榜首。

二是久加诺夫领导的"俄共"。久加诺夫是俄罗斯资深政治家和俄共领袖。他反对实行总统制共和国政体，反对激进的经济改革，反对"亲西方"的外交政策，自称是人民疾苦的代言人，因此很得民心。

三是前政府总理斯捷帕申为主要领导人的"亚博卢"集团。"亚博卢"作为竞选联盟成立于1993年10月26日，主张在自由、平等、公正、法律至上和宪法民主原则基础上建设公民社会和法制国家。该组织的领导人是亚夫林斯基，他在1990年春，与其他经济学家共同制定了苏联向市场经济过渡的"500天计划"，1991年月1月任俄部长会议主席的经济顾问，同年10月至12月为苏联总统政策咨询委员会委员。多年来，"亚博卢"成为当局在各种问题上的主要反对派之一。

这三个有实力的政治组织都是反对叶利钦的。在这种情况下，被叶利钦看中的普京能否当选总统是很难预料的。虽然有叶利钦支持，普京自己也采取了一种特殊的竞争策略，那就是有意回避政治斗争问题，一心扑在打击车臣恐怖主义问题上。他深知，只要国家的安全保证了，人民的生活稳定了，他就会获得广大人民的支持。

在车臣武装挑衅问题告一段落后，在政府内部，他也采取了保守政策。他懂得，在目前的局面下稳定第一，不要给自己树立一个敌人，这是他一贯的处事原则。因此，在和杜马的关系上，他没有像叶利钦那样公开表现出与其对抗的迹象，也没有对反对者高喊道："不通过我的提案就解散你们！"而是表现出宽容、和解、寻求合作的姿态。

普京为了竞选准备着，叶利钦也在行动着。他明白此时经验不足的普京需要他的支持，要赢得杜马选举，就得把地方势力组织起来。地方长官中有很多人是拥护他的，于是叶利钦要求在杜马中组建一个新的政治联盟，削弱三大竞选组织的力量。在叶利钦的授意下，短时间内俄罗斯大地上就出现了以紧急情况部长绍伊古为领导人的"团结联盟"，像一匹黑马一样突然崛起，参加到杜马选举中。绍伊古表示，"团结联盟"的竞选目的是在杜马中建立一个支持政府的议会团体。同时，普京也利用在车臣战争中赢得的个人威望，对新闻媒体公开声明将投票支持"团结联盟"。

这次杜马选举声势浩大，场面空前。结果，普京支持的"团结联盟"在强大的资金支持、媒体支持、政府支持和正确的竞选方针指导下，在激烈的竞争中大获全胜，得票率为23.32%，获得了74个议席，一跃成为杜马中仅次于俄共的第二大议会党团。

"团结联盟"在杜马选举中的获胜，无疑给叶利钦吃下了一颗定心丸。因为长期以来，议会一直控制在"俄共"等左翼势力手中，使他行使权力时处处受牵制。而在此次杜马选举中，"团结联盟"出奇制胜，就意味着"俄共"等左翼力量在议会独霸一方、一呼百应的局面从此不复存在。这样一来，普京获胜的可能性就大大增加了。杜马选举后，俄罗斯所有人也都坚信，普京不仅是未来的总统，而且现在就已经掌握了权力。就连被叶利钦解除职务的"亚博卢"领袖之一、前总理斯捷帕申也说普京"已经赢得了第一轮总统选举"，他当总统已成定局。

六、叶利钦惊人之举给普京意外转机

看到自己精心策划的"团结联盟"在杜马选举中的获胜，叶利钦的心平静了下来，他看到了胜利的曙光。可是，就在杜马选举八天后，他突然做出了一个震惊世人的决定：提前辞职，将总统权力移交给总理普京。这不啻于一声惊雷。电视上，人们看到68岁的叶利钦脸色有些苍白，表情十分严肃。他在讲台前顿了顿，缓慢而庄重地说："今天，我最后一次作为俄罗斯总统向你们发表讲话。我已经决定，在即将过去的一个世纪的最后一天辞去总统职务……根据宪法，我在决定辞职时签署了把俄罗斯总统职权交给政府总理普京的命令。在未来3个月时间里他将是国家元首，3个月之后将举行总统选举。"

按原计划，俄罗斯的总统选举应在2000年6月进行，而叶利钦提前辞职，自愿交权给普京。这一消息不仅震惊了俄罗斯，也震惊了全世界。这一次，叶利钦决定离开他奋斗了8年的政坛了吗？

叶利钦解释了他之所以这样做的原因。他说："俄罗斯应该由有智慧、精力充沛的新政治家带入新世纪。俄罗斯已有一个强有力的人物。当看到人们怀着极大的希望和信念在杜马选举中投新一代政治家的票时，我明白了，我已完成一生中主要的事业，现在俄罗斯永远不会回到过去，将永远前进。在这种情况下，我为什么还要执政半年？不，这不符我意，这不是我的性格。我不应妨碍这一自然的历史进程。"

如此深明大义、豁达大度的叶利钦，上得果敢，退得爽快。"右翼联盟"领导人涅姆佐夫评价说："叶利钦下台同他上台一样，做得非常漂亮。"

就这样，新当上总理，在俄罗斯政坛上还没有太大的影响力和资历的"小字辈新人"普京，提前当上了俄罗斯国家代总统。对此，有人惊讶，有人高兴，有人措手不及，甚至后悔莫及。

是叶利钦成全了普京吗？是，也不全是。叶利钦成全的不仅是普京，也是他自己。对于任何一个处于关键地位的领导人来说，都希望在自己下台后，继承人能按照自己的道路走下去，也让自己的晚年无忧，顺利度过。这一点普京做到了。其实，随着1996年夏叶利钦健康状况恶化，公众对他的信任产生动摇，他就在开始考虑辞职问题。然而，"老臣"切尔诺梅尔金令他不满；"太子"涅姆佐夫难以服众；总理普里马科夫尽管消除了金融灾难的后果，但是当总统却不一定能胜任。放眼望去，政府官员大多都有苏联时代的生活经历，官僚气太浓。因此，叶利钦也想给传统的官僚机构吹来一股清新的风。发现普京后，叶利钦认为普京干练果断、务实而充满朝气，无论操行还是业绩，都很理想。对此，叶利钦说："我用了很长时间研究他，这不仅只局限于他的个人档案。当他还在圣彼得堡市工作时，我就已经对他产生了很好的印象。普京到莫斯科后，我开始近距离观察他。我发现他不仅是一个聪慧、有良好修养的人，还行为得体，并且有很强的自制力。他不属于多数派，也不加入任何集团，这是普京区别于其他政治家的不同之处。"

对普京有好感后，叶利钦想证实自己的判断是否正确，决定先让普京在总理岗位上锻炼一下，过渡一下，看看他的能力如何？结果证明，他的眼光是正确的。对此，叶利钦曾自豪地说："我们没有足够时间去将一个人了解得彻底无误，但我对普京是个例外。"于是，叶利钦决定提前辞职。

按照俄罗斯宪法，总统辞职后，应当在三个月内进行新总统选举。可是为防夜长梦多，叶利钦决定提前辞职，使久加诺夫等反对派失去攻击的靶子。这样，等于给普京竞选扫清了最大的障碍。再加上普京目前在车臣、经济等问题上都做得不错，他决定趁普京人气正旺之时把普京推到前台，给对手一个措手不及。

第三章 ◎ 走向权力中心，成为叶利钦的红人

但普京得知叶利钦的这一决定后，并未立即答应。如果换了一些功利之徒，面对天上掉下来的大馅饼，肯定会欣喜若狂的，但是普京显然不是奔着官位去的。在他看来，当总统是条充满荆棘的路。普京做事一向是很慎重的。他首先考虑的是自己能否胜任，以便不辜负他人的期望、祖国和人民的重托。鉴于普京的这种态度，叶利钦要求他再考虑一下。经过两个星期的慎重考虑后，普京答应了。就这样，在叶利钦的精心布局下，普京登上了克里姆林宫的最高位置。

2000年1月4日，代总统普京接受记者采访，在谈到自己的政治抱负时他说：他不像那些以政治为职业的人，他们天性就想在仕途上往上爬，而他自己从未定过这样的目标，这是由命运决定的。的确，那时的普京单凭自己的力量可能无法奋斗到总统位置上，但是，命运看好普京也是有原因的。那就是他的能力，他的为人处世原则受到大多数人的认可。这也是他胜出的硬道理。

第四章

难忘新千年，走向权力的红地毯

2000年3月26日，普京当选为俄罗斯联邦总统，并于5月7日正式宣誓就职。俄罗斯从此进入了"普京时代"。

第四章 ◎ 难忘新千年，走向权利的红地毯

一、2000年，普京命运的转折年

叶利钦在1999年12月31日的电视上发表新年贺词时说：在未来3个月内普京将是国家元首，3个月后全国将举行总统选举。公布了这个消息后，叶利钦在克里姆林宫内把一只派克金笔、一个控制核武器的密码箱连同对1700万平方公里的领土和1.45亿人口的权力和责任一同交给了代总统普京。他对普京只说了一句话：要把俄罗斯照顾好。这天，普京从主管中央政府事务的总理升为代总统。

在官场上，经过多年的奋斗，攀登到令亿万人瞩目的总统高位，普京的心情自然难以平静。回想自己一个平民的儿子能奋斗到如此地步，他的确激动，几近落泪。与前苏联解体时悲痛的泪不同，这是高兴的泪、激动的泪。他可以告慰父亲，告慰家乡的父老了。虽然从小就对他寄予厚望的老父亲没有看到这一天，可是他听说普京当总理后就曾自豪地对人说："看着吧，我的儿子有一天会像彼得大帝一样。"这一天，终于来到了，普京怎能不激动。他从小就有一个伟大的志向：报效祖国和人民。现在，俄罗斯给他提供了一个无限宽广的大舞台，他可以一展身手，实现自己的抱负了。同时他也意识到了责任的重大。即将到来的2000年，不只是他角色转换的一年，他也将开始担负更大的责任和义务。想到这些，普京感到了肩上担子的沉重。

送走自己的政治提携人叶利钦后，普京简单梳理了一下自己的思路，马上进入工作状态。他首先约见了俄罗斯国防部部长谢尔盖耶夫，随后又分别召见了俄联邦安全局局长帕特鲁舍夫、内务部部长鲁沙伊洛、紧急情况部部长绍伊古，与他们商讨俄罗斯当前存在的一系列紧急而又重要的问题。

在与几位主要人物会谈以后，普京又紧急召开安全扩大会议。因为目前的俄罗斯，首先面临的是叶利钦辞职后是否会引起局势变化问题。为了

保证经济增长、人民生活富足，安定的环境是必备的。就像普京的智囊团成员格雷夫所说的一样，"不建立保护公众的社会机构而只是谈论一场新的经济改革是完全没有意义的"。因此，普京决定先解决安全稳定这个现阶段首要的问题。

之后，他又召见了其他部门的负责人。从12月31日午后到午夜整整12个小时，普京都是在紧张的开会中度过的。当午夜来临之前，普京才把自己一个人关在总统办公室小憩了一会儿。他呷了一口茶，用手轻轻地揉了揉自己的太阳穴……普京深深感到了当好一位过渡阶段的代总统是多么不易！

伴随着新年的钟声，克里姆林宫迎来了自己的新主人。在新千年的钟声敲响之前，俄罗斯的人们在电视上看到了和叶利钦的苍老臃肿完全不同的一个新面孔。普京，这位40多岁的有着清秀面孔的代总统，在向全体俄罗斯人发表新年献词：

"今天，在新年之夜，我本来同你们一样，同亲人和朋友聚在一起。准备聆听俄罗斯总统鲍里斯·叶利钦的新年贺词。但情况却发生了变化。今天，1999年12月31日，俄罗斯首任总统宣布辞职。他请我向全国发表讲话……"在普京的讲话声中，21世纪到来了，俄罗斯的历史也翻开了新的一页。

随着新千年的来到，不但俄罗斯的历史翻开了新的一页，普京的人生也展开了新的无比辉煌的一页。虽然只是代总统，可是随着他的任职，俄罗斯结束了叶利钦时代，迎来了普京时代。

二、竞选总统硝烟浓

普京虽然提前坐上了叶利钦让出的代总统宝座，但要成为克里姆林宫名副其实的主人，还需要把总统头衔前面的"代"字去掉。

时间不知不觉进入2000年，选举日期也越来越近了。这时，赢得大选成为普京的首要任务。

2000年1月12日,莫斯科豪华的总统饭店热闹非凡。二百多位俄罗斯社会名流聚集在这里,以公民倡议小组的名义,正式推举代总统普京为总统候选人。当主持人宣布这一消息时,全场爆发出热烈的掌声,普京也站起身来,频频向四周挥手致意,并发表讲话,感谢大家的信任和支持,表示一定不负重望,争取获得大选的胜利。

1月13日,普京在自己的母校——圣彼得堡大学正式宣布参加俄罗斯联邦总统竞选。2月15日,中央选举委员会以全票通过同意普京正式登记为俄罗斯总统候选人。从这一天起,普京有权开始竞选宣传。

竞争对手势均力敌

当时,准备竞选总统的有很多人,曾任总理的普里马科夫被视为普京的头号竞选对手。可是,自杜马选举结束后,普里马科夫的支持率连连下降,在总统候选人中的支持率排名降到了第3位。此后,随着叶利钦猝不及防地突然辞职,大选时间提前,普里马科夫失去了重整旗鼓的时间。更令他想不到的是,原本支持他的联盟中也发生分裂,"全俄罗斯"运动领导人集体作出决定,支持普京竞选总统。普里马科夫彻底失去了可供依赖的政治基础。

还有,本来与"祖国—全俄罗斯"结成统一阵线的"团结联盟"也背叛了他。他们与俄共达成秘密交易,支持俄共主要领导人任杜马主席。失去了强大的民众支持,普里马科夫竞选总统的希望彻底破灭了。2月4日,普里马科夫通过电视发表声明宣布退出竞选。普京清除了第一个障碍。

普里马科夫虽然退出,其他党派的竞选活动还在如火如荼地进行着。截止到总统候选人登记结束日止,中央选举委员会共登记的包括普京在内的总统候选人有11名,也就是说普京有10个竞争对手。

在这10个竞争对手中,普京的劲敌就是久加诺夫。久加诺夫时任俄共中央委员会主席。他以诚实廉洁的作风深受俄罗斯老百姓的拥护。

为了先声夺人，久加诺夫抢在其他10位总统候选人之前，在2月9日率先公布了自己的竞选纲领。他承诺，如果他当选总统，要在今后两年内让人人有工作干，人人都能领到应得的工资，并且答应增加职工的退休金和社会补贴，并增加一倍工资，在两年内让全国各地的人们都能充分享受免费教育和免费医疗服务。另外，他还打算修改宪法，削弱总统的权力，提高联邦议会和联邦政府的作用，"把掠夺式私有化过程中窃走的财产归还给公民和国家"。

久加诺夫的这番言论当然赢得了一些选民的支持。这对普京当选，特别是在第一轮中获胜构成一定威胁。

除了1号人物久加诺夫和2号人物普里马科夫外，还有3号人物——阿曼·图列耶夫。此人时任俄克麦罗沃州州长、俄人民爱国联盟协调委员会主席团主席，参加过1996年6月的总统竞选。

4号人物是里·斯库拉托夫。他曾是俄联邦总检察长，90年代初期，他在共和国安全局和俄联邦安全部担任咨询员，为政府起草安全方面的文件。

5号人物是康斯坦丁·季托夫，时任俄罗斯萨马拉州州长。他主张实行自由的市场经济政策，是俄政坛的右翼人物。

6号人物是阿列克谢·波德别列斯金，"精神遗产"运动领导人、俄人民爱国联盟协调委员会主席团主席，左翼反对派，是久加诺夫的亲密战友。

7号人物是斯坦尼斯拉夫·戈沃鲁欣，左翼人士。1996年8月当选为俄人民爱国联盟协调委员会主席团主席。

8号人物是埃拉·潘菲洛娃，这是在俄罗斯参加总统竞选的第一位女性。她在1992年12月连任社会保障部长，是俄第二届国家杜马议员。

9号人物是乌马尔·贾布赖洛夫，时任俄一家国际旅游合资公司和商业中心的总经理助理。

10号人物是弗拉基米尔·日里诺夫斯基，俄自由民主党主席、总统政治协商委员会副主席、国家杜马副主席。1996年7月当选为俄总统政治协商委员会副主席。

可以说,这些人各有优劣,代表了俄罗斯不同阶层,他们的地位举足轻重。

在和久加诺夫的过招中,虽然有叶利钦背后强有力的支持,但是普京本人也对自己拥有的资源进行了盘点。首先,他是代总统,拥有至高无上的权力。他不仅继续领导政府,而且直接控制原由叶利钦把持的强力部门。另外,权力也代表着可以寻找到更多的支持者和拥护者。就拿军界来说,由于普京在车臣问题上的强硬立场颇受军方好感,军方就是他竞选的强力后盾,不但可以支持他,而且可以控制局面、防止不测的发生。

普京的第二大资源就是民众的力量。那些支持他竞选的"团结联盟",作为杜马第二大议会党团,已经控制了杜马中的许多重要职位。有"团结联盟"的"护驾",杜马在大选之前很难向普京发难。

普京的第三大资源就是媒体的支持,特别是电视台和电台,将成为普京竞选宣传的有力工具,对选民发挥重要的导向作用。

通过对自己拥有资源的盘点,普京感到自己有些胜券在握了。经过精心策划的普京,具备了天时地利人和的因素,随着大选日期的来临,感到胜算的把握越来越大了。

三、调换得力干将,铺平竞争的道路

普京出任代总统后,为了显示自己的魄力,也为了给竞选总统铺平道路,在政府机构中,他开始了大刀阔斧的改革。

总统办公厅大换血

普京的第一把火,就是对总统办公厅进行了一系列的调整。总统办公厅是他最得力的执行部门，也是总统办事效率和执政形象的表现，普京十分看重。为了树立政府在民众中的形象，他首先从总统办公厅开始，在人员方面重新洗牌，任用忠诚而干练的人员。

入主克里姆林宫后的第一天，普京就将自己的两位密友——梅德韦杰夫和谢钦调到自己的身边，担任总统办公厅副主任。这两个人不但和自己关系较好，主要是能力出众，可以一改往日拖沓的官僚作风。

新年第三天，普京再下重手，解除了两位总统办公厅副主任的职务，至此，除办公厅主任沃洛申和第一副主任留任外，其他人基本上都被更换。1月10日，普京又免去了总统事务管理局局长的职务，推荐他担任俄白联盟国务秘书一职。

这些人原来都是叶利钦的部下，因此，有人指责普京这样是忘恩负义。但是普京认为叶利钦留下的盘根错节的关系会来牵制他，何况，叶利钦对于政府机关的官僚作风也很不满意呢。因此，普京帮他实现了愿望。就这样，随着普京的大换血，大批新人开始进驻克里姆林宫。

普京在用人方面不是简单的换血，而是知人善任。虽然普京在克里姆林宫所任命的主要是圣彼得堡人和联邦安全局的战友，可是，这些人都是默默无闻而且不习惯抛头露面的人，是和普京一样实干的人。比如，拉赫马宁，这位俄罗斯外交部新闻司司长被普京任命为俄罗斯总统礼宾官。此前在俄罗斯政府办公厅工作，负责同媒体打交道的舍戈列夫，被任命去担任俄罗斯总统新闻局局长。这样用人就是为了充分发挥他们的长处。

至此，这些人成了代总统普京领导下的精兵强将，当然也是他日后竞选总统的强有力的支持者。

政府改组，为赢得大选增筹码

普京在刚刚就任代总统时曾宣布，政府人事不做变动。但很快他就发现，不动不行。

当时俄罗斯政府设有多名第一副总理，互有掣肘，严重影响政府运转的效率。面对这种情况，保留着政府总理职务的普京，干脆一不做二不休，在调整总统办公厅的同时，对政府进行改组。

普京首先免去了政府第一副总理阿克肖年科的职务。阿克肖年科是叶利钦的亲信，是寡头政治的最后一个靠山。普京对他降级使用，降任交通部长，既摆脱了叶利钦的阴影，对寡头也是一个打击，同时也为竞选总统扫除了障碍。

紧接着，政府第一副总理赫里斯坚科也被降级，财政部部长卡西亚诺夫被任命为第一副总理兼财政部部长。这一切表明了普京抓经济的决心。当时的俄罗斯百废待兴，叶利钦留下的是一个"烂摊子"，经济问题被提上头等重要的位置。此外，普京由于兼任国家元首和政府总理，有很大一部分时间不得不呆在克里姆林宫，让财政部长卡西亚诺夫充当政府大厦工作的协调人，可以使普京从繁琐的具体事务中解脱出来，集中精力抓好全局和大事。

接着，普京把他的好友、"团结联盟"领导人绍伊古提拔为政府副总理兼紧急情况部部长。虽然紧急情况部不属政府经济部门，但在当时的俄罗斯，该部的作用同俄罗斯经济有着直接的联系，尤其是车臣的重建工作影响重大。而由绍伊古担任这一重要职务，不但称职，而且对普京在大选前顺利开展工作也具有重要意义。

经过这一系列的人事变动，提高了内阁的工作效率，也有助于普京做大选前的准备。

在解决政府问题的同时，为了保持团结，普京也做了一些妥协。他保持了政府中大部分关键职位不变，因为动作太大很可能树敌太多，不利于今后的发展。另一方面，对叶利钦家族的势力逐步换血，体现了普京的稳重和老练。

普京所做的这一切，既与叶利钦家族势力拉开了一定距离，又赢得了各方面势力的支持，无疑为他赢得大选增加了砝码。

用普京本人的话来说，内阁改组是"临时性的"，是出于大选阶段的考虑，这一期间政府的工作不应受到影响。

四、组建智囊团，为竞选获胜打好基础

虽然有叶利钦为普京竞选总统撑腰，但是为了保证3月份举行的总统竞选万无一失，普京组建了自己的智囊团。

智囊团的大多数人是由普京亲自挑选的，他们是俄罗斯各个领域的精英。智囊团的作用就是帮助普京在总统竞选中提出更切实际的竞选纲领，制定出适合俄罗斯国情的大政方针，完善普京的政治形象。

普京智囊团的头号人物是卡西亚诺夫，他是普京担任代总统后提拔的第一副总理兼财政部长。他的主要工作是处理好俄罗斯同国际货币基金组织的紧张关系。因为他熟悉西方金融界，而且值得信赖。在发展经济的年代，普京当然离不开这样的干将。他也曾暗示卡西亚诺夫，如果自己在大选中获胜，就任命卡西亚诺夫担任总理。

智囊团的二号人物是普京的克格勃同事伊万诺夫。当时伊万诺夫担任俄罗斯国家安全会议秘书。在伊万诺夫的领导下，国家安全会议制定了一个有争议的新的国家安全构想。这个构想降低了俄罗斯可能使用核武器的门槛。这种构想说明他具有非凡的洞察力和判断力。

智囊团的三号人物是圣彼得堡律师格雷夫。有着德国血统的格雷夫出生在哈萨克斯坦，他同普京一样，也能讲流利的德语。这是位有名的"笔杆子"，著名的《千年之交的俄罗斯》一文就是他帮助起草的。让格雷夫加入智囊团，从另一个侧面反映了普京的思想——把战后德国经济发展所采取的家长式资本主义模式看做是俄罗斯发展可能选择的一条道路。

智囊团的四号人物是"政治谋士""总统竞选总指挥"丘拜斯。尽管丘拜斯在俄罗斯遭到一些人的谩骂，但是他是一位精明的政治管理人才。

1996年，是他促成叶利钦在选举中获胜并连任的。而且，普京之所以能在进入莫斯科后，短时间内就在这个最高的权力中心迅速崛起，也离不开丘拜斯的力荐。丘拜斯有着令人刮目相看的才华，普京当然要借助他的智慧，在选举前和选举后的政治和经济等方面的大政方针的制订依赖他的帮助。

这些智囊团的精英们为了使普京的声望在3月份大选时达到顶峰，采取了一连串的行动：如仔细地研究公众的喜好，确保普京能够对俄罗斯社会的主流意见做出迅速而积极的反应；运用爱国主义精神，敦促普京在2月份颁布俄军新的、也是更强硬的军事学说，向人们展示普京保卫祖国的决心；开动宣传机器，使俄罗斯新闻媒体对普京的工作表示支持和赞同等。

另外，智囊团还把普京的竞选活动打理得有条不紊。普京主动与选民沟通，来到《共青团真理报》报社，现场接听读者的热线电话，并接受记者的采访。当时，一位叫亚历山大的听众说，他真有点不敢相信自己竟是在同总统讲话。普京幽默地回答说，"您不相信是对的，确实如此，因为跟您讲话的人还是代总统。"通过媒体展示普京硬汉、亲民、有正义感的形象，目的就是为了让普京以新形象出现在人们眼中，增加人们的支持率。

除了普京自己精挑细选的智囊团成员外，在克里姆林宫外，还有一个人为他竞选总统得胜而不遗余力地奔波着。他就是索布恰克。

1998年9月，俄联邦总检察院宣布撤消有关针对索布恰克收受贿赂和滥用公职的诉讼。后来，调查机关停止了对"索布恰克案"的调查。1999年7月，索布恰克回到圣彼得堡。在一场大范围的新闻发布会上，索布恰克宣布他将参加国家杜马选举，代表"正义力量"竞选联盟，参加圣彼得堡一个单选区的角逐。但是，由于年龄关系，索布恰克再也无法重现1989年的辉煌了。

在普京当选总理、代总统后，索布恰克看到了自己的弟子和继承人胜利的曙光。作为普京的代表和自愿鼓动者，索布恰克自告奋勇地在俄罗斯西北地区为普京竞选拉票。虽然索布恰克因此也遭到了许多报纸毫不留情地攻击，但这些都没有能阻挡他拉选票的脚步。

2000年2月中旬，索布恰克作为普京的代表去了加里宁格勒州，他非常活跃，在各种场合发表演讲，接受记者采访。

对于媒体对索布恰克的指责，普京在回答《生意人报》记者提问时也说："您知道，我完全信任他，索布恰克百分之百是一个正派人。他是一个拥有无可指责声望的、品行端正的人。更重要的是，他是一位出色的、天才的和坦率直爽的人。……我对他充满好感。我真诚地欣赏像他这样的人。很少有人知道，我和索布恰克之间保持着如此亲近、同志式的关系，他非常值得信赖。"

可以说，正是得益于这些人的支持，普京的形象和知名度大为提高。

2000年2月14日，普京按《俄罗斯联邦选举法》规定向中央选举委员会提交了50万合法选民的支持签名和本人及其家人财产收入情况的文件。中央选举委员会秘书扎斯特罗日娜雅宣布，经核查，普京申报的其本人及家人的财产收入情况属实。

可是，正当竞选形势向着有利于普京的方向发展时，2000年2月19日，索布恰克因心脏病再一次发作，猝然去世。虽然他没有看到普京当选总统的那一天，可是他为普京当选尽了自己的全部力量。

当普京冒着被车臣叛乱分子杀害的危险参加完索布恰克的葬礼后，他赶回莫斯科，就在2月25日以公开信的形式在俄各大报上发表了竞选总统的纲领，以回应此前咄咄逼人的久加诺夫。因为他懂得，要想获得选举的胜利，必须让选民了解自己的竞选纲领。普京在公开信中写道：

我不阐述什么全面的纲领，请允许我谈谈竞选的一些关键问题。特殊的道德标准和实际上把整个民族联系在一起的统一目标一向是俄罗斯人的特点。这曾经使我国人民在最困难的年代站稳了脚跟并取得胜利——无论在战前、战后，还是在战争时期都是这样。问题不在于要重新寻找赫赫有名的民族思想。我认为，这种思想已经存在。它已经在社会上相当明确地表现出来。

第四章 ◎ 难忘新千年，走向权利的红地毯

我们应该明白，当各国在世界舞台上竞争时，我们的对手非常强大。我们应该明确地给自己提出国家发展的有效途径。权力机关要有作为、负责任，而且要顽强地达到目的。国家机构应该是内行的、灵活的、守纪律的，不应该是臃肿的、懈怠的、对人民漠不关心的官僚圈子。

还有一个我们需要解决的重大问题，那就是我们大家——全体公民和国家机关所应遵循的复杂的、却是公认的游戏规则：遵守法律和宪法，即国家的法律秩序。我认为，无论是在政治上，还是在经济上，这都是今天俄罗斯面临的最大、最严重的问题之一。整顿法律结构与打击贪污腐化同样具有头等重要的意义，这不单单是法律领域的事。

俄罗斯不能容忍任何人因为它贫穷了而来侮辱它。我要再重复一次我在给选民的公开信中所阐述的观点——应当直截了当地说：我们国家强大，但居民贫穷。

所以我们的重点是要使人们过上好日子。普通公民最关心的是什么，对这一问题每做一次社会调查都会显示，人们有权、也希望过上好日子。我认为，为实现这一目标，每一个政权都应承担起道德责任和政治责任，无论它所依靠的是什么。造福于人民，为普通公民谋利益，这才是每一个政权的最终目标。

让市场的所有主体都能同政权保持同等距离是所有权的保障，也是政治经济领域的一块基石。显然，如果国家不能履行我所提到的那些职能，就不能提出有保障的游戏规则，这一领域就会被影子经济所占领。这是国力衰弱的表现。

问题的另一方面是不对市场进行内行的和耐心细致的工作，也不会有国家的强大。但调节不是市场脖子上的索套，而是对市场的支持，是为各经营主体创造平等的条件。

对一个强大的国家来说，公民不能没有尊严感，整个国家不

· 71 ·

能没有民族自豪感。这些基础原则是看待我们对内对外政策的基础。我觉得，我们有能力调动国家的一切资源，有能力调动社会的一切力量和俄罗斯全体公民的劳动热情。我认为，归根结底，这既是我的根本目的所在，也是今天所有在场人的根本目的所在。

普京在这封信中阐述了自己将奉行的政策的主要优先方面。这些优先方面可概括为："打赢车臣战争""加强国家地位""打击犯罪""消灭贫穷"。这些方面得到了选民的热烈反应。

随着竞选纲领的发表，人们对普京有了全面深刻的认识，再加上目睹了普京上任以来车臣战争的胜利、杜马选举的胜利、国内局势的稳定后，对他的好感也与日俱增。就连起初反对普京的"俄共"和"亚博卢"集团中的很多人也开始改变自己的看法。

这一切离不开普京的能力，但是也与普京的智库，这个"外脑"的策划分不开。

五、意外转机，登上权力巅峰

2000年，俄罗斯议会上院——联邦委员会决定，俄罗斯总统选举提前到3月26日举行。

本来，俄罗斯宪法规定，总统参选人应当获得100万选民的支持签名，才能正式注册为候选人。由于这一次是提前选举，中央委员会将征集签名的数量减半为50万个，最后期限是2月18日。这对普京的帮助无疑是巨大的。而对于其他竞争对手来说，在如此短的期限内征集到50万的人签名是相当困难的。这无形中又给普京当选总统上了一道"双保险"。

2000年3月26日，俄罗斯联邦总统选举如期举行。3月27日，俄罗斯中央选举委员会主席韦什尼亚科夫宣布，根据对选票的初步统计结果，

第四章 ◎ 难忘新千年，走向权利的红地毯

普京的得票率已经超过50%，普京正式当选为俄罗斯联邦第三届总统。俄罗斯从此进入了"普京时代"。

尽管普京在总统大选中获胜并没有超出人们的意料，但是他"火箭式"的蹿升还是引起了全国甚至全世界人民的兴趣。

通常，一个国家的政治领袖的诞生是一系列长期的、复杂的政治斗争的结果。根据俄罗斯的政治体制，在10年前这是不可想象的。因为在苏维埃政权的官位等级中，渴望或者得到最高权位的人应当是苏共中央委员，或者是政治局委员，并且要从党的最高领导班子那里取得委任。叶利钦之所以能够单挑戈尔巴乔夫，是因为他在20多年时间里一直处于党的领导层。

可是普京没有任何靠山，没有财团支持，没有可靠的圈子，又不靠大规模的群众运动，却快速崛起，并非只是因为他抓住了大选提前这个意外转机。这是内外因结合的结果。普京虽然出身平民，可是他一直是军官和政府部门的官员。再者，随着前苏联所有意识形态和干部体系的破坏，政治体制发生了根本的变革，这就为那些出身底层，但是却可以以最不寻常的方式完成仕途升迁的人创造了可能。再加上在叶利钦执政的几年中，俄罗斯民众看到政治斗争的无休无止、官员贪污腐败泛滥、社会治安状况恶化、老百姓生活水平下降等现状，他们急切地等待和企盼强有力的政府的出现。而此时，普京这个"强人"恰逢其时地出现了。他性格坚毅，旗帜鲜明，有着非凡的决策力和洞察力。普京通过对前一时期俄罗斯所走过的曲折道路进行认真的反思，明确提出国家需要"一个全面的由国家控制经济的体制"，从寡头手中收回了他们剥夺国家的利益。

在执行力上，他表现出的沉着、果断和干练作风，使人们看到了新一代领导人振兴俄罗斯的希望。在捍卫俄罗斯利益的大是大非问题上，他顺应民心。在处理国际事务中，他敢于同美国的霸权主义和强权政治作斗争，捍卫俄罗斯的国家利益和民族尊严。而且，普京总是给人以恰到好处的感觉。一位电影导演认为普京"虽然他只是个舞台新人，但演得非常棒。他表演得不温不火，恰到好处，而不是像叶利钦那样在舞台上卖弄自己"。不论

是当总理，还是总统，人们一点儿也看不出他很骄傲。

正是由于普京果断的表现和务实的执政风格，赢得了人们对他的好感。这一点，普京早在出任总理初期就曾讲过："我感到自己不是救世主，而是一名普普通通的俄罗斯公民。我体会到了任何一位俄罗斯公民的感受。很显然，人们感受到了它并由此而支持我。"

因此，普京当选不单是叶利钦的意志，更准确地说，应该是人民的要求，时代发展的要求。人民的支持是保证普京在2000年3月26日总统大选中获胜的主要保证。从这方面说，普京的成功既是一个奇迹，又在情理之中。

六、就职，经历辉煌的那一刻

在普京的印象中，最难忘的应是2000年5月7日那个庄严而神圣的日子。就是在那一天，他宣誓就职总统。

2000年5月7日，俄罗斯在克里姆林宫举行了隆重、盛大的总统就职仪式。金碧辉煌的典礼大厅、耀眼的总统仪仗旗帜、庄严的礼兵和红地毯构成了总统就职仪式的盛大场面。这是俄罗斯历史上，最典型、最完整的一次总统就职仪式。

虽然就职仪式定在7日中午12时举行，但在当天一早，克里姆林宫附近就已戒严。11时40分，克里姆林宫大门打开，几名克里姆林宫仪仗队员迈正步进入大厅，把俄罗斯宪法和"祖国一级勋章"送入大厅。勋章是总统权力的象征。根据法律规定，该勋章由上一任国家元首亲手移交给继承人。这不仅赋予了普京国家政权，而且还有选择同盟者和合作伙伴的权力，使之可以进行重大的政治经济改革。

在45分钟的就职大典中，普京穿着黑色西装，显得比平日更加精明强干。在1500名贵宾的掌声和铿锵有力的军乐声伴随下，普京单独穿过克里姆林宫铺着红地毯的厅房，迈着坚定的步子穿过了克里姆林宫的主大厅。

第四章 难忘新千年，走向权利的红地毯

普京明白，他竞选成功，不仅仅是上台执政的问题，更重要的是要有能力带领俄罗斯走出困境，使俄罗斯在21世纪重返世界大国舞台。今天，考验他的时刻到来了。全国人民的目光，全世界的焦点都聚焦在他身上，拭目以待。现在需要他表明决心了。

接下来，普京右手按着一本特制俄罗斯宪法，发表了简短庄严的就职演说。他表示，他了解俄罗斯所面临的问题之艰巨程度，以及人民的强烈期望。他矢言重建俄罗斯的强国地位，悉心治理由叶利钦移交给他的这个国家，以不负人民的重托。他坦承有必要进一步推动民主改革，并呼吁全体国人支持他。

这一年，普京47岁。47岁，正值年富力强的中年，既有经验又有阅历，而且精力充沛。他有信心，也有热情和能力，创造一个奇迹般的俄罗斯。因此，人们对他的发言也报以热烈的掌声，这就是支持他的最好证明。

在普京宣誓就职时，俄罗斯宪法法庭主席、中央选委会主席、国会两院议长以及前任总统叶利钦站立在普京两侧。普京的夫人柳德米拉偕叶利钦夫人参加了就职典礼。在场贵宾还有苏联末代总统戈尔巴乔夫、俄罗斯东正教大主教阿列克西二世及各国驻俄罗斯大使。

室内仪式结束后，普京又沿大厅走出克里姆林宫，来到广场检阅仪仗队。普京和叶利钦一起在克里姆林宫广场上检阅了仪仗队。不知是当天广场上风太大，还是心情过于激动，叶利钦流下了眼泪。他是为自己选定的正确的接班人而欣慰，为接班人不负众望的表现而激动，还是触景生情，为自己领导的一个时代的结束而感怀，或许兼而有之吧。但不论怎样，普京以后的表现都证明了，普京没有辜负他的期望，不仅照顾好了俄罗斯，而且还带领俄罗斯实现了新的发展和跨越。

第五章

重整山河，大显身手

普京当上总统后，能给俄罗斯带来与众不同的新气象吗？有人在期盼，有人在怀疑，也有人在等着看普京的笑话。因为普京接手的是个"烂摊子"。

那么，普京，现在就看你的了！是英雄好汉吗？马上就要见分明。

第五章 ◎ 重整山河，大展身手

一、普京接了个"烂摊子"

人们还记得，当普京被叶利钦提名为代总统时，叶利钦嘱咐他：好好照顾好俄罗斯。听起来像是要远行的大人把孩子交给别人照顾一样，满怀期盼和叮咛。何况这是发自强硬的叶利钦口中，人们不免会发出这样的疑问：俄罗斯，一个有着悠久历史、在世界上举足轻重的大国，竟这样娇嫩脆弱，令叶利钦千叮咛万嘱咐吗？

其实，叶利钦自己最明白，他交给普京的是什么样的一个摊子。当时的俄罗斯用满目疮痍来形容也不为过。虽然大国的名声仍在，可是放眼望去，政局混乱，经济萧条，军力衰退，国力日渐衰弱，俄罗斯的大国地位一落千丈。

这些方面的突出表现有：

(一) 社会问题突出

当时的俄罗斯除去暴力、酗酒和犯罪问题外，最突出的社会问题就是人口锐减。十年以前，俄罗斯还有1.49亿人，可普京接手时的俄罗斯却只有1.44亿人。

是什么原因造成了俄罗斯人口的急剧下降？主要是由于后苏联时期的贫穷、滥用酒精及毒品、生活压力、疾病以及各种天灾人祸等因素影响，致使俄罗斯的死亡率，尤其是正当壮年的劳动者死亡率直线上升。与此相比，俄罗斯的妇女们观念却越来越向发达国家看齐，她们越来越不愿意要孩子。自20世纪70年代以来，俄罗斯平均每个育龄妇女只生1.1个孩子。

虽然说人不是万能的，可是没有人也是万万不能的。因为事在人为。没有人，怎么发展生产？这种情况就造成了俄罗斯劳动者的负担越来越重。俄罗斯女性的平均寿命为72岁，可是男性的平均寿命只有59岁。这就是普京面临的巨大的社会问题。

(二) 经济难题一大堆

众所周知，前苏联是以工业和农业作为国民经济支柱的。但以后随着政局的更替和动荡不安,工业和农业这两个部门的产值明显下降。8年中俄罗斯工业生产的下降幅度超过国内生产总值,累计达46%;农业生产的下降幅度累计为40%。伴随经济长期衰退带来的是国库资金短缺。而预算支出又难以压缩,结果国家预算年年赤字。普京就任总统时,俄罗斯仅有近200亿的黄金外汇储备,而各种债务的总和是这个数字的近十倍。通货膨胀是长期困扰俄罗斯经济的难题之一。

经济发展方面突出的问题是经济结构不平衡。当时,俄罗斯的燃料、国防等重工业发达,而与人们日常生活密切相关的轻工业则生产能力低下。主要表现在,一是轻重工业比例失衡,原料性工业比重过大;二是产业发展停滞,高新技术产业落后。当时的俄罗斯经济正处于转型阶段,前苏联计划经济的陈旧结构没有破除,而新的市场经济结构还没有建立起来。

(三) 官场腐败成风

一大堆经济问题已经够让普京头痛的了,可是还有更严重的,那就是官场的腐败。当时俄罗斯官场腐败成风。腐败滋生在各个权力部门,渗透到社会经济、政治、文化的各个角落。

造成这种情况的原因是,当时俄罗斯在向市场经济过渡时一刀切,速度很快。权势阶层从中看到了掠夺国有资产的天赐良机。一些具有垄断性质的,或者有发展前途的经济部门摇身一变,以私有化的名义变成了迅速聚敛财富的新公司。就连某些政府部门的部长、局长或处长也变为董事长、总经理和经理,利用掌握的国有资产,赚取垄断利润或者高额利润。还有金融工业集团与政府官员相互勾结,压低拍卖和招标价格,疯狂掠夺国有资产。国有企业的厂长经理们趁机低价收购职工手中的股票。"政治上抢、经济上夺"。这种风气弥漫到社会上,凡是涉及经济发展的关键部门处处散发着腐败的霉臭。

(四) 民族矛盾突出

普京当政后,还面临着一个棘手的难题,就是俄罗斯存在多年的民族问题以及与之密切相关的国家体制问题。

俄罗斯境内有大小民族130多个，是名副其实的世界上民族最多的国家。130多个民族大杂居、小聚居，少数民族分布很不均匀。各民族有不同的语言、方言、宗教和习俗，民族关系十分复杂。其中，俄罗斯人12048.73万，占全国总人数的81.5%，是当之无愧的"主体民族"。

另外，俄罗斯联邦的组成也颇为复杂。它是由89个联邦主体构成的，包括21个共和国、6个边疆区、49个州、2个联邦直辖市、1个自治州和10个自治专区。其中，21个共和国都是按照当地主要民族命名，有权颁布自己共和国的法律，拥有一系列远远大于其他各联邦主体的独特权利。因此，各共和国的一举一动会直接影响整个联邦体制的稳定。

除此之外，那些以俄罗斯人为主要居民的49个州，虽然它们与联邦中央的关系是地方与中央的关系，但也存在着民族问题。州长们认为他们对联邦的贡献远远比共和国的贡献大，贡献大却得不到回报，自然对联邦中央一肚子的怨气。

民族问题直接关系到俄罗斯联邦的统一和社会的安定。前苏联时期就因为没有处理好民族关系，从而导致了国家的动荡。因此不解决好民族问题，就无法保证社会的安定和俄罗斯国家的完整。普京上任时也看到了这个问题的严重性。

(五) 国际关系紧张，西方总拿车臣说事

车臣问题本来是俄罗斯国家内部的问题，可是西方总以此攻击俄罗斯当局不民主，这在一定程度上造成了俄罗斯在国际舞台上的被动局面。

对这些政治、经济、社会、军事、外交等各种错综复杂的问题，叶利钦心知肚明，但也无计可施，因此他寄希望于普京。不过他叮嘱普京是怀有很复杂的感情的。因为，造成这种情况主要和叶利钦推崇的休克疗法有关。

1991年底苏联解体，叶利钦接手的原苏联的大部分家底是一大堆半死不活的企业，外加1万亿卢布内债和1200亿美元外债。为此急得坐卧不安的叶利钦在情急之下接受了从西方引进的一套激进的经济改革方案——休克疗法。这是美国经济学家萨克斯在20世纪80年代中期引入经济领域的。

当时玻利维亚爆发严重的经济危机，萨克斯向该国献出一条锦囊妙计：紧缩货币和财政，放开物价，充分发挥市场机制的作用。结果，玻利维亚的经济局势平稳下来。萨克斯的休克疗法因此也名扬世界。

看到萨克斯的妙计如此神奇，叶利钦决定用此方法挽救危机中的俄罗斯。于是，1992 年初，一场以休克疗法为模式的改革在俄罗斯联邦全面铺开：放开物价，实现财政、货币"双紧"政策，大规模推行私有化。可是，俄罗斯市场短暂的繁荣后却出现了一系列恶化的现象。黑市商贩与国营商店职工沆瀣一气，将商品转手倒卖，市场秩序乱成一锅粥。由于政府提倡开源节流、增收节支、紧缩信贷，造成企业流动资金严重短缺。企业间相互拖欠，三角债日益严重。企业生产进一步萎缩，失业人数激增，财政赤字不降反升。再加上税收优惠统统取消，加征进口商品消费税，俄罗斯在国际市场上具有价格和质量竞争力的产品越来越少，还占不到 1% 的份额。

经过叶利钦实行的休克疗法后，俄罗斯 GDP 几乎减少了一半，只有美国的 1/10。居民生活水平更是一落千丈。到 2000 年底俄罗斯人的货币收入总量不足美国人的 10%，并且健康状况和平均寿命也在恶化。对这种局面，叶利钦怎能不痛心疾首，这不是他所希望看到的。可是，他由于健康原因实在回天无力，只能把希望寄托在继任者身上。

此时的普京面对千疮百孔的烂摊子，感到了肩上的担子沉甸甸的，的确不好担，他坦言"俄罗斯正处于其数百年来最困难的一个历史时期"。那么，普京应该如何表现自己呢？他有重整山河的能力吗？人们都在拭目以待。

二、普京，现在就看你的了

在这个世界上有各色人等，但是，从信念和意志上分类，永远都只有这样两种人：一类是弱者，一类是强者。对于弱者来说，到处都是问题，到处都是困难，到处都是过不去的火焰山；而对于强者来说，问题越多，困难越大，挑战越大，他们奋斗的动力和创新的勇气越大。因为他们是积极进取的，不是悲观厌世的。而成功，往往属于他们这类人。

通常，那些伟大的政治家就是这类人。他们知道，他们从继承者那里接下来的往往不是成就而是"问题"。正是那些问题，才更能彰显出他们的能力和魄力。因为他们的能力和气魄超越前人，或者在某一方面超越前人，因此历史上就留下了他们的英名。而那些业绩平庸、平稳过渡的政治家虽然一生没有什么大起大落，仕途顺利，但是他们的功绩也没有什么令人称道之处。当然，这样说并非是让他们为了表现自己就非要做出一番惊天动地的事情来。只是人民之所以从成千上万的人中选择他们当领袖，自然对他们寄予厚望，希望他们解决最棘手的问题。更不用说在非常时期任命的领袖，人们更是对他们寄予很大的期望，希望他们能带来万象更新。

无疑，普京是在非常时期被任命的。那么，普京上台后，能否胜任？将要推行什么样的措施？引起了人们的高度关注。不仅俄罗斯国内关注，世界各国也关注。西方媒体就纷纷对普京及其思想进行猜测，一些分析家试图给普京贴上这样或那样颜色的标签。有人断言普京是"反共分子"；有人认为他是恢复苏联标志的"保守克格勃"；有人说他是"地地道道的民族主义者"；也有人说普京是"民主派"；反对派则称普京是"铁腕专制主义者"。俄共认为普京在经济上实行的是"自由主义"；而右派则指责普京企图恢复"警察式的国家"，在搞专制。也有学者分析，普京既不属于右派，也不属于左派，政治上非白，也非红。当然，也有人断言，普京在总统位置上不会坐太久。

是这样吗？普京可是生长在彼得大帝创造了辉煌战绩的土地上，并且是十分崇拜彼得大帝的政治强人。面对百废待兴的俄罗斯，他没有退却，而是选择了勇敢冲上去。因为他的梦想是要让俄罗斯成为世界强国，他决心重现俄罗斯的辉煌！

不论普京实行的治国策略是保守主义、现实主义，还是自由主义、专制主义，评论在现实面前总是显得那么苍白。曾有一些西方记者问普京，

"普京先生是什么样的人?"普京的回答是:"最好不要让我回答这个问题,其实像您这样聪明的记者自己心里清楚。首先我自己不愿给自己作评语,更不喜欢贴上这样或那样的标签。况且谈论一个人,不应看自己说自己什么样,而应观察他的行动。"

是的,还是让普京的行动来说话吧。

三、果断"削藩",恢复中央权威

普京接手的俄罗斯联邦虽然是作为一个独立的国家出现在世界舞台上的,可俄联邦,既要管辖俄罗斯境内各自治共和国,又要管辖所属各州,并不是那么容易。因为前苏联时期曾困扰政府的中央与地方的复杂关系并没有随着苏联的解体而消除,依旧盘根错节地纠结着。

解体之前的苏联是一个权力高度集中的单一制国家。后来,戈尔巴乔夫吹起一股自由化的风,地方政府萌发了独立管理的野心,地方政府完全自治,前苏联快速解体。

过渡到叶利钦时期,地方和中央的抗争就明显地表现在议会和政府没完没了的政治斗争,目的就是为了削弱中央的权力,让地方势力日益增强。当时的叶利钦面对着地方政府明显增长的势力,感到了一种危险。可是他为了在与国家杜马的斗争中获胜,还需要依仗这些地方政府官员的支持,于是便与自治共和国的总统和各州的行政长官达成了一个不成文的协议:总统允许地方做他们喜欢做的事;作为交换,在总统需要的时候,地方也要鼎力相助。其结果是,立宪的联邦变成了契约的联邦。地方政府看到了叶利钦需要依赖他们的一面,表现得越来越强势,对抗中央的行为不断升级。

到了20世纪90年代中期,随着地方领导人改为民选产生,地方领导人权力迅速扩大,总统丧失了对地方领导人的任免权,中央对地方的控制能力也越来越弱。可是,这种所谓的"地方自治"并非就是民主平等的表现。

随着"地方诸侯"权力的扩大产生了一系列消极后果，中央和地方的矛盾很快就表现了出来。因为各个地方的领导人都是从地方独立、地方发展的角度来考虑问题，而不是从服从中央这个大局的角度来考虑问题，因此问题百出。主要表现在以下几方面：

第一，俄罗斯的一些地区享有无限的立法自由。有些地方法规中有三分之一与联邦法律和宪法相抵触，使得中央颁布的宪法成了一纸空文。

第二，俄罗斯各边疆区和州之间建立起贸易壁垒，凡是不利于各州和自治共和国发展的，他们统统排斥在外。

第三，更为糟糕的是，地方的政治权力只是掌握在和地方官沾亲带故或者有利益联系的一些人手里，带有浓厚的封建君主意识。

第四，分布在各地的为数众多的联邦权力机关的分支机构(警察、法院、税务和其他社会部门乃至军队)不仅被地方同化，而且成了地方精英人物的保护伞。表现最为明显的是，有一些州长在本地区为非作歹，中央派要员去干涉，却被地方当局拒之门外。有些地方领导人，竟然暗杀自己的政敌。

第五，部分州甚至可自行宣布实行紧急状态，中央无权干涉。

第六，1995年实行的由地方行政长官和地方议会领导人组成联邦委员会(俄罗斯议会上院)的规定，虽然对地方领导人非常有利，但是联邦议会上院变成了有时不按专业原则运作的机构。这不仅违反了宪法规定的地方政府权力分开的原则，而且也使中央政府对联邦各地方主体失去控制。

以上这些问题暴露出政治管理的危机。对俄罗斯这个横跨欧亚大陆、涉及11个时区、由89个地区组成的庞大国家来说，有一个地方出现风吹草动，都有可能引起难以预料的后果。这些不正常的现象如果得不到及时解决，就会为国家分裂埋下巨大的隐患。普京面对这个即将危及国家安全和社会稳定的巨大的安全隐患，岂能无动于衷？

其实，中央和地方的矛盾问题早在普京在总统办公厅任副主任时就接触到了，凭着他作特工多年养成的敏锐的观察力和分析判断能力，当时也看到了这种问题的严重性。因此，他上任后决心维护国家利益，决不允许这种现象继续发展下去。

但是，如何解决这些问题，用什么方法和措施，需要费一番脑筋。如果按照总统赋予的权力修改宪法来改变这种状况，恐怕要付出很高的代价，而且即便推行下去也不能确保成功。因为联邦委员会和地方立法权力机关从维护地方主权的角度出发，肯定会相互扯皮。如果像美国一样，借助联邦中央管辖的司法机构的裁决加强联邦中央的地位也不太可行。俄罗斯毕竟不是美国，要使这种方案顺利实行，首先要让目前受地方当局控制的地方法院保持其独立性。这些远不是短时间内能够做到的。因此，这两种方案看起来都不太可行，普京需要拿出自己独立的思考问题的思路和解决问题的能力。

此时，普京特立独行的性格特点表现出来了。虽然特立独行，从人际交往上说似乎有不合群的意思，可是从创新这一角度来说，每一个标新立异的思想家和改革家在思想和观念上无一不是特立独行的，否则就会沿袭传统的老路走下去，只有继承没有发展。此时有些步履蹒跚的俄罗斯需要的是发展，是创新。不创新，不走自己独特的政治改革之路怎么行？人们希望看到普京领导的国家能够柳暗花明，"病树前头万木春"。

此时的普京也不需要像叶利钦那样瞻前顾后，他和地方领导人之间，和经济寡头之间没有什么利益纠葛。于是在就任俄罗斯总统之后，他在组成新一届政府的同时，就提出了改革现行联邦体制的计划。

2000年5月13日，普京发布了关于成立7个联邦区的总统令，把原来俄罗斯境内的各共和国、边疆区和州一律按地域重新划分管理范围。这7个联邦区是：以莫斯科为中心的中央区；以圣彼得堡为中心的西北区；以顿河罗斯托夫为中心的北高加索区；以下诺夫哥罗德为中心的伏尔加沿岸区；以叶卡捷琳堡为中心的乌拉尔区；以新西伯利亚城为中心的西伯利亚区和以哈巴罗夫斯克为中心的远东区这七个联邦区。紧接着于5月18日任命了驻7个联邦区的总统全权代表，其中5人是来自军队或国家安全局的将军。每个联邦区的全权代表直接隶属于总统并向总统汇报工作，任职期限由国家元首决定。当然,他们既要维护地方利益,更要使国家总统能在相应的联邦区范围内履行宪法职能。他们的职能还表现在协调联邦权力机关的地方机构执行联邦法律、总统命令和政府决议;协商联邦权力机关驻地方代表的主要干部任命;参加拟订地区发展纲领,但无权干预地区首脑的职权。这些联邦区的总统全权代表其实就是钦差大臣。这样做既避免了国家分裂的发生,也保留了地方政府一定的自治权利。

通过梳理中央和地方的关系,曾经困扰俄罗斯领导人的中央和地方的政治问题在普京的手上得到了解决。

四、改革联邦委员会

为了保证解决中央和地方关系问题措施的公正性,普京又从法律上进行了一些修改。在5月17日普京发表的《告俄罗斯公民书》中,提出了一系列即将修改的法律草案。其内容是:

第一,建议修改联邦委员会(议会上院)的组成原则。

根据俄罗斯宪法规定,联邦委员会由代表权力机关、执行权力机关及立法权力机关的代表组成。当选这些代表,普通民众当然不够格,只有那些大权在握的各地区的行政长官、共和国总统或地区议会领导人才能入选。可是,他们既是立法者又是执行者,怎能监督自己,保证法律的公正、人民利益的实现?这种现象违反了权力分开的原则。因此,对于这一状况,普京进行了改革。他提出联邦委员会议员由地方选派,让各地区领导人集中精力解决本地区的具体问题,而立法工作则应由其代表负责;联邦主体的行政长官不再兼任此职。

第二,如果联邦主体领导人及地方议会不遵守联邦法律,总统有权解除领导人的职务和解散地方议会。

第三,赋予地方领导人一定的权力。他们也有解除其下属权力机关领导人职务的权力。

这些法律草案出台后，尽管遭到地方领导人的反对，但普京的这些措施得到了以"团结运动"和"俄共"为主的国家杜马的支持，因为这些措施维护了国家利益。

可是，在这些措施推行的过程中，需要联邦委员会进行表态，其结果就不那么乐观了。2000年6月28日，联邦委员会对该法律草案进行表决时，有些心怀不满的联邦委员趁势发动反攻。态度激烈的托木斯克州议长马尔采夫一手用拳头砸着桌子，一手晃动着俄联邦宪法，大声喊道："这是我的位置，我是根据宪法赋予的权利占据这个位置的。"表决结果，联邦委员会以129票反对、13票赞成的表决结果否决了该法律草案。

但是，硬汉普京，这个小个子的摔跤冠军是不会轻易妥协的，只要他行得正走得端，就不会让这种僵持的状态持续很久的。只不过，这一切他做得不露声色，沉稳低调。

形势很快向着有利于普京的方向转变。6月30日，国家杜马以408票通过一份呼吁书。他们呼吁成立一个协调委员会，对法律草案做出三点修改：第一，逐步更换联邦委员会的成员；第二，由联邦主体领导人亲自任命地方执行权力机关驻上院代表；第三，派出机构可以召回自己在联邦委员会的代表。这些措施是国家杜马的妥协和让步，维护了联邦委员会的地位和权威，联邦委员会比较满意，以为他们胜利了。可是，接下来，国家杜马就表现出了强硬的一面，如果联邦委员会不接受关于成立协调委员会的建议，杜马就推翻上院的否决。至此，联邦委员会的选择只能是接受，否则他们连既得利益都无法保住，曾经的一人之下万人之上的地位也会受到侵害，那可是他们不愿看到的。于是，他们同意了。国家杜马便乘胜追击，通过修改后的联邦委员会组成法案，推翻联邦委员会对总统有权撤销地方领导人法案的否决。国家杜马有让步有坚持，保证了普京总统颁布的法律的实行。2000年8月，上述法案相继得以签署生效。

可见，在政治体制改革中，虽然普京大权在握，可是也离不开民众的支持。关键时刻，是国家杜马，这个代表普通民众利益的组织，对普京鼎力相助。因此，国家杜马对普京的支持功不可没。

普京用这些措施赢得了俄罗斯局势的稳定，也赢得了较高的支持率，显示了他作为一个大国政治家的谋略和胆识。

五、组建现代化政治力量

普京提出的法律草案为什么能得到杜马的支持？在普京和联邦委员会的较量中，杜马为什么会和普京站在一起战胜了联邦委员会？杜马的力量因何如此强大呢？

杜马，这匹政坛黑马，之所以能够从普通组织成长为名副其实的国家权力机构，它的成长壮大，离不开普京的精心扶植。因为普京看到了叶利钦在这方面的失误，因此才决定在民众中培育自己的力量。

曾经的叶利钦时代，由于他在杜马没有自己的政治党团，因此才使得以"俄共"为代表的左翼政党联合社会上其他左翼力量在杜马中组成了强大的反对派，使得叶利钦提出的各种法案在杜马中都受到了强有力的抵制。普京上任后可不愿这种情况再发生，他下决心改变这种状况。他出台的措施就是加强对政党的控制，整理各党派团体！

前苏联解体后，随着俄罗斯政治制度的转型，政党制度也开始转型，从一党制向西方式的多党制转变。于是，俄罗斯境内的各种党派组织如"千树万树梨花开"，纷纷冒出，令人眼花缭乱，也令人感到混乱无序。在普京竞选总统时各党派的激烈表现更是让他"大饱眼福"，同时他也从中看到了问题——群龙无首，泥沙俱下。当他成为国家最高领导人时，他感到自己有责任和义务解决好这一问题。

因此普京决定让杜马吸收新鲜血液，使各党派结束以前的混乱状态，逐渐走向规范化和法制化。普京于2000年12月在克里姆林宫会见了国家杜马各议会党团和议员团领导人，同他们讨论了政党法问题。

会后"俄共"领导人久加诺夫和"团结党"议会党团领导人格雷兹洛夫表示支持普京总统提出的政党法草案，并决定在2001年1月的国家杜马会议上进行审议。(原来的"团结运动"已于2000年5月27日，在普京的授意下，在克里姆林宫召开第二次代表大会宣布改为"团结党"。)

2001年6月21日经过反复讨论和修改，俄罗斯国家杜马通过了《俄罗斯联邦政党法》。该法对政党的成立、登记和撤销、党员的人数和地区组织的数量、政党的宗旨和活动形式、政党的权利和义务等问题都做了详细的规定。其中比较重要的有以下一些内容：

(一)政党必须拥有1万名以上成员，并且至少在一半以上联邦主体内建有人员不少于100名的地区组织，在其他联邦主体的地区组织成员不少于50名。这些措施，防止了那些小规模的组织发展成党。

(二)成立政党必须先组成发起委员会，举行成立大会，然后召开代表大会，通过党的纲领和章程，并把这些文件提交负责政党登记的部门审核。这种措施保证了国家对政党成立的前期控制。

(三)政党必须推举候选人参加全国立法、权力机构和地方各级自治代表机构选举。这样就保证了政党与中央保持一致。

(四)不允许按职业、种族或宗教属性建立政党。这样就从根本上铲除了各种杂派组织的产生。

(五)凡在杜马选举中得票超过30%而组成的议会党团，或通过单席位选举制在议会中拥有12名议员的政党都可以获得国家的财政资助。这一点保证了政党与国家的利益一致。

《政党法》颁布后，俄各政党出现了对政党进行改组、联合和建立新党的高潮。一些中间派政党也开始实行联合，纷纷为参加2003年12月21日举行的国家杜马选举和2004年3月7日举行的总统选举做准备。与此同时，一些达不到《政党法》要求、而又不准备同别的党联合的小党或解散，或者改组为"俱乐部"类型的团体。通过加强国家对政党的管理，近180

第五章 ◎ 重整山河，大展身手

个政治组织变成几个有固定群众基础的政党。

到2001年4月17日，国家杜马中原来的四个中间派议员团，即"团结党""祖国—全俄罗斯""人民代表"和"全俄罗斯"经过协商，决定成立跨党团的协调委员会，强强组合大大加强了中间派的势力。到7月12日，"团结党"又与"祖国运动"组成"团结和祖国党"，并着手建立统一的政党。12月1日，全俄罗斯"团结和祖国党"在克里姆林宫大会堂举行成立大会。这是在团结党、祖国党和"全俄罗斯"运动基础上建立的中间派联盟。联盟领导人、紧急情况部长绍伊古在会上指出，"团结和祖国党"将使全社会团结在总统周围，为俄罗斯的繁荣而工作。联盟另一位领导人、莫斯科市长卢日科夫也指出，"团结和祖国党"将团结全社会的建设性力量，保护大多数俄罗斯人的利益。普京也在这次大会上发表讲话，他希望"团结和祖国党"有效利用现有资源，努力成为俄罗斯的一支强大的、现代化的政治力量，成为多数党。他同时强调，不要把新成立的党称为政权党。普京的表态既有支持，也有警告，他代表国家对政党的组建提出了自己的意见。使各政党组织明确了它们的发展方向。

2002年4月，"团结和祖国党"举行第一届全俄代表大会，改称"统一俄罗斯党"，并在司法部注册。至此，"统一俄罗斯党"在国家杜马中的议员数已超过俄共，成为议会第一大党，从而也使普京在杜马议会中获得了比较稳定的依靠力量。普京终于有了来自民众支持的坚强后盾。

在组建"统一俄罗斯党"的过程中，为了争取到杜马更多的席位，这个中间派组织的代表曾经对俄共"发难"，要求重新分配杜马委员会的领导席位。此后，俄共失去了原先拥有的八个委员会的领导职务，只得到了文化旅游和宗教事务这两个无足轻重的委员会的领导权。

而此时"俄共"的内部也发生了分化。"俄共"通过召开中央全会决定将杜马主席谢列兹尼奥夫开除出党，但是普京总统对他们的做法并不支持，表示继续支持他留任杜马主席，直到2003年新一届杜马选举为止。

虽然谢列兹尼奥夫没有辞职，但是通过这次中间派的进攻和"俄共"

自身的分化,"俄共"在群众中的形象大受损害,势力因此大受打击。

如果说以前"俄共"在杜马中实力强大,普京进行整治决策时常常需要同"俄共"领导人会晤并征求他们的意见的话,那么现在普京基本上不用再看"俄共"领导人的脸色行事了。"俄共"也很难阻止克里姆林宫提出的法案在杜马中获得通过。之后,中间派在国家杜马中占据重要位置,他们看准有利时机,不顾左翼的强烈反对,先后通过了《所得税法》《劳动法》《土地法》等重要法案。以"统一俄罗斯党"为代表的中间派党团得到了迅速发展。

普京执政以来,通过对政党制度进行的一系列改革,使政党活动逐步走上正常的法制化轨道,政党在国家政治生活中的作用也有所提高。普京也使国家杜马成为了支持自己的强有力的坚强后盾。俄罗斯最终建立了以两党或三党制为基础的多党制政治体系。当然,与西方国家的多党制相比,俄罗斯的政党制度还并不成熟,仍然存在不少问题。以后的普京任重而道远。

六、行政改革全面展开

俄罗斯实行的是立法、行政、司法三权分立的制度。但由于种种主客观原因,俄罗斯的行政体制并不能适应其发展的需要,存在很多弊端。

比如国家行政系统组成不合理,各级政府组织之间的职权划分不科学,结构不平衡;政府部门官僚作风严重;国家权力机关和管理机关的工作人员队伍庞大等。这些问题在叶利钦时代就已经表现出来,那时叶利钦采取的方法是精简管理机关,合并和划分主管部门。但是机构精简了,人员并没有减少多少。地方政府巧立名目增加那些不吃国家财政,可是吃地方财政补贴的机动人员,结果造成正式机关人员工资降低,有经验的专家纷纷辞职。这使得政府职能大大削弱,民众怨声载道。另外,政府长期以来也没有建立和实施完善的公务员制度,使得官员们贪污腐败现象严重,社会问题突出，俄罗斯的犯罪率逐年上升，黑社会活动极其猖獗，警察与强盗同流合污。这些都和政治体制不合理有着一定的关系。

普京的目标是要让俄罗斯成为真正"民主、法制、高效的联邦制国家"，他决定从源头上做起，把行政改革当成俄罗斯总体发展战略的重要一环。但是，出于战略角度考虑，普京刚上台，如果内部改革出手的动静太大，容易引起不利的影响，因此，就像苏联一首歌中唱到的"这里的黎明静悄悄"一样，普京也决定让这场改革静悄悄地分步进行。

内阁总理换人

人们还记得，在普京竞选总统前曾进行过一次政府改组。如果说那时的动作是小动作，只是在一定范围内为了竞选而调整的话，那么，此次的政府改革就是大动作。普京要组建新内阁。他把第一副总理兼财政部部长卡西亚诺夫提名为总理。2000年5月13日，国家杜马顺利通过了普京总统对卡西亚诺夫的总理提名。

普京看好卡西亚诺夫，一是因为他不是老于世故的政客，不是那种投机钻营一心想当官的人，而是一个典型的务实派。另外，卡西亚诺夫在金融界很有影响，可以帮助普京将他的治国蓝图逐步变为现实。这样的人，当然是最适合的搭档。

卡西亚诺夫当上总理后，马上着手组建自己的新班子。四名副总理分别是：库德林、马特维延科、克列巴诺夫和赫里斯坚科。这些人都是在"为我们的苏维埃祖国而自豪"的气氛中成长的，他们雄心勃勃，干劲十足，没有多少教条和框框，捍卫国家利益，做事讲究实效，而且也十分符合普京将领导层主力年轻化的要求。新内阁不设第一副总理，表明了相互之间平等的地位。

之后的2002年2月，普京根据卡西亚诺夫总理的提议，解除克列巴诺夫的副总理职务，此前他主管的交通部、核能部、通讯与信息部改由总理直接负责。普京对这样的改革比较满意。

强力部门大改组

组建新内阁后，2001年3月28日普京开始了对国家权力机构的大规模人事调整。主要是对一些最重要的强力部门进行大改组，更换了联邦安全会议、国防部、内务部、税警局等四个强力部门和原子能源部等部门的重要官员。普京做出这一决定的主要目的在于推进军事改革，因为俄罗斯军事改革酝酿已久，可是原国防部长和总参谋长总是意见不合，使得军事改革无法进行。于是，普京决定让原来担任联邦安全会议秘书并领导了军事改革工作的伊万诺夫出任国防部长。虽然他原来是文职人员，但对军队情况了如指掌。再者，因为他是文职人员，和军方没有直接瓜葛，便于理顺国防部同总参谋部的关系。这种改组一方面可以适应军事改革的要求，另外也可以尽早实现车臣局势正常化。

而原内务部长鲁沙伊洛填补了联邦安全会议秘书职务的空缺。在普京看来，鲁沙伊洛是协调强力部门之间合作、尽快使车臣局势正常化的合适人选。内务部长的职务由格雷兹洛夫出任，他是"亲总统"的政党"团结党"议会党团领导人，这是他被委以重任的重要原因。

仅是从这一点就可以看出，普京用人是多么周到仔细、深谋远虑。

公务员改革

完成了国家重要权力部门的人事调整后，一场面向全国公务员的改革展开了。

2001年8月，普京下令成立由卡西亚诺夫总理牵头的公务员改革问题委员会和由总统办公厅第一副主任梅德韦杰夫主持的部门间改革方案筹备工作小组酝酿公务员制度改革问题。等计划成熟后，他签署了《俄联邦国家公务员制度改革构想》。根据改革构想，国家管理机构将被分为四种类型：第一是部委，负责制定国家政策，协调各部门的工作；第二是公务部门，包括司法机构、税务、海关部门，负责提供与落实执行权力机构职能相关的服务；第三是署，如宇宙航天署、统计署，负责提供国家服务；第四是监督机构，负责对经济主体等进行监督。

2002年8月12日，普京签署总统令，具有过渡性质的《国家公务员公务行为准则》开始实施。此后，公务员改革在俄罗斯大地上正式展开。

打击腐败、加快司法改革

腐败和恐怖主义一样是俄罗斯的大害。普京上台之初，就决心加快司法改革，打击腐败。

在法制建设与改革方面，普京决心清理各部门与法律不符的规章。加强法院的地位，提高法院审判效率，同时加强对法官队伍的监督，提高法官的工资，防止官员或黑社会影响法官对案件的审理。

这次从上到下的政治改革涉及范围广，深度大，从根本上推进了经济改革的进行。

七、打击"寡头"毫不手软

寡头是伴随着俄罗斯的独立以及其经济的转轨而出现的历史产物。经济转轨以来，在俄罗斯的经济生活中，出现了金融资本与工业资本相互渗透、不断融合的金融集团，集团中的首脑就是寡头。他们垄断资本，进而垄断资源，对国家发展造成了一定的危害。

俄罗斯寡头新贵大都是暴发户，他们动辄一掷千金，过着穷奢极欲的生活。而俄罗斯近两成居民却处于赤贫状态。在当时的莫斯科街头傍晚来临的时候，人们经常会看到这样令人心酸的一幕：一些贫穷的老年女性，手中举着几条干鱼、几根香肠或几包油炸马铃薯片，眼巴巴地望着过往行人，希望能卖得一些卢布维持生活。更凄惨的是，有的老年寡妇手中居然举着年轻时获得的劳动勋章，或手捧卫国战争中牺牲的亡夫的衣服，期待着能换回点食品……真令人难以想象，这就是曾经的世界强国俄罗斯的现状。

普京耳闻目睹这些现状，无比心痛。他作为平民总统，人民的困苦让他揪心。在当选总统后"致选民的公开信"中他发誓要"让人民过上好日子"，现在，他决心改变这些现状。

他无法容忍资源和财富聚集到和官员勾结的极少数富人手里，让处在底层的多数人更加贫困。那些寡头的穷奢极欲的生活尤其令他愤恨。他警告说，某些商界人士试图攫取国家利益和利用同当局的"特殊"关系谋求特权是不能容许的。法律面前，人人平等。他认为"诚实的工作应该比偷窃得到更大的收益"，这才符合公平的原则。

但是，寡头们把他的劝告当成耳旁风。随着他们经济实力越来越强，欲望也越来越大，试图攫取国家权力。这对普京来说是一个挑战。普京在2000年上台后曾和寡头们达成一个不成文协定，亿万富翁们可以保留他们在叶利钦时代获得的一切，但此后不能再干涉政治并且必须合法纳税，服从法律，接受法律的统治。普京曾警告他们说：资本和财产的数量与权力的大小不能成正比。而现在，寡头们的气焰如此嚣张，普京不能不采取行动了。

普京对寡头的行动绝对不只是经济领域的战斗，也是政治道路的选择。此时的他面临着两种政治体制的选择，一种是建立在法治和确保法律执行的强大的国家基础上的资本主义，一种是建立在权贵、官僚和犯罪基础上的资本主义。针对当时俄罗斯的现状，普京选择了前者。再者，从他自身的利益来说，他也不想像叶利钦那样，为了维护少数金融寡头的利益让自己左右为难。

叶利钦之所以走下宝座也和他被寡头要挟有关。1996年初，叶利钦在第一任期即将结束、国内竞选斗争日趋激烈的时候，古辛斯基等寡头因为担心"俄共"领导人久加诺夫获胜对自己不利，与别列佐夫斯基等企业巨头一起成立了知名企业家小组，出资全力支持叶利钦参加总统大选。叶利钦当选后，这些支持过他的寡头们也春风得意。别列佐夫斯基从无执政经验，竟然坐到了国家安全会议副秘书的位子上。其后，叶利钦说服独联体12个国家元首让他成了独联体执行秘书，与总统们讨论着独联体的未来。对于自己能在政界呼风唤雨，别列佐夫斯基夸口说："几乎所有的政治家都被我收买了。"权势为他们带来了无尽的财富，这些寡头控制的经济部门也越来越多。据别列佐夫斯基估计，包括俄罗斯"七巨头"在内的金融工业集团已控制了俄罗斯经济总量的近50%。而叶利钦却因庇护寡头导致人民的不满，这也许是导致他下台的一个原因。普京可不想让这样的悲剧在自己身上重演。

再者，从出身和思想观念上来说，普京也是亲民的。既然人民需要他维护大多数人的既得利益，普京决定"把寡头作为一个阶层消灭掉"。

寡头们原以为普京这样说就是装装样子。因为普京是叶利钦提拔的，这个一向忠诚的人能向叶利钦身边的"盟友"开战吗？再者，和寡头作对，能斗赢吗？前总理普里马科夫也曾努力打击金融寡头，结果却被叶利钦和金融寡头搞下了台。普京难道不吸取教训，考虑考虑后果吗？所以，在普京表示要与寡头们划清界限时，别列佐夫斯基还给普京写公开信，声称普京的政策将导致俄罗斯分裂。普京当然没有理会这些，他要动真格的。

虽然普京没有雄厚的资金支持，可是他身后站着充满渴盼的俄罗斯人民，这就是最强大的支持力量。另外，从普京的性格来看，他是勇者无惧的战士。一向爱憎分明的他，在大是大非面前立场坚定，不知道什么是屈服。在与寡头的斗争中，硬汉普京首先把枪口对准了"传媒大亨"古辛斯基。

古辛斯基是俄罗斯著名寡头，他在俄罗斯、以色列、西班牙和直布罗陀拥有许多家企业和不动产，他拥有俄罗斯和以色列双重国籍，同时还是一个庞大的犹太人社会性组织的领导人。

古辛斯基所犯何罪，普京为什么要拿他开刀呢？俄罗斯检察机关对古辛斯基的指控是：非法侵吞价值1000万美元的第11电视频道的国有资财，古辛斯基与该电视频道负责人签署合同12天后，该频道的负责人在芬兰的个人账户上就出现了100万美元的好处费。对于这种官商勾结，明目张胆地侵吞国家资产的行为，普京决不姑息。因此，2000年6月13日，警察把古辛斯基送进了监狱。

普京这样做也是为了警告其他寡头们好自为之，守法做生意，不要试图插足政治。在1999年的国家杜马选举时，古辛斯基曾利用手中控制的数家媒体，历数叶利钦执政十年来的种种失误，使得叶利钦的声望扫地。在车臣之战中，古辛斯基又利用手中控制的媒体，大肆暴露阴暗面；当普京成为总统后，古辛斯基仍利用手中的媒体对普京改革国家权力机构的措施大肆攻击。可想而知，这个歪曲事实、颠倒黑白的传媒大亨偏离了传媒公正、公平的原则。因此，普京决定不再迁就。

拘捕古辛斯基这个不可一世的寡头狂人，立刻在俄罗斯政坛掀起了轩然大波。但这只是普京向寡头宣战的第一步。普京和俄金融寡头的殊死争斗仍在继续。

6月27日，"阿尔法"集团下属的秋明石油公司被警方搜查，据初步调查，该公司与金融诈骗有关。

7月11日，俄罗斯总检察院强行调阅了俄石油天然气公司的文件。该公司领导人维亚希列夫在古辛斯基被捕后曾和其他寡头联名上书总统，公开为古辛斯基鸣冤叫屈。

7月12日，俄税务总局对伏尔加汽车公司逃税案展开调查。原因是该公司1999年产"拉达"轿车65万辆，却瞒报产量为20万辆以便逃税。它的后台老板就是在叶利钦时代呼风唤雨的俄头号金融和工业寡头别列佐夫斯基。之后，别列佐夫斯基成为了下一个被打击的目标。

俄总检察院给别列佐夫斯基定的罪名,是他控制的两家在瑞士注册的公司内外勾结,把俄罗斯航空公司在境外的几亿美金据为己有。而俄罗斯航空公司的总裁就是叶利钦的女婿奥古廖夫。虽然此案的背景十分复杂,但普京打击别列佐夫斯基的决心仍没有动摇。

8月12日,"库尔斯克号"核潜艇沉入海底,寡头们感到报复普京的机会来了,他们控制的电视台和报纸把这个意外事故的责任往普京身上推。别列佐夫斯基跳出来要为遇难者的家属捐钱,当时普京说:"对这种慈善行为我们赞成,最好卖掉地中海岸边的别墅。但接下来的问题是,他们是从哪里搞到这么多钱的?"这表明了普京的态度:不要以为有钱什么都能玩转。普京在接受俄罗斯和法国媒体记者采访时,曾十分形象地披露了他对寡头的态度。他说:"国家手里握着一根橡皮警棍。这根棍只能使用一次,但一下就会击中脑袋。我们只是牢牢地把它抓在手里,让人们不可小看它。等我们真被惹恼的那一天,我们会毫不犹豫地使用它。决不允许要挟国家!"结果在普京的穷追猛打下,曾经不可一世的别列佐夫斯基被联邦司法部门查封了在俄罗斯的别墅和挂着政府牌照的汽车,成为"在莫斯科无家可归的人"。别列佐夫斯基,这个寡头政治家的领头羊彻底领教了普京的厉害。

普京的行动也得到了叶利钦的支持。叶利钦在接受一位记者采访时也明确表态:"别列佐夫斯基现在弊大于利。他不是在帮忙,而是在捣乱。普京目前对别列佐夫斯基和其他寡头采取强硬立场是正确的,我支持他。"

普京敲响的警钟震慑了寡头们。因为普京坚定地表示,国家惩治金融寡头的行动是长期的!普京通过严厉打击寡头,显示了自己作为独立政治家进一步推动改革,实现俄罗斯"富民强国"的决心。俄罗斯人民看到了他对寡头的强硬措施,无不拍手称快,他们渴望已久的拯救民众的救星又回来了,他们怎能不拥护普京?

八、走独特的经济发展之路

普京既然接手的是"烂摊子",那么,"头三脚"该怎样踢?如果说在政治改革方面普京有独创的话,在经济领域呢?经济可是社会发展的重头戏。

其实,对于经济改革,普京已经胸有成竹。早在1999年9月,普京任总理时同时任中国国家主席江泽民在新西兰举行会谈时就说过,一个国家应像中国那样,在经济改革中根据自己的情况走自己的道路。当他当上总统后,仍然坚持这一信念,未来的俄罗斯既不走"原苏联的共产主义老路",也不一味仿效美、英等西方国家的政治经济体制,而要建立完整的国家调控体系,加强发展高效的多种形式相结合的民族经济。

不论走什么样的路子,普京此时面临的最大问题就是缺钱。套用中国的一句俗话"巧妇难为无米之炊",没有钱怎么发展?普京上台时国库资金严重缺乏,俄罗斯仅有近200亿的黄金外汇储备,而各种债务的总和是这个数字的近十倍。虽然普京的得力助手、总理卡西亚诺夫正努力寻求发达国家的援助,但西方国家要价很高,援助条件十分苛刻。付出的代价太大,普京当然也不干。没有外援怎么办?

外界的这些阻挠难不住普京,他决定自力更生。自力更生并不意味着所有问题都要自己扛,国外一些优秀的发展经验和发展模式可以拿来借鉴。普京曾在国外特别是东德工作过,再加上他有做情报官的经历,与西方企业界和政界有过接触,因此他对国外发展市场经济的模式有一些了解。他决定取人之长补己之短,走出一条适合自己的"第三条道路"。那就是:

第一,提高投资积极性,刺激经济快速增长;优先发展高科技及科技密集型经济;实施合理的结构政策;取缔影子经济,打击经营和金融信贷领域的有组织犯罪;循序渐进地实现经济改革。

当时的俄罗斯存在因贩毒和走私增加的黄色收入，称为影子经济。这些都是虚无缥缈的增长点，因此普京决定将其取缔，发展能给社会、给民生带来真正长久幸福的经济模式。这是他发展经济务实性和长远性的表现。

第二，改变原来私有化政策中的失误。停止成批低价出售国有企业，今后主要出售经营效益差的小企业；国民经济中的战略性企业将维持国有制或由国家控股。

这种措施从根本上抑制了吞并国有资产的情况发生。

第三，改变举债弥补财政亏空的金融政策；改革社会福利体制，逐步减少对房租、公用事业费的国家补贴，将这些费用提高到成本价水平，并增加对困难者的补助；将税收重点从工商税转到个人所得税，提高烟酒、珠宝和豪华汽车等非生活必需品的消费税，加重对偷漏税者的惩罚；严格控制外汇流出，将强制出售给央行的企业外汇收入比例由50%提高到75%，甚至更高；重组债务。

通过金融、税收、外汇、社会福利等一系列综合政策的调整，贫富差距有所缩小。

第四，摒弃重金融、轻生产的经济政策，加强国家对经济的宏观调控，努力扶持本国生产者。政府将制定化工、汽车、轻工业、畜牧业和高科技等领域的中长期规划，并下调增值税和利润税税率，减轻企业纳税负担。运用海关手段保护本国生产者和市场，对轻工原料和饲料征收出口税，以扭转本国企业停工待料而外国货充斥市场的局面。

实行以上这些措施就是为了发展生产。发展生产是国家振兴和发展的关键。发展生产不仅可以解决失业问题，而且还可以增强国力。

从普京出台的措施看，强调国家调控和振兴民族经济是普京政策中的基础。普京多次强调要加强国家在经济中的作用，加强国家对经济的宏观调控，坚持渐进的和平衡的改革策略。

经过实行这一系列措施，俄罗斯的经济发生了一系列根本的变化。自从普京出任总统后，长期低迷的股票市场指数上扬了19%，外汇交易市场也出现了有利于卢布的反弹。这下，不论国内还是国外都看到了普京新政的正确性。同时他们也相信，在俄罗斯，一个崭新的开端出现了。

九、加快经济改革步伐

通过出台一系列的政治经济改革措施，使社会得到了发展。普京认为国家的发展要加快步伐，因为"俄罗斯再也没有时间摇摇晃晃了"。为此，普京出台了一系列加快经济发展的措施：

（一）加强立法，保障优越的投资和经营环境。为全国所有经济主体创造平等的竞争条件，对亏损企业的绝大多数直接和间接补贴以及歧视性的国家扶持都将取消。

这种办法就像中国俗话说的，把好钢用在刀刃上。取消对亏损企业的绝大多数直接和间接补贴，甩掉了一个大包袱，可以保障优越的投资和经营环境。

（二）坚定地保护私有化的成果，肯定和保护私有产权。加强国家对经济的宏观调控。创造多种所有制形式和经济形式并存，公平竞争、优胜劣汰、平等的竞争条件。

也许有人会问，既然要保护私有产权，为什么普京要没收寡头的财产呢？普京打击寡头和保护私有产权并不矛盾，保护私有产权是要保护那些诚实守信经营的人的产权，这样才能创造平等的竞争环境。

（三）改革金融体系，对亏损银行实行破产程序，完善信贷机构的税收制度，创造条件全面实施银行监督程序的国际标准，实行会计核算和报表制度的国际标准。发展证券市场，完善证券市场的调控机制；鼓励投资机构的发展，吸引新的长期投资者，并采取措施使资本输出公开化。

对金融和证券行业的改革都是为了加快投资，营造良好的投资环境。

（四）改革税收和关税制度，创造条件实现国家预算平衡。取消大部分税收优惠，拉平利润和劳动报酬基金的税收负担；规定统一的收入所得税率，建立和完善统一的纳税人制度，发展税收行政管理的信息化。

当时的俄罗斯面临着加入WTO的挑战。因此，调整关税政策是为了迎合谈判立场，促使俄罗斯经济融入世界经济体系并改进自身经济结构。

（五）加强国有资产的管理。提高国有资产管理的效率，完善国家在股份公司管理机构的利益代表制度。修改《俄罗斯联邦国有资产私有化法》，完善联邦国有独资企业改制成股份公司的程序；制定财产国有化原则法，排除没收性国有化的可能性。

在俄罗斯这个统一集权的国家中，国有资产始终是重头戏，这一点，普京绝对不会允许他人染指。

（六）促进经济结构变革。国家的结构政策从支持无绩效的企业转向发展基础设施，保障劳动力的流动，支持新兴部门（首先是创新和信息产业）的发展，鼓励垄断企业重组和改革。比如，发展交通和电信基础事业，形成具有竞争能力的国际交通走廊，提高社会的信息化水平。对电信市场进一步自由化。分解石油天然气股份公司和统一能源体系股份公司，发展燃料能源工业体系，保障国家燃料能源平衡的合理结构。

发展国防工业体系，增进国防工业的科技含量和效率，建立大型一体化的国防工业综合体，有效利用国防工业的实力发展民用经济。

实施现代农业政策，在农村和土地所有制方面实施国家支持、国家调节和市场调节相结合的方针。

另外，国家还鼓励扩大出口，鼓励创新，充分发挥科技和知识的潜力；支持发展风险投资和创新风险保险制度，保护知识产权，创造条件实现高新技术产业的超越性发展。

通过普京实行的经济新政，俄罗斯经济终于得到了较快的增长，在2000年和2001年，俄罗斯GDP实现了前所未有的高增长率。除了GDP的增长外，俄罗斯的对外贸易、外汇储备、货币的稳定程度和国际财经评价都有明显的改善。2001年，农业总产值增长5%，进出口总额比去年增长8.1%，基本建设投资增长 8%，商业零售额增长超过 10%，外汇储备达到了 383 亿美元，创历史最高水平。

随着这些数字带来的是百姓生活水平的改善。当时，统计部门统计，自普京的新政实行后，莫斯科的超市数量增长了 50%。土耳其大型连锁超市 Ramstore(中国人称之为袋鼠超市) 在莫斯科开一家火一家。备受年轻人喜爱的麦当劳更是遍地开花，生意十分兴隆。

因此，尽管国际评论界对俄罗斯的经济前景具有不同的看法，但是事实胜于雄辩，俄罗斯经济实现了高速增长。这个崭新的开端已经表明，普京的体系化改革政策取得了初步的成效。

十、经济发展，任重道远

在普京执政后，国内经济虽然在 2000~2001 年获得了长足的发展，但从有关部门公布的 2002 年上半年主要经济指标看，国内生产总值和工业产值比上年同期均有所下降。这表明俄罗斯经济增长速度已明显放缓。

造成这种情况的原因有以下几方面：

首先是生产成本提高造成的。比如企业生产需要的天然气、电力、运输费用和人员工资等都上涨，因此企业生产的利润降低。其次，生产降低必将导致一些出口产品数量下降，进口增长。这样一来，本来就缺乏竞争力的俄民族工业陷入困境。再有就是固定资产投资少。因为自 2002 年起，俄罗斯取消了对投资的税收优惠政策后，影响了投资商的积极性。几方面的因素综合到一起，使得国内生产总值和工业产值与上年相比都有所下降。

这当然是一个不容忽视的现象。因为工业是基础，如果不重视发展工业，只是进口商品，尽管物价在短时间内会比较低，可长期看来不仅物价会出现反弹，而且也会造成失业人口增加。从保持俄罗斯经济良好发展的长远目标考虑，普京需要解决好这些问题。他要为俄罗斯的发展负责。因此，

在他的智库的帮助下,普京出台了以下措施:

(一)优先发展高科技产品

普京对当时俄罗斯现状有着清醒的认识,他说:我们几乎已被排挤出世界科学密集型产品市场,大概只有武器和军事技术除外。

为了迎头赶上先进的科学技术浪潮,他主张要优先推广高新技术,扩大知识密集型产品的生产,特别要发展科技含量高的产品以实现整个经济结构的转变。

(二)大力发展能源产业

俄罗斯能源储量丰富,能源是国家外汇的主要来源。正是鉴于这种情况,普京决定对能源结构、价格、出口关税、税收进行全面调整,对能源工业技术设备进行更新。

(三)增加福利,稳定社会

多年来,俄罗斯在搞政治运动方面轰轰烈烈,但社会领域的改革却一直没有正式开展。因此俄罗斯居民的房屋修缮、水、电、煤气等仍基本沿袭着苏联时期的管理体制和方法,有很多弊端。如果普京不能改善人民的生活条件,就会失去人民的支持和选票。因此他出任总统的第二年便开始对土地、税收、海关、预算体制、劳动领域、公用事业、教育、养老金等领域进行改革。通过对公用事业的改革,提高了社会福利,得到了人民的拥护。

(四)减轻外债压力

在俄罗斯走出1998年经济危机的过程中,西方资本给予了一定的帮助,但是危机过后也面临着还债的压力。为了减轻这些压力,普京还债的基本立场是,俄罗斯时期的外债照还,前苏联的外债力争重组和部分注销。

当然,要实现这些并非普京一厢情愿就能达到目的,还需要谈判桌上艰苦的较量。

(五)重建车臣,消除隐患

车臣经过战乱后遍地废墟,许多居民流离失所,不解决好这些问题就会影响俄联邦的稳定和发展。何况车臣的位置也很重要,是俄罗斯向西欧输出石油的重要通道。因此,普京必须重建车臣。

虽然社会领域的改革困难重重,但普京还是动手了。只不过这些改革措施有些安静。当时的俄罗斯积重难返,但普京有这个耐心。事实也证明,他的策略符合当时的社会状况。

第六章

传播友谊，让俄罗斯影响世界

  普京当政时面临的国际环境相当恶劣，除了少数几个独联体盟友和中国这个战略伙伴，俄罗斯几乎没有什么"知心朋友"。普京外交上面临的最主要任务就是为国家的稳定发展营造良好的外部环境，让俄罗斯重现大国的辉煌。因此，普京执政时期的外交政策，是俄罗斯对外政策逐渐成熟、对世界政治和国际格局影响不断增强的时期，这些外交政策涉及俄罗斯外交的方方面面。实行这些外交政策是为了达到"世界多极化"目的，让俄罗斯在国际事务中发挥越来越大的影响。

第六章 ◎ 传播友谊，让俄罗斯影响世界

一、从一边倒到多极外交

"外交政策"是国家根据其对外战略、国家利益和特定环境，实现国家对外目标而确定的从事对外活动的原则和方针，外交政策的制订需要遵循对外战略的原则，但是和具有长期性、全局性的对外战略相比，外交政策则更具灵活性，可以根据形势的变化及时作出调整。

俄罗斯在对外政策方面进行过一系列调整。之初，叶利钦实行的是向西方"一边倒"的外交战略——亲欧亲美。他的想法很美好，只要能靠近欧美，亲近他们，就可以换来西方大把大把的钞票。但事实证明，这只是他的一厢情愿而已。西方怎会那么傻，把大把的钞票借给俄罗斯，让它快速崛起，成为自己的竞争对手呢？

看到这些愿望只是一枕梦黄粱后，叶利钦急忙调整外交策略。在他的第二任期内，1996年以后，俄罗斯的对外政策发生了重大变化，"欧亚派"的主张明显占据上风，致使俄对外政策逐步脱离"西方情结"。这个外交策略的制订既是对前面"一边倒"外交策略的反思和调整，也是根据当时形势发展做出的明智之举。

随着时代的向前发展，世界格局发生了新的变化，欧美等发达国家引领世界辉煌的时代即将成为历史。在世界的东方，在亚洲，崛起了一股不可忽视的力量，正在世界舞台上展现着它们无比亮丽的风采，人们不得不刮目相看。尽管20世纪70年代国际上曾有人怀疑，亚洲某些国家的崛起很可能只是昙花一现，可事实证明，它们不是昙花一现，反而成了常青树。到20世纪90年代，不仅亚洲四小龙保持持续发展的良好势头，还有其他新的力量一并崛起。叶利钦不能不调整自己的外交政策，打破对抗时代、两极世界的外交方式。

普京从2000年元旦就任总统以来，也在不断思考俄罗斯与世界主要大国的关系问题。他对叶利钦的多极外交依然持支持的态度，但在此基础上，他的外交策略有了很大的调整和变化。

普京的调整在于，把爱国、强国和社会团结的观念贯穿其中。因为有着平民思想的普京，本来就希望世界各国应像兄弟姐妹一样和平相处，相互之间的关系应建立在真正平等的伙伴关系基础之上。

另外，普京外交政策的变化也表现出与时俱进的特点。在执政之初，普京特别强调外交要为俄罗斯的经济振兴服务。后来，随着俄罗斯经济的恢复和发展，普京在外交战略上强调建立一个符合俄罗斯利益的多极世界，反对美国的单极霸权。在这种思路下，普京出台了以巩固独联体为依托，推行东西方的平衡为宗旨的双翼外交策略。

双翼外交的策略具体表现在普京签署的两个纲领性的文件中。一个是2000年4月签署《俄罗斯联邦外交政策总则》，一个是2000年7月签署《俄罗斯联邦外交政策构想》。在《构想》中，普京明确提出："俄联邦的对外政策应该旨在：推行积极的外交方针；巩固关键性的国际政治与经济进程多边管理机制，首先是联合国安理会；为国家的经济与社会发展提供有利条件，确保全球和地区稳定……"

这两个文件突出强调了几个方面：其一，愿在降低武力因素在国际关系中的作用方面进一步与美国合作；其二，把欧盟看做是极为重要的政治经济伙伴；其三，其亚洲外交是极为重要的方向之一，而要发展亚洲外交，积极发展同中国的友好关系是极为重要的；其四，保证与独联体国家进行的多边和双边合作符合国家安全的利益，重点在于发展与独联体所有国家的睦邻关系和战略伙伴关系。

普京的外交政策，表现出了他的一贯风格——务实。普京在其施政纲领中不止一次地强调："切实的国家利益，其中包括经济利益，理应成为俄罗斯外交家的法则。"普京的外交政策的核心是以经济利益为中心的实用主义和以地缘政治利益为中心的均衡外交。他放下了超级大国的架子，以独联体、欧美和亚洲作为俄外交的三大优先发展方向，自西向东展开务实外交。

普京的外交政策展示了对外政策的目标是重新恢复与确定俄罗斯的大国地位。以一个世界大国的积极态度对世界施加影响，这就是普京外交政策的利益诉求。因此，普京时代的俄罗斯对外政策较之叶利钦时代的对外政策，有很大的发展。

总之，普京总统的对外战略核心目标是重振俄罗斯的大国雄风，使俄罗斯融入世界经济一体化大潮，从而推动国际社会朝着多极化的方向发展，朝着符合俄罗斯利益的方向发展。在这个外交政策原则的指导下，普京希望俄罗斯像插上双翅的天鹅一样，自由翱翔在世界舞台，给世界各国带来美好和和平。

二、独联体：俄罗斯的坚强后盾

独联体是原苏联境内的大多数共和国组成的一个多边合作的独立国家联合体。前苏联解体后，俄罗斯总统、乌克兰总统、白俄罗斯最高苏维埃主席在白俄罗斯的别洛韦日会晤，签署了一项关于建立独立国家联合体（独联体）的协定。根据这一协定，前苏联的加盟共和国和其他赞同独联体宗旨的国家均可参加独联体。

当时的独联体包括12个加盟共和国，阿塞拜疆、亚美尼亚、白俄罗斯、格鲁吉亚、吉尔吉斯斯坦、摩尔多瓦、哈萨克斯坦、俄罗斯、乌兹别克斯坦、乌克兰、塔吉克斯坦和土库曼斯坦均为独联体正式成员国。后来随着形势的变化，有些成员国退出。目前的独联体包括俄罗斯联邦、白俄罗斯共和国、乌克兰共和国（注：乌克兰共和国于2014年3月19日宣布启动退出独联体的程序）、摩尔多瓦共和国、亚美尼亚共和国、阿塞拜疆共和国、塔吉克斯坦共和国、吉尔吉斯共和国、哈萨克斯坦共和国、乌兹别克斯坦共和国这几个成员国。

独联体对于俄罗斯联邦来说，是有着直接的政治、经济、文化、军事及其他方面特殊利益的地缘战略区。主要原因在于：

其一，独联体国家是俄罗斯近邻，2500万俄罗斯人生活在境外独联体国家，独联体地区形势是否稳定关系到俄罗斯是否有一个稳定的周边环境。其二，独联体地区是俄罗斯重要的原材料产地和巨大的商品市场。其三，苏联解体后，俄罗斯战略防御空间大大缩小，防御能力严重削弱，加上国际恐怖主义、民族分裂主义和宗教极端主义三股恶势力严重威胁着俄罗斯和独联体其他国家的安全，因此独联体的安危直接关系到俄罗斯的安危。其四，美国等西方国家利用俄罗斯与独联体国家间的矛盾排俄、弱俄，使俄罗斯在独联体的地位不断削弱。

由此可见，独联体作为涉及俄罗斯生存和发展的头等利益地区，俄罗斯必须优先发展与其他独联体国家的关系。2000年12月24日，普京在谈到对独联体政策时说："对于我们来说，与独联体国家的关系，过去是，将来也是头号重点。"的确，建设以俄罗斯为首的独联体集体安全体系对加强自身防御能力具有重要意义。再者，以独联体为依托，也可以增加俄罗斯在国际事务中与西方抗衡的砝码。

在这个外交思想指导下，普京上台后加紧实施独联体外交政策，发展与独联体所有国家的睦邻关系和战略伙伴关系，与有关国家建立政治联盟，把双边和多边关系推向新阶段。

积极开展独联体国家的"首脑外交"

普京出任总统后，首次出访选择了中亚地区的乌兹别克斯坦和土库曼斯坦，并先后访问了9个独联体国家。随后，俄罗斯其他官员也开展了相关的外交活动，既有政治合作因素，也有发展经济的愿望。通过高层会晤，加强了俄罗斯在独联体的地位，双方关系出现了积极发展的势头。

积极推动独联体经济一体化进程

在与独联体的外交中,加强与独联体的经济关系是俄罗斯恢复经济的优先选择。因为普京强调的外交政策是少一些政治,多一点经济,强调合作是俄罗斯外交绝对优先的方针。

为有效推动5国关税联盟和统一经济空间的进程,在普京的倡议下,2000年10月,白俄罗斯、哈萨克斯坦、吉尔吉斯斯坦、俄罗斯和塔吉克斯坦5个关税联盟成员国的总统签署了建立欧亚经济共同体条约,使独联体成员国之间的关系进入了一个新阶段。

12月,独联体国家元首理事会决定,在独联体经济一体化机制启动之前,俄罗斯与独联体国家签署间接征税和公布免税商品的协议,之后独联体成员国共同签署建立自由贸易区的框架协议。这些协议的签署对独联体经济一体化具有重要意义。

加强与独联体国家的军事合作

鉴于独联体对俄罗斯的战略地位和西方的挑拨责难,普京倡议建立共同防御系统。他率先与白俄罗斯迈出了实质性的一步。

普京当选总统后,在4月访问了白俄罗斯,密切了同白俄罗斯的联盟关系。2001年1月26日俄白联盟条约生效,正式组成俄白联盟。在独联体集体安全条约机制内加强军事合作,联合举行大规模军事演习,共同打击三股恶势力。普京还积极推动俄白联盟条约的落实,双方在加强军事联盟和建立共同防御空间方面取得了重要进展。

2000年10月11日,独联体集体安全条约国俄罗斯、白俄罗斯、哈萨克斯坦、吉尔吉斯斯坦、塔吉克斯坦、亚美尼亚六国在比什凯克举行会议,签署了集体安全体系基本措施计划，并按协议规定，在集体安全条约国范围内分成东欧区、高加索区和中亚区三大责任区协同作战，以对付日益猖獗的国际恐怖主义、宗教极端主义和民族分裂主义活动。2001年，俄罗斯先后与这6个独联体国家进行了联合防空演习。在俄罗斯倡议下，2000年12月在莫斯科成立了独联体反恐怖中心。通过一系列军事合作，进一步巩固了以俄罗斯为主体的独联体地区安全机制。

改变独联体的分裂倾向和空转现象

对独联体中离心倾向严重的国家或者对俄罗斯怀有敌意的国家，普京也实行了积极的外交政策，改善了与这些国家的关系。这其中主要以"古阿姆集团"国家为主。

"古阿姆集团"最初是由乌克兰、摩尔多瓦、格鲁吉亚和阿塞拜疆四国，为讨论欧洲常规军事力量条约的侧翼限制问题而于1996年建立的。1997年以后，该组织成员国为了维护自身利益，利用该组织同俄罗斯抗衡的意图越来越明显。

乌克兰是"古阿姆集团"中综合国力最强的国家。多年来，乌克兰同俄罗斯因为黑海舰队的分割和塞瓦斯托波尔军港的归属问题争吵不休，两国在经贸领域内也摩擦不断。普京在总统选举结束后不久，即对乌克兰进行了访问，同库奇马总统就乌偿还欠俄债务、俄黑海舰队驻乌基地、俄乌军事合作等一揽子问题进行了讨论，稳住了俄乌关系。在2000年内，俄与乌克兰之间进行了六次首脑会晤，使得俄与乌克兰的关系得到了改善。

在对乌兹别克斯坦的关系上，普京就任总统后首次出国访问就定在乌兹别克斯坦。通过访问，扩大了两国的经贸关系和军事技术方面的合作。以后又通过提供军事援助，使乌兹别克斯坦改变了态度。

除此之外，俄罗斯在与格鲁吉亚的关系上，也实现了突破。格鲁吉亚与俄罗斯在车臣问题中曾一度关系剑拔弩张，起因是因为1999年第二次车臣战争后，大批车臣非法武装分子逃匿到格鲁吉亚的潘基西峡谷。俄军要求清剿，但格方不配合，并谴责俄军轰炸潘基西峡谷侵犯其领土主权。普京任总理时，曾严正警告格鲁吉亚政府俄"不惜以军事手段"解决潘基西峡谷问题，格鲁吉亚不得不适时做出妥协。

普京当总统后，2002年10月6日，与格鲁吉亚总统谢瓦尔德纳泽达成一项协议，格方将向俄引渡被其拘捕的13名车臣非法武装分子，而俄方则保证不对格境内的潘基西峡谷进行轰炸。两国从此握手言和，并且有效牵制了美国势力在这一地区的进一步膨胀。

普京的这些措施，既巩固了俄罗斯对独联体的领导和向心力，也增强了独联体内部的凝聚力。

三、欧洲，最亲密的伙伴

欧洲在俄罗斯的历史进程中占有重要地位，在促进俄罗斯经济发展方面起过重要作用。这一点，俄罗斯不会忘记。俄罗斯人也以自己是欧洲人为荣。俄罗斯虽然地跨欧亚两洲，但始终将自己看做欧洲国家。实现与欧洲大陆的一体化，一直是俄罗斯人的梦想。

虽然普京执政时俄罗斯的综合国力不能与当年苏联相比，但它毕竟是在当今世界上唯一能与北约及美国相抗衡的军事大国。因此，普京决心实行积极的外交政策，复兴俄罗斯大国的地位。

离欧盟近一些

在俄罗斯对欧洲外交政策中，最重要的是对欧盟外交。普京将欧盟放在俄罗斯对外政策中除独联体之外的第二位，是源于俄罗斯今天对世界形势和国家发展战略的考虑。

从经济上而言，当时的欧盟是俄罗斯最重要的经贸伙伴和投资者。俄罗斯70%的外贸顺差来自欧盟国家，引进的全部外资中有一半以上来自西欧。从地缘政治角度来说，与欧盟发展关系可以改善俄罗斯与欧洲的安全环境，冲破美国等西方国家在安全、经济等领域对俄罗斯的孤立。因此，加强与改善同欧盟的关系，特别是同西欧的合作，既符合俄罗斯的国家利益，也可以扩大经济合作，融入欧洲。

其实，早在2000年1月，当时还是代总统的普京在会见来访的意大利外长迪尼时就指出，俄罗斯希望发展同欧盟的关系，奉行与欧盟加强合作的政策。只是欧盟担心俄罗斯再燃其帝国野心，对俄罗斯加强了防范。

但是这些难不住普京。早在做特工期间，他就有着在德国工作的经验，结交了很多政界和经济界的朋友。他对西欧的地理环境和经济发展有一定的了解。后来，在圣彼得堡对外经济贸易委员会任职时，普京也曾陪索布恰克访问欧洲，现在正好把这些人脉资源用在关键时刻。所以，普京担任总统后就开始了欧洲之行。他的第一站不是近在咫尺的德国，而是英国。2000年4月，普京踏上了英国的国土。

选择英国有着经济上的考虑。英国不但在欧盟中具有重要的地位，还能在国际货币基金组织中为俄罗斯说话；再者，英国与美国有着特殊的关系，改善俄英关系还能间接促进俄美关系的发展。在访英期间，普京同英国首相布莱尔进行了长达三个小时的会谈，双方就两国关系、俄罗斯经济、车臣局势及两国在打击毒品走私犯罪方面加强合作等问题交换了看法。通过此次访问，俄罗斯在与英国建立"特殊伙伴关系"方面迈出了重要的一步。

随后，普京又展开了一系列对欧洲各国的外交攻势。他于6月访问了意大利、西班牙和德国，10月底访问法国。在这些访问中，普京将双边经济合作以及多边经济合作的问题摆在首位，使得俄罗斯在经济合作与经济援助方面都获得了很大的实惠。意大利许诺向俄罗斯提供15亿美元的援助。

普京对欧盟的访问基本是双赢的，因为双方都有一定的需求。欧盟的市场、资本和技术能推动俄罗斯经济改革，而它们同时也需要俄罗斯丰富的能源和巨大的市场。

德国——这片熟悉的热土

2000年6月，普京终于踏上了自己熟悉的土地——德国。与以前在德国工作不同的是，现在他是以总统的身份来进行国事访问的。在这里，普京重新发挥青年时他在德国（东德）的谈判艺术，把俄罗斯应当归还德国的债务推迟偿还，并且分期偿还。因为当时俄罗斯欠德国的债务高达750亿马克，德国是俄罗斯的最大债权国。普京当然希望俄罗斯的债务能够得到减免。德国政府拒绝了这一请求，但是同意了推迟分期偿还，其中一小部分可以推迟到2020年。这给了俄罗斯一个很长的休养生息的时间。

解决了金融方面的问题后，普京还与德国总理施罗德就双边"战略伙伴关系"达成了共识。普京希望德国增加在俄罗斯投资，在俄罗斯振兴经济过程中发挥"主导作用"。

在访问欧洲各国期间，在欧洲安全方面，普京也提出了新的建议。他提出在欧洲建立一个安全合作组织，建立由欧洲人主导的欧洲安全新架构，以维护欧洲地区的稳定，推进相互间的合作。这些倡议在欧洲各国引起了强烈的反响。后来普京又提出了与欧盟联合建立反导防御系统来抗衡美国部署国家导弹防御计划，获得了在这一问题上对美国的主动权。

经过普京一系外交访问，此后相当长的一段时间内，俄欧关系处于稳定的缓慢发展的状态。后来，在普京的努力下，俄罗斯和欧盟领导人进行了多次会晤。双方的经济和政治合作进入一个新阶段。2001年3月，受欧盟领导人邀请，普京首次全程参加了在瑞典举行的欧盟各国领导人会议，这对于俄罗斯与欧盟关系来说是一次重大突破。

通过几次与欧盟的重要会晤，俄欧关系得到了长足的发展，极大地推动了俄罗斯与欧盟在各方面的互信和合作，俄罗斯在西方的形象得到改善，为俄罗斯未来加入欧洲一体化创造了重要条件。

北约——并不遥远

俄罗斯一向把北约的东扩视为安全方面的最大挑战，因此，俄罗斯与北约之间一向相互提防，关系紧张。

直到2000年2月，北约秘书长罗伯逊访问莫斯科后，俄罗斯借机解冻了与北约的关系。而"9·11事件"的发生无疑为双方进一步接近创造了良机。普京政府表达了与北约建立更亲密关系的愿望，希望能共同打击国际恐怖主义。但普京坚决反对北约东扩的立场并未改变。

可是，普京也认识到，鉴于自身实力，根本无法阻挡北约东扩，明智的做法是加强与北约的伙伴关系。因此，普京在北约东扩问题上既坚持原则，又强调与北约进行合作。他一上台就利用一系列对西方国家的访问，摆脱了因科索沃危机、车臣战争所造成的俄同西方关系的紧张局面，恢复了同北约的接触。双方都强调加强经济合作，推动统一经济空间的建立以及在安全和共同打击跨国犯罪、能源、环境保护等领域开展合作。

2001年5月，俄罗斯外长伊万诺夫在布达佩斯出席北约外长会议时也表示，虽然俄罗斯无法阻止北约扩张的趋势，可是俄罗斯愿意站在更高的角度考虑这个问题。11月，普京在会见来访的北约秘书长罗伯逊时，主张大力提高俄罗斯同北约的伙伴关系水平，但普京强调，俄罗斯不会排队等候加入北约，但如果北约愿意，俄罗斯将最大限度地发展同北约的关系。作为回报，同年12月为期两天的北约秋季外长会议决定发展北约同俄罗斯之间的"新关系"。

进入2002年，普京为推动俄罗斯与北约关系的进一步发展，为扩大与北约的合作甚至加入北约提出了三项条件。5月28日，北约19国首脑与普京在意大利共同签署《罗马宣言》，北约—俄罗斯理事会正式成立，以取代原有的北约—俄罗斯联合常任理事会。在这个"20国机制"内，北约将在反恐、军控、危机处理、海上搜救、防止核扩散、应对民事危机等问题上，与俄罗斯展开平等合作。这意味着俄罗斯在防务上向"融入欧洲迈出了关键一步"。

当然，普京是冷静的。他希望和北约的关系向好的方面发展，但是也不放松对北约的警惕。2002年11月，普京在与北约秘书长罗伯逊会谈后表示，"如果北约与俄罗斯的合作更符合俄罗斯联邦的安全利益，我们将考虑更广泛地同北约合作"。这是美好的愿望，也是警告，含义深远。

不论怎样，对普京领导下的俄罗斯来说，与北约建立的这种新的合作机制，可以在北约新一轮东扩中最大限度地维护俄罗斯的国家利益。因此，俄罗斯和北约都对这种"新型关系"给予很高的评价。普京说："这是双方向着基于真正的互信的平等合作关系迈出的重要一步。"英国外交大臣斯特劳说："这是冷战葬礼的最后仪式，俄罗斯不再是敌人，而是朋友和盟友。"

四、加强与亚太新兴国家关系

亚太关系尽管在俄外交战略中排在第四位，但普京绝不会忽视亚洲的存在。他这样做有着很多原因：

一是地域安全性考虑。从地理区域上来说，俄罗斯横跨欧亚大陆，它既是欧洲国家，同时也是亚洲国家，因而必须同时与欧亚这些最亲密的邻居们建立和保持好关系，以保证俄罗斯的稳定发展。

二是从经济因素考虑。西伯利亚和远东地区蕴藏着丰富的石油、天然气和矿产。然而，俄罗斯独立以来，由于连续多年的经济下滑，俄罗斯中央政府对远东地区控制能力下降，那里是俄罗斯开发水平最低的地区。从世界形势发展来看，亚太地区近些年来成为世界经济发展的火车头，而正在崛起中的亚太国家也希望更多地从俄罗斯的发展中获得发展的动力，比如能源等。那么引进外资就可以促进本国经济发展，普京绝对不会忽视这一点。

三是从维护国内政权考虑。为了打击恐怖主义、宗教极端主义、民族分裂主义，特别是远东地区的分离主义势力，需要亚太稳定的环境。

四是从国际局势考虑。当时的俄罗斯面对着北约的继续东扩，面对西方全方位的挤压，东方是俄罗斯与美欧角力的筹码与后方。

基于这样的考虑，发展和亚太国家，特别是新兴国家的关系成为俄罗斯新的外交政策走向。2000年7月的俄罗斯对外政策构想中指出，"亚洲在俄罗斯的对外政策中具有日益重要的意义，这是因为，俄罗斯本身属于这一迅速发展的地区。"9月初，普京在参加亚太经合组织首脑峰会前撰文指出，"亚太地区日益成为俄外交政策的重要方向"。这样做，一方面可以建立稳定的战略大后方，另一方面可以开发潜力巨大的市场，推动俄罗斯的经济发展。所以，在对外战略布局中，俄罗斯逐渐转向亚太地区。在亚洲继续加强近年来建立起来的俄中、俄印双边睦邻伙伴关系。

为此，普京上任后，积极活跃在亚洲的国际舞台上。他上任的第一年频繁出访亚洲国家，在东亚地区以中国、日本和朝鲜半岛为重点，在南亚以印度为中心，全面展开亚洲外交。俄印关系虽出现一些波折，但以军售为主的合作依然密切。俄与东南亚国家关系发展顺利，与东盟合作取得进展。另外，俄还恢复和加强了同伊朗、伊拉克和古巴等国的关系。俄在突发事件方面与亚太国家进行合作。例如，参加上海合作组织（其前身是上海五国会议）即为一例。在俄罗斯政权更替之后的一年里，俄中两个在许多方面有着共识的大国的元首先后进行了4次会晤，达成了众多共识。与此同时，俄罗斯与日本、朝鲜、韩国的经贸也都在原有基础上向前迈出了一大步。

加强与亚洲国家的合作

在中亚局势问题上,"上海五国"元首会议2000年7月发表的《杜尚别声明》明确宣布:"五国重申决心联合打击对地区安全、稳定和发展构成主要威胁的民族分裂主义、国际恐怖主义和宗教极端主义,以及非法贩卖武器、毒品和非法移民等犯罪活动。"

参与朝鲜半岛事务,这是俄罗斯亚太外交的重要一环。2000年2月普京在韩国议会发表演讲时阐述了俄罗斯对朝鲜半岛局势五个方面的基本立场。2001年8月,普京邀请朝鲜最高领导人金正日访问俄罗斯,表明俄罗斯意欲在朝鲜半岛统一进程中"发挥建设性的负责作用"。俄罗斯在朝鲜半岛问题上采取主动的外交行动就是为了达到南北"平衡"。

推进俄日关系。俄日两国之间最大的问题是两国至今尚没有签署和平条约,而签署和平条约的唯一障碍就是北方四岛领土问题。2001年7月,在意大利热那亚峰会上,普京与日本首相小泉纯一郎会谈时着重就两国关系问题阐明了俄方立场。

参与亚太地区经济一体化。积极加强与亚太国家的经济贸易等各领域的合作,参与亚太特别是东北亚地区安全机制构建。此外,在普京出访中、朝、日过程中,有关国家就合作开采和输送俄罗斯远东石油、天然气资源问题广泛交换了意见,并制定了一系列合作计划,有力地推动了这一地区的国际经济合作。

发展南亚关系

普京的亚太外交,在突出东北亚这个重点的同时,并没有忽略其他区域。以南亚为例,2001年6月,印度外长兼国防部长辛格访问莫斯科后,俄印签订了金额达 100 亿美元的印购俄制装备和军事技术的合同。印度同俄罗斯还探讨了进一步加强两国军事合作的可能性。两国在国防合作领域已正式迈入"共同研制和开发的战略伙伴关系"的轨道。

总体来看，普京在实施其东西方平衡的多方位外交战略中，不断加强和改善了与亚太国家的关系，增强了俄罗斯在亚太地区的国际影响。普京这样做，可以借助和利用与亚太国家的协调行动，来巩固和提高俄罗斯的国际地位及影响力，给俄罗斯的外交打开了一个全新的局面。这对中国的外交战略也具有重大的借鉴意义。

五、俄中关系在磨砺中推进

中国虽然不像欧盟一样和俄罗斯沾亲带故，却是离它最近的大国，俄中关系在俄罗斯的亚太外交中占有相当重要的位置。历史上，与中国的关系也是俄罗斯外交的重点之一。

叶利钦执政期间，俄中关系发展迅速，走过了"睦邻友好、互利合作关系""建设性伙伴关系"阶段，达到了"平等互信的、面向 21 世纪的战略协作伙伴关系"的更高水平。双方基本解决了困扰几十年的边界问题，形成了两国政府最高级别领导人的定期会晤机制。

普京执政后对中国的外交基本延续了叶利钦时代的政策。在普京的"双翼外交"政策中，作为其中一翼的东方，中国继续占据俄罗斯亚太政策的核心地位，两国战略协作伙伴关系进一步巩固和发展。俄中两国领导人仍然保持着这样的共识，发展战略协作伙伴关系并进一步充实。达成这样的共识是有原因的：

首先，在两国关系中，最重要的问题是双方的国家统一和稳定问题。在这方面，双方都需要对方的支持。其次，俄中有着共同的经济利益。双方都面临着进行经济改革，加快经济发展的艰巨任务，双方发展经贸关系的愿望和潜力巨大。但是，在双边关系中，经贸交流与经济合作一直是一个弱项，因此亟需改变这个局面。再者，俄中双方在国内改革和发展方面都需要稳定的周边环境。俄国和中国都是幅员广阔的国家，都拥有众多的人口以及庞大的军队，都面临着来自分裂势力的威胁。从俄罗斯方面来看，随着北约东扩、美国威胁单方面退出反导条约，普京清楚地认识到在对外政策中加强东方外交的重要性，并积极寻求与亚太国家，特别是同中国的合作，以维护俄的国际利益。以上这些因素决定了俄中关系的巩固和发展具有特别重要的意义。

中国也高度重视中俄关系。普京当选总统之后，中国国家主席江泽民是第一个和普京通电话、向他表示祝贺的人。这说明中国人民对于俄罗斯的发展是很关心的。

2000年7月，普京出席冲绳峰会前对中国进行了第一次正式访问。访问期间，两国领导人就进一步推动中俄战略协作伙伴关系的全面发展和重大的国际、地区问题广泛地交换意见，取得了深层次的共识。他们签署了《中俄北京宣言》，共同阐明了反对霸权主义、强权政治以及企图修改国际法准则、用武力施压或干涉主权国家内政行为的立场，主张建立公正合理的国际新秩序，表达了推动世界多极化发展的决心。

7月江泽民应普京邀请对俄罗斯进行访问，两国领导人签署了《中华人民共和国和俄罗斯联邦睦邻友好合作条约》，条约将中俄关系定位为平等信任的战略协作伙伴关系，明确将双方永做好邻居、好伙伴、好朋友的坚定意志用法律形式固定下来，为中俄进一步发展睦邻友好关系奠定了有力的法律基础。

12月，普京对中国进行了第二次正式访问。普京总统与江泽民主席共同签署了《中华人民共和国与俄罗斯联邦联合声明》。《联合声明》强调，要加强与深化两国间的战略协作伙伴关系，在反对恐怖主义方面继续加强合作，重申要恪守《中俄睦邻友好合作条约》的方针和原则，加强中俄经贸合作。

2003年5月下旬，中国国家主席胡锦涛对俄罗斯进行了正式访问，两国领导人一致表示，无论国际风云如何变幻，深化中俄睦邻友好、互利合作和战略协作伙伴关系，都是两国外交政策的战略优先方向。

2004年10月，普京第三次踏上中国领土，对中国进行国事访问。这一年是中俄建交55周年，胡锦涛和普京在北京签署了《中华人民共和国与俄罗斯联邦联合声明》，并批准了关于中俄边界问题的协议，宣布中俄边界走向已全部确定，这为中俄战略协作伙伴关系长期、健康、稳定发展创造了更加良好的条件。

自从普京总统执政以后，俄中两国在经济领域的合作稳步发展。两国政府加紧为双边经济合作提供法律、金融及仲裁等等软件支持，这些积极因素有利地推动了两国的经贸发展。2001年，双方贸易总额达到了创纪录的1067亿美元。双方经贸合作的水平和质量都有了较大的提高。另外，在军事技术交流上两国也加大了合作力度。中国通过引进俄罗斯的先进成熟的军事技术，提高了防务水平，加快了军事现代化的进程。双方在反对恐怖主义、反对分裂主义等方面的合作为两国社会稳定、经济发展和维护国家统一提供了坚实的基础，为两国政治、经济等方面的合作开辟了广阔的空间。

随着俄中在国家安全、国际合作和经济合作等方面的联系不断加强和深化，两个相邻的大国双边关系进入了一个新的发展时期。这对维护世界和平与稳定也有积极的影响意义。

六、美国——对手变朋友

俄美关系是俄罗斯外交政策中最复杂、最棘手，也是最引人注目的问题。普京上台执政之时，正面临着苏联解体以来俄美关系的最低点。

首先是政见不一。俄美两国在北约东扩、波黑危机、车臣问题、科索

第六章 ◎ 传播友谊，让俄罗斯影响世界

沃危机等许多重大问题上有着严重的分歧。其次是核裁军问题上的矛盾。再者是北约东扩矛盾和相关独联体的矛盾。独联体国家之间的"离心力"本来就不断上升，美国抓住时机，不断向这一地区渗透，影响力慢慢加强。另外，普京上台后，为了捍卫国家利益，还恢复或加强了同朝鲜、古巴、利比亚等美国所不喜欢的国家的关系，这进一步加深了美国的不满。

在这种情况下，俄美关系如何发展，是继续合作还是走向对抗？世界各国的政治家、外交家都给予了足够的关注。

早在普京任代总统的2000年，在安全扩大会议上就表明了他的外交立场：俄罗斯将一如既往与所有国家在平等、互谅、友好和互利合作的基础上建立关系。这意味着俄罗斯把与欧洲的关系放在首位，也重视与美国的关系。正式当选总统后，面对俄美关系的挑战，普京表现出了他的灵活性和适应性，以务实、进取的精神处理双方关系。

普京十分清楚：俄罗斯与美国之间虽然存在着利害冲突，但至少在10年内俄罗斯的经济复兴离不开美国等西方国家的援助。虽然美国出于霸权立场考虑，不会无条件地给予俄罗斯大规模的经济援助，但是，美国在世界重大问题上不能无视俄罗斯这个世界大国的利益和要求。因此，普京综合考虑这些因素后，把融入西方作为外交战略目标。因为和美国的关系会直接关系到俄罗斯的复兴。

因此，普京向美国伸出了友好的双手。虽然2001年布什上台以后，两国关系出现了不少麻烦，但是普京仍多次表示希望同美国发展建设性合作关系。2001年11月，普京首次访问美国白宫。美国总统布什紧握他的手说："我看到了你的内心。"布什认为，普京"直率""可靠""值得信赖"。之后，普京又与布什进行过几次会晤，积极谋求对美外交的主动性。

"9·11"事件的发生为普京寻求加强与美合作提供了良机。普京是第一位打电话给美国总统布什向他表示关心、问候的外国领导人。随后，普京还在第一时间做出反应，9月11日深夜，普京在莫斯科发表电视讲话，强烈谴责恐怖主义的攻击行动，进一步阐述了俄罗斯在"9·11"事件之后

的政策。俄罗斯不仅为美国提供大量有关情报，开放领空，支持阿富汗北方联盟，而且同意美国军事力量进入被俄视为"禁区"的中亚地区。之后俄罗斯大幅度调整了战略安全构想，认为俄罗斯面临的威胁是国际恐怖主义。基于这一认识，俄罗斯同美国建立了"新型战略关系"，与北约建立了新的合作机制。

2002年5月，普京在莫斯科与来访的美国总统布什签署了《俄美削减进攻性战略力量条约》，并发表了俄美联合宣言，宣布俄美相互视为"敌人和战略威胁"的时代已经结束，双方正在建设"新型战略关系"。

在美国进行的反恐战争中，俄罗斯也积极给予配合。在阿富汗战争开始之后，俄罗斯向靠近阿富汗边境地区增兵，并派出特别军事小组。一方面加强对塔利班和"基地"组织的情报和监视工作，另一方面参与对阿富汗的人道主义救援，以此支持美国的军事行动。

在北约东扩问题上，普京总统通过和北约成员国首脑共同签署的《罗马宣言》，成立了北约—俄罗斯理事会。莫斯科希望通过这种形式对北约产生真正的影响力，帮助俄罗斯化解潜在威胁。

俄美之间一系列双边条约和文件的签署进一步推进了两国双边关系和多领域合作。但两国之间的矛盾并没有完全消除，甚至在反恐和能源问题上两国存在着严重分歧。但是，面对美国的强硬和称霸，普京历来直接说"不"，这体现了普京的强硬作风。

不论怎样，经过普京坚持不懈的努力，俄美关系一改过去恶化的局面，呈现出良好的发展态势。但是，俄美关系进一步发展还要经过磨合期，双方既要建立真正的互信，又要找到能够开展实质性合作的切入点，那样才能取得实质性的突破。

第七章

应对危机——俄罗斯永远拥有未来

在普京就任总统时,曾遇到一些意想不到的危机事件。有些危机事件几乎就发生在他刚上台时,这不能不说是对这位新总统的考验。

危机事件就是对领导者的考验,危机处理高手不但能够摆脱危机,而且还能化危险为机遇。普京,有这个能力吗?

第七章◎应对危机——俄罗斯永远拥有未来

一、意外的打击——"库尔斯克号"事件

普京从政一帆风顺,平步青云,简直令人眼红。从被叶利钦力排重议地提拔重用,到在总统选举中大获全胜,直至他正式宣誓就任总统,可以说顺风顺水。正当普京准备大展拳脚时,一件意外的事故发生了。2000年8月12日,在普京宣誓就职的第一百天,"库尔斯克号"核潜艇作为俄罗斯海军颇为自豪的航母终结者,在一次军事演习中意外沉没在150米深的巴伦支海海底。艇上的107名乘员、11名舰队级的高级将领和助手共计118人全部遇难!这令俄罗斯和世界各国大为震惊。

众所周知,俄罗斯的军事装备力量世界闻名。如果说俄罗斯在轻工业和生活用品方面比较落后的话,那么重工业,尤其是军事工业一向是他们引以为自豪的。"库尔斯克号"核潜艇艇体长154米,宽18.2米,吃水9米,排水量1.39万吨,由两个核反应堆提供动力,最多可载员135人,号称是"世界吨位最大、武备最强"的巡航导弹核潜艇,潜艇上的许多设计都是世界上独一无二的。西方国家认为,其双层壳体至少需3枚MK46型鱼雷才能击穿。另外,"库尔斯克号"比较年轻,它于1994年5月下水,1995年1月正式加入俄北方舰队服役,既不老旧,更不处于报废期。从指挥人员来说也无懈可击,"库尔斯克号"核潜艇的指挥官是45岁的海军上校根纳季·利亚钦,他是一位经验丰富的潜艇指挥官和潜艇专家,多次获得奖章。该潜艇的艇员也训练有素。1999年10月,俄海军司令库奥多夫海军上将曾高度评价"库尔斯克号"艇员的职业水准,称该潜艇上的官兵为俄海军潜艇部队的精华。

这样一艘先进的核潜艇,又配有优秀的指挥员和士兵,怎么就沉入海底了呢?人们不能不感到震惊和怀疑。

可是,不论怎样,事故的确发生了。处在风口浪尖上、经受严峻考验的是新总统普京。因为这是俄军历史上罕见的重大事故,对力图实现俄罗

斯复兴的普京来说，无疑是一个沉重的打击。于是，有外界猜测"库尔斯克号"事件是否意味着普京政治生涯的结束。

此时的普京比任何人都焦急，他急于弄清"库尔斯克号"是怎样沉没的。因为那些牺牲的官兵牵动着他的心，因为全国人民都关心此事。他也需要向全国人民做出解释，向外界的媒体做出解释。他代表国家形象，又是新总统，他的态度如何，人们拭目以观。

在巴伦支海进行军事演习的"库尔斯克号"是从12日15时前后与指挥舰失去联系的，只是当时并没有引起军方的足够重视。当天夜里至次日晨，与"库尔斯克号"临近的舰艇都听到从这个庞然大物身上传来了连续不断的爆炸声，可当时他们以为"库尔斯克号"是在发射鱼雷呢。由此可见，疏忽大意延误了及时救援的时间。

直到13日中午，指挥舰还是没能与"库尔斯克号"取得联系，上级部门才感到事态重大。俄北海舰队司令维亚切斯拉夫·波波夫上将立即向俄海军总司令部报告，并亲自登舰指挥搜救，但是毫无结果。14日上午，海军总司令库罗耶多夫向正在黑海度假的普京汇报了救援情况。普京听到这一消息，马上意识到了事情的严重性，他指示要不惜一切代价进行搜救。15日，在海难区域已经有20多艘水面战舰、事故救援船只，以及若干潜艇进行搜救。核潜艇专家和水下救援人员进行了救援前的准备，波波夫上将也亲赴出事地点，直接指挥营救。但救援工作刚开始不久海上就起了风暴，许多参加救援工作的船只断了锚。尽管如此，"普里兹号"，这艘只能容纳3名人员的救援船还是开始向"库尔斯克号"接近。由于天气恶劣，狂风大作，恶浪翻滚，营救人员几次尝试与"库尔斯克号"对接都失败了。

尽管如此，营救工作并没有停止，"别斯特尔号"和"普里兹号"两艘救援船轮换着尝试营救。但是，直到8月16日，营救工作都没有成功。

一时间指责声铺天盖地。媒体指责普京在灾难发生时没有立刻停止休假，赶往现场指挥救援。普京经受着上台以来最严峻的考验。

此时的普京顾不上解释什么，他想利用一切方式营救出那些也许还有

第七章 ◎ 应对危机——俄罗斯永远拥有未来

生还可能的官兵。早在8月15日有关专家就对"库尔斯克号"的救援工作做出了"悲观"的预测,认为官兵生还的可能性已经很小,但普京没有失去信心,他果断做出了利用外援的决定。他明白,时间就是生命！与其把时间浪费在解释上,不如千方百计采取行动及时救人。于是,在他的安排下,16日,俄罗斯外交部向挪威和英国政府发出了救援请求,这些国家的救援小组已经做好了准备工作。

这些行动让我们看到了一个在危机面前临危不乱、果断镇定的硬汉普京的形象。他想尽一切办法争取外援,这难道是一个冷酷无情的人能做出的吗？只不过,出于各种考虑,他需要选择利用哪些外援。当时,如果邀请美国和法国加入营救队伍,他们担心俄罗斯及前苏联辛苦经营几十年的军队及军事秘密将被别人窥探得一清二楚,这是任何主权国家都要坚持的原则。但这样做同样也是痛苦的,因为时间不等人,要尽可能挽救艇上人员的生命,还要应对国内的舆论压力,作为政治家需要综合考虑这些因素。权衡利弊后,普京在最后时刻邀请欧盟中比较信得过而且实力较强的英国和挪威帮助营救。

17日,英国和挪威救援人员分别乘船赶往巴伦支海,经过两天多的海上航行,英国救援潜艇LR5及挪威深海潜水员终于抵达出事海域。可是,他们发现"库尔斯克号"的多数密封舱都已经进水,估计艇上人员都已经死亡。即便是这样,普京表示,俄将把抢救潜艇内人员的努力进行到最后一分钟。

挪威深海水下摄像机拍摄到了"库尔斯克号"的画面,录像资料显示,失事潜艇的逃生舱口遭到严重破坏,救援潜艇无法与之对接。21日上午9时,挪威潜水员在几经努力之后,终于打开了"库尔斯克号"潜艇应急舱的内外两层密封舱门。但不幸的是潜水艇的隔离舱里早已充满了水,潜水艇中的118名船员已经全部遇难。

消息传来,俄罗斯举国悲痛。特别是那些遇难官兵的家属们,多少天忐忑不安的等待全部化成了巨大的失望和无比的悲痛。当时普京正在参加独联体的国家元首峰会，听到这个消息，他匆匆缩短了参会时间，于8月18日连夜赶回莫斯科。他不仅要安抚遇难官兵的亲属，还需要重振俄罗斯人民的信心。他要让人们相信俄罗斯是打不倒的。

8月22日一大早，普京来到了牺牲艇长根纳季·利亚钦的家，看望了他的妻子利亚钦娜。普京握着利亚钦娜的手，眼里噙着泪花，说："根纳季·利亚钦是俄罗斯英雄，俄罗斯人民会永远记着他的……你一定要化悲痛为力量，带好你们的孩子。没想到英雄住在这么简陋的地方，有什么困难你可以提出来，我会帮你解决的。"

随后他们一起前往"军官之家"，在亲属们号啕大哭的氛围中，普京的心情无比沉重。普京说："首先我向你们表示衷心的慰问，所有牺牲的艇员都是国家英雄，我为他们感到骄傲和自豪。他们虽然牺牲了，但会永远活在俄罗斯人民的心中……"顿了顿，他说："我没意识到，舰艇处于如此可怕的状况，这是一场灾难，国家会尽最大的努力处理好善后事宜。……我代表国家并以我本人的名义向你们再一次表示慰问，并向你们致敬。因为父母培养了英雄的儿子，妻子拥有英雄的丈夫，孩子拥有英雄的父亲。虽然他们牺牲了，但他们的灵魂将与我们同在，他们的精神将永存。"普京的这番话有安慰，也有鼓励，让人们看到了他的真诚和亲切，同时也感受到了重新振作精神的力量。

普京虽然没有第一时间赶来处理事故，遭到了媒体的谴责，但他不是千方百计为自己开脱的人。8月23日晚，普京接受了俄罗斯电视台的专访，对于这次不幸的事故，他首先承担了全部责任。他说："尽管我在总统职位上才100多天，但我还是应该对这次悲剧负有全部责任，我有过失。我将与军队同在，也将与人民同在。我们要一同重振军队、舰队，还要振兴国家。"稍作停顿，他用坚定的语气对全国观众说："俄罗斯永远拥有未来！对此，我深信不疑。"作为国家总统，在重大的意外事件面前，普京一个人承担了全部责任，这难道不是他勇于承担责任的表现吗？

其实，"库尔斯克号"的悲剧之所以发生有着一定的深层原因。目前苏联解体之后，俄罗斯经济持续低迷，对包括海军在内的俄军队建设造成了巨大影响，使俄军处于近10年来最虚弱的时期。俄罗斯每年的军费开支仅有50多亿美元。自1992年以来，俄罗斯空军还没有更新过一架新型战机。海军的经费也大幅度缩减。正是因为军费不足，俄海军战备水平遭到严重削弱。

这一切虽然不是普京的责任，但他从中看到了问题所在，那就是建设一支强大的军队没有雄厚的经济实力是不可能的。再者，"库尔斯克号"的沉没暴露出了军队中的一系列问题，让普京对俄军的现状有了全面的认识，他决心进行军事改革。

可见，危机事件虽然不是好事，但是任何事情的发生总有两面性，危机也能转为机会。普京正是从"库尔斯克号"事件中发现了诸多问题才下定决心，发展经济，圆军事强国梦，让俄罗斯人民重振大国雄威的梦想尽快实现。

二、又一次意外打击——"米-26"直升机的坠落

普京这匹政坛黑马，在幸运女神眷顾他的同时，许多危机和灾难也接踵而来，考验着他的能力和意志。

当俄罗斯人民刚从"库尔斯克号"事件带来的震惊和悲痛中恢复过来时，又一场军事灾难发生了。

2002年8月19日下午4时50分，在俄罗斯车臣共和国首府格罗兹尼郊外的坎卡拉军事基地内，有"巨无霸"之称的"米-26"直升机竟然失去了控制向基地外的地面坠去。不幸的是，失去控制的直升机正好坠入了坎卡拉军事基地外围的雷区！由于坎卡拉军事基地是车臣俄军的指挥中枢，驻车臣俄联邦武装部队司令部、驻车臣俄内务部队司令部、俄联邦特警部队车臣司令部均设在此，基地四周密密麻麻的灌木林和蒿草丛已经被工兵们

变成了一个巨大的雷区。

这下，原本是防备敌人偷袭的雷区转眼间变成了埋葬战友的地狱。基地的救援人员眼睁睁地看着呼救连天的战友束手无策。再加上失事现场浓烟滚滚，官兵们根本不敢贸然强闯雷场。直到基地的工兵和弹药专家火速赶到现场清理出一条通道，救援人员才将幸存的战友从熊熊燃烧的直升机残骸中救出。

经核实，失事直升机上的147人中有114人死亡，33人生还。据俄罗斯ORT国家电视台报道说，这是俄军历史上最惨重的军事空难。19日当晚，普京签署总统令宣布8月22日为全国哀悼日，悼念19日在车臣发生的军用直升机坠毁事件中的遇难者。他还说："我们将尽快向车臣派出一个专门的调查委员会，彻底调查这起灾难。"

如果说"库尔斯克号"事件不是什么外界敌对势力的破坏和参与引起的话，那么，这次发生的"米-26"事件又是怎么回事呢？难道又是意外和偶然？

从性能上来说，"米-26"赫赫有名，是当今世界上载重最大的直升机，而且还是多用途直升机。"米-26"的空重为28200千克，最大起飞重量56000千克。该机主要用于军事运输，可以运送20吨货物或80名全副武装的士兵，相当于中型运输机的运输能力。既然性能这样优越，为什么会发生如此事故呢？何况那一天，艳阳高照，万里无云。于是，人们纷纷猜测飞机坠毁的原因。

有人认为，这起空难是因为超载引起的。因为"米-26"重型直升机最多装载82名全副武装的士兵或者20吨的货物，但这次运载的官兵多达147人。可是很快这一猜测就遭到了反对。俄国防部长伊万诺夫发言说，"这是一种荒诞离奇的解释，'米-26'直升机载重量很大，就是一个发动机工作，也可以装载这么多，甚至更多的乘客。"那么，是技术故障引起的吗？有目击者称，当时看到"米-26"从地面起飞时机身上就有火花。但技术故障一说很快被排除了。因为"米-26"在起飞前和出事之前，地面指挥人员

第七章 ◎应对危机——俄罗斯永远拥有未来

都没有收到飞机发生异常的报告。而且飞行员在出事前已经开始降低高度准备降落，没有出现机械事故的任何预兆。

既然不是天气原因，也不是技术故障，到底是怎么回事呢？是遭到了攻击吗？

的确如此。一架"米-8"直升机的飞行员称，他们看到了击中"米-26"直升机的"导弹"。另外，根据目击者的描述，"米-26"直升机开始降低高度做降落前的准备时，看到不远处一座楼房里的一名男子朝直升机发射火箭。从该男子的动作上看，他是经过严格训练的。与他一起撤离的还有2名同样穿着迷彩服的男子。

正当人们想证实这一传闻的时候，"米-26"坠机事故原因调查委员会做出了结论。造成这起事故的原因是其右发动机被便携式地空导弹击中。而且在飞机坠毁处不远，发现了便携式地对空导弹的一段管子。从外观看这段管子的茬口是新的，可以肯定它是在不久前掉到地面上的。这一切的确不是无中生有，有事实作证。原来是有人搞破坏。是谁呢？

不久，在某网站上就有车臣非法武装分子贴出一张"米-26"直升机烈火熊熊的照片，同时附了一份书面声明："拜针式地空导弹的神力所赐，我们一举击落了一架'米-26'重型直升机。这是反抗占领军的重大胜利！"不但不避讳是他们干的，而且洋洋得意，气焰嚣张。车臣非法武装分子还绘声绘色地说，执行此次袭击行动的是一个猎杀伏击小组。该小组一直在格罗兹尼地区侦察跟踪俄军直升机的行动，他们用了3个月时间摸清了车臣俄军司令部直升机的行动规律，然后潜入坎卡拉军事基地雷区外围密林中。当满载俄情报部队官兵的重型直升机刚准备降落时，他们就发射了便携式地空导弹……

事情到此几乎可以告一段落了。普京也可以向全国人民解释了，这是恐怖分子袭击造成的。可普京看到了一些不容忽视的内部原因。即便是车臣武装分子蓄意挑衅，可如果飞机上不承载那么多官兵，能有如此惨重的损失吗？因为俄罗斯早在1997年就明文规定，不允许使用"米-26"直升机运送士兵。因此，面对这样的空难，普京感到空军官员难逃罪责，他们太玩忽职守了。于是普京把国防部长伊万诺夫召进办公室，质问他说："为什么在国防部明令禁止使用这样的飞机运送士兵的情况下，还会发生这样的事情呢？"最后普京说，军事改革的步伐非但不能停止，还要加快，警惕类似事故发生。

但不幸的是，就在普京提出警告后的8月31日，类似的事件再一次发生了。俄罗斯驻北高加索联合集群的另一架"米-24"武装直升机在车臣诺扎伊—尤尔特山区，再次被地面炮火击中后坠毁，机上两名飞行员当场死亡。造成这一空难的又是车臣非法武装分子，他们得意洋洋地宣扬这是自己的"杰作"。

面对车臣武装分子的挑衅，普京感到再也不能容忍了。据军方掌握的情报，车臣非法武装大约拥有10套便携式导弹发射系统，并且他们从境外得到了大约200万美元的资金，作为在车臣进行恐怖活动的经费。提供资金的人还允诺，车臣非法武装分子只要击落俄联邦军队的一架飞机，就能得到3万~6万美元的"奖金"；毁坏一辆装甲车，就能获得1000~5000美元的"奖励"……有了资金支持，车臣匪徒们十分猖獗，频繁制造袭击事件。

绝对不能让这种情况发展下去。普京决定一方面加大对车臣武装分子的剿灭，另一方面整顿军方管理上的隐患。双管齐下，不再给车臣武装分子可乘之机。

后来，经过十多天紧张调查，"米-26"坠机事故原因调查委员会于9月初结束了调查工作。调查委员会认定，国防部应对此次事故负责。国防部的5名高官受到处分：俄陆军总司令、国防部副部长科尔米利采夫上将受到警告处分；北高加索军区司令员特罗舍夫上将受到严重警告处分；另有其他3名国防部高官也受到了不同的处分。

至此，对"米-26"坠机事件的处理暂时告一段落。曾经，由于一系列的意外危机事件造成的、像阴云一样密布在俄罗斯上空的紧张气氛，也得以稍稍缓解。

三、反恐行动，驱散俄罗斯上空的乌云

进入2002年以后，普京面对着一股甚嚣尘上的恐怖势力。他刚刚处理完坠机事件1个多月，恐怖分子又制造了莫斯科人质事件，似乎在有意考验这位新总统的意志和能力。

2002年10月23日，莫斯科已多少有些寒意了，可是对于俄罗斯人来说，寒冷的冬天还远远没有到来，他们要在这个秋末冬初的季节尽情享受自然的美好，生活的美好。因为在普京的领导下，他们的生活已经得到一些改变，有能力也有心情消费了。

这天傍晚，在距克里姆林宫仅45公里的杜布洛夫卡大街上的轴承厂文化宫音乐厅内，正在上演一部在莫斯科颇受欢迎的美国音乐剧《东南风》。此时巨大的剧场里座无虚席，一千多名观众正在如醉如痴地欣赏着演员的精彩演出。

21时30分左右，当音乐剧第二幕的高潮部分刚刚结束，人们怀着愉悦而满足的心情走出演出场所时，突然，一个满面胡须的虬髯大汉在乱哄哄的女人簇拥下出现在舞台上。观众和演员们还没有弄清眼前发生的是怎样的一幕，那些女人们突然宣布他们接管了整个音乐厅。人们这才看清楚，这些女人都穿着传统的伊斯兰黑色长袍、蒙着脸、身绑炸药，手中挥舞着手枪，一个个如鬼魅一般。顿时，人们明白了，他们遭到了恐怖分子的袭击。在场的全体观众、一百多名演员和文化宫的工作人员都成为他们的人质。

为首的那个虬髯大汉挥舞着大手疯狂地叫嚣道：俄罗斯军队必须在一周内撤出车臣，并要释放所有被俘的车臣战斗队员，否则就要引爆莫斯科轴承厂文化宫大楼。如果警方敢采取强硬手段，那么他们每"牺牲"1人，就杀死10名人质作为报复。

又是车臣武装分子在捣乱！那五十多名恐怖装扮的女人，就是车臣武装叛乱分子的家属。他们居然冲到了莫斯科。顿时剧场里乱作一团，绑匪的

叫骂声、大人的尖叫声、孩子的哭喊声此起彼伏。

莫斯科警察局与联邦安全局是在人质被劫持后10~15分钟后得到这一消息的。事件发生后，莫斯科警方、内务部和"阿尔法"特种部队马上赶到了现场，并将事发地区周围的街道围得水泄不通。几十辆装甲车和消防车、医疗救护车停在街道两边待命。在剧院外围街道上，警方设置了几道警戒线，阻止行人通行。在剧场周围的街区，也布满了上千名荷枪实弹、身穿迷彩防弹背心的军警。在临近剧院的高层建筑物上，还安排下了狙击手。在距剧场不足500米的地方，"紧急情况指挥中心"也临时组建起来，随后"阿尔法"成员化装成工人，在剧场附近以挖凿排污和供暖管道为掩护监视恐怖分子的行动。

恐怖分子在近2个小时的对峙中再次扬言，如果当局采取行动，他们就要炸平文化中心大楼，并且他们已经开始在楼中布置炸弹了。

情况万分危急。因为警方判断控制舞台的那个疯狂的大汉正是臭名昭著的恐怖分子——非法武装"伊斯兰特种战团"团长马夫扎尔·巴拉耶夫，他是已被俄军击毙的车臣军阀阿尔比·巴拉耶夫的亲侄子。阿尔比·巴拉耶夫生性凶残，光是他亲手杀死的俄军官兵和俄罗斯车臣官员就多达170余人。马夫扎尔·巴拉耶夫在追随他叔叔的过程中，也养成了残酷凶暴的性格。在目睹叔叔被俄联邦军队炸死后，他发誓要为叔叔报仇。为此，他组织了一支专门由车臣妇女组成的敢死队。这些妇女都是被俄军击毙的车臣匪徒留下的"寡妇"！这些"寡妇"对俄联邦军队有刻骨铭心之恨。她们在接受了马夫扎尔的洗脑后，怀着强烈的报复心要与俄联邦军队决一死战。上百名人质在这些亡命之徒手上，危在旦夕。

人质事件发生时，普京正做着出访德国和葡萄牙的准备。闻讯后他立即取消了计划，连夜召集了包括俄罗斯联邦安全局、内务部、俄南部联邦区、军队等部门参加的最高级别官员的紧急会议，商讨解救办法。责令莫斯科警方必须在24日1时前在出事现场成立指挥部，由俄联邦安全局副局长帕尼切夫负责解救人质的行动。

第七章 ◎ 应对危机——俄罗斯永远拥有未来

面对车臣武装分子的挑衅，普京明确指出，这次劫持人质事件是国际恐怖主义分子犯下的又一罪行，他强硬地表示，俄罗斯是不会向绑匪妥协和从车臣撤出军队的。

当下，最重要的是解救人质。那么，该采取何种措施呢？

通常情况下，如果发生了人质劫持事件，政府及特工机构的首选是进行谈判。为了确保人质的安全，不惜轮番出马，谈判几天，甚至几个星期。如果强攻，则可能导致恐怖分子与人质同归于尽。因此，大部分专家不赞成普京强攻的办法。

但是，有一个人坚持武力解决人质危机，他就是前苏联英雄、预备役少将卡尔普辛。他曾指挥过"阿尔法"特别行动小组，作战经验十分丰富。卡尔普辛分析说："这帮家伙穷凶极恶，即便谈判成功放他们一马，他们也不会善罢甘休的。所以，应该毫不留情地消灭他们。只要周密计划我们一定会成功。我们一定能歼灭他们。"的确，虽然叛乱分子马夫扎尔也提出过谈判，可是他以此为条件，要求普京从车臣撤兵，普京怎能答应。因此，只能强攻。

卡尔普辛的话提醒了大家，不能再对恐怖分子抱幻想。特种部队经过研究，最终决定实行强攻。于是，紧急指挥部马上部署，分成了几个小组。第一小组负责与新闻媒体打交道；第二小组负责警察与内务部部队的指挥，他们对剧院进行层层包围；第三小组负责与人质的亲属们接触。联邦安全局副局长帕尼切夫中将担任指挥部的总指挥。普京亲自担负起这次行动的指挥协调工作。

救援人员两天两夜，除了吃饭，几乎没有休息，完全投入到高强度工作状态中。

在事关人民性命安危的时刻，普京彻夜难眠。10月23日至24日的整个深夜，普京是在克里姆林宫度过的。他听取了强力部门负责人、有关专家及与此事件有关系的人员的汇报。25日，普京仍留在克里姆林宫过夜。普京已经连续度过了几个不眠之夜。总统办公厅及俄罗斯政府的许多工作人员都没有离开自己的办公室。

如果说在"库尔斯克号"遇难时，人们曾质疑他当时还在度假没有及时返回的话，这一次，人们的确看到了普京是怎样的励精图治。荣誉的光环从来都是荆棘编成。登上总统的宝座，做受人尊敬和爱戴的总统，需要付出比常人更多的辛苦和代价。

经过一番精心策划后，10月25日午夜，行动开始了。将近200名特种部队官兵及其他一些特工机构成员参加了这次行动。

为了迷惑巴拉耶夫，俄罗斯著名的车臣战地女记者波利特科夫卡娅被任命为当局和巴拉耶夫的调停人，她与巴拉耶夫进行了面对面的会谈。与此同时，特种部队成员秘密靠近剧院大楼的后侧与两翼。他们成功地占据了楼内的许多地点。几百名警察、上千名士兵掩护着特种部队人员行动。26日2时30分，救护人员从剧院救出了被击伤的一男一女。

这时离巴拉耶夫约定的最后期限只有一个小时了，行动人员早已各就各位，等待着发动攻击的命令。3时30分，巴拉耶夫看到他提出的条件没被接受，于是开始枪杀人质，顿时，剧院内的枪声、爆炸声与人质的尖叫声响成了一片。再也不能等了，5时30分，指挥部发出了行动的信号，经过数分钟的战斗，安全部队已经彻底控制该剧院，击毙包括匪首巴拉耶夫在内的34名绑匪，大部分人质被解救。

当晚21点，普京对国民发表电视演讲。他说："亲爱的同胞们！这几天我们一起经历了严峻的考验。我们都在为落入全副武装的败类手中的人们担心。我们都希望人质获释，但同时我们也清楚，应该做最坏的打算。今天早晨进行了解救人质的行动，拯救了数百人的生命，完成了不可能完成的任务。我们证明了俄罗斯是不会屈服的。"

经历了这次恐怖分子制造的绑架事件后，普京更加深刻地认识到，车臣叛军一日不灭，俄罗斯一日不宁。于是，2002年10月29日，普京做出了总统生涯中最强硬的声明。他说："国际恐怖主义越来越猖獗、越来越残忍。如果有人对我们的国家使用类似的手段，即使是一种企图，我们也将以同样的方式回击对俄罗斯联邦的威胁。恐怖分子本人及其精神支持者、经济支持者建立的组织所在地都要受到打击。我要强调，不管他们身处何地。"人质获救后，俄罗斯民众在震惊之余不免发出疑问：几十名训练有素的恐怖分子如何能将数量如此巨大的武器、爆炸物运到莫斯科，运到杜布洛夫卡的剧院呢？他们又没长翅膀，俄罗斯的警察们在做什么？特工机构与内务部怎么能对此毫无察觉呢？原来莫斯科有地下武器市场，他们完全可以在莫斯科市内获得大部分武器弹药，而不用从俄罗斯南部运到莫斯科。毫无疑问，这是莫斯科市特工机构的失误，给了恐怖分子以可乘之机。普京也是在了解到这些以后，才作出了调整安全机构人员的决定。随后的几天，在强力部门领导人会议上，普京下令改变使用武装力量的总战略、总计划，对俄罗斯的军事理论及国家安全构想做必要的变动，从2003年预算中再增加30亿卢布用于巩固与发展联邦特工机构、内务部及军队，壮大安全力量。

普京采取的这一切措施正是为了俄罗斯人民的安宁，因为他是俄罗斯的守护神，他要履行自己的职责和义务。

四、重新面对车臣

普京任总理时就力主用武力解决车臣问题，在他竞选总统之后，2000年1月、2月和3月，爆发了第二次车臣战争以来最主要、最艰苦的会战。然而车臣武装分子并没有被击溃，非法武装化整为零负隅顽抗。车臣叛乱分子曾恐吓普京说，车臣战争会没完没了地打下去，他们将接连不断地采取大规模游击战，联邦武装力量根本无法取得游击战的胜利。对于大规模的联邦军队来说，打游击战的确有些伸展不开手脚。结果，在这场会战中，车臣武装叛乱分子的伤亡不少于万人，而联邦部队也有2000名官兵阵亡。最惨烈的是发生在2月29日深夜至3月1日凌晨的一场战斗。那天叛乱分子几支装备精良、组织严密的队伍，成功突围，试图回到车臣平原、山麓地带以及达吉斯坦共和国与其他同伙会合。于是，在联邦军队和叛乱分子之间展开了一场最严酷最惨烈的战斗。联邦军队某空降师的防线上出现了这些叛乱分子。武装叛乱分子有1000人，而俄军空降师只有一个连的90多名战士。勇敢的伞兵们一直坚守阵地。清晨俄军增援部队赶到时，该连几乎所有战士都在这场战斗中壮烈牺牲了。

即便联邦军队遭到了打击，但战争的结局也不像武装叛乱分子想象的那样乐观。他们要想取得游击战的胜利只凭地利是不行的，需要人力物力。这些条件他们并不具备。自2000~2001年的初冬，在车臣北部地区，已经无人继续支持叛乱分子了，即便在山区，许多人也保持中立态度，因为大部分居民都想过安稳日子，他们可不想再支持车臣非法武装分子。另外，俄罗斯联邦在车臣派了大量的警察部队、军队，再加上由车臣当地居民组成的民兵已经远远超过了叛乱分子的兵力，使车臣叛乱分裂分子在军事上遭受了重创。

车臣叛乱分子看到形势不利，于是从2000年夏天开始改变作战方式，从正面拼杀改为实施破坏和恐怖行动、夜间袭击联邦军队的哨卡和军车，以及在道路上埋设和引爆地雷。面对叛乱分子攻击形式的改变，俄罗斯联邦也改变了方式，保护车臣的任务不再由大规模的军队来完成，而要靠内务部队、内务机关、内务部特种作战部队、联邦安全局、司法部以及军队侦察部队实施。特工人员也参加了对少数叛乱分子的搜索行动，对躲藏在深山、谷地村镇里的武装分子首领实施追捕。在这些部门的联手行动下，车臣的大城市以及平原、丘陵和高山地区的所有大的居民点，都处于军事警备司令部、内务机关以及新的车臣行政当局控制当中。车臣叛乱分子事实上已经丧失了所有的基地。即便他们想在车臣境内反抗也是鸡蛋碰石头，自不量力。在联邦军队的清剿下，至2000年秋季，第二次车臣战争大体上已经结束，车臣的生活秩序开始恢复。

但是，解决车臣问题单单依靠军事行动是远远不够的。早在2000年俄罗斯举行总统选举前，普京就表示，政府准备在车臣战争结束后对车臣实

第七章 ◎ 应对危机——俄罗斯永远拥有未来

行总统直接治理。但是，为了使车臣局势完全正常化，需要一个过渡时期。只有进行车臣权力机构的选举后，过渡时期才算结束。于是在2000年6月8日普京签署命令，对车臣进行总统直接治理，在车臣建立执行权力机关，并设总统驻北高加索代表。根据普京签署的法令，将逐步在车臣建立共和国、区和居民点三级权力机构，车臣政府首脑由联邦总统直接任免，需定期向联邦总统和政府汇报工作。这就意味着车臣问题从军事解决开始向政治管理过渡。俄罗斯主要官员均支持普京此举。

2000年6月12日，俄罗斯总统普京签署了在车臣共和国建立临时行政权力机关的法令，并任命卡德罗夫为车臣临时政府领导人。这标志着车臣局势由单纯军事状态转入政权和经济建设同武装剿匪并行的新阶段。2000年6月20日，卡德罗夫举行就职典礼。他呼吁车臣居民不分民族和宗教信仰，共同努力复兴家园。

在对车臣非法武装保持军事压力的同时，俄罗斯联邦政府也开始了帮助车臣地区恢复生活秩序的进程。相当一部分难民在2000年夏天返回了车臣。一部分老人可以领取退休金了，慈善机构的援助也运抵车臣境内。车臣已有200多所中小学校开始上课，几所中专和格罗兹尼师范院校也已开始恢复正常教学。2000年秋，俄罗斯部队曾在车臣北部的平原地区和达吉斯坦境内的车臣居民点里招募士兵，几百名车臣青少年应招进入了俄罗斯的士官学校学习。

到2000年底，车臣全境内已有100多所医院可以接纳病人；车臣所有大城市和平原地区的居民点都恢复了电力和天然气供应，车臣山区的许多村子也用上了电。车臣境内的铁路交通恢复了通车，公路和桥梁也恢复使用。部分油库以及通过该共和国的石油运输干线也已恢复。车臣人开采出了超过10万吨的石油，石油化工厂、建筑材料生产厂以及个别食品企业也开始恢复生产。

车臣还迎来了战后的第一次农业丰收，畜牧业、烟草业、养蜂业正在恢复；市场已经开放，对外联系在逐渐恢复。车臣人对普京的这些做法很满意。

由此可见，在处理车臣关系方面，普京找到了比以前更合乎情理的方式。

五、反恐斗争任重道远

莫斯科人质事件发生后，虽然大多数人质得以获救，但是恐怖的根源并没有挖除。因为车臣武装叛乱分子仍然是危险和恐怖活动的制造者。在车臣，虽然大规模正面军事冲突基本结束，但是一场恐怖与反恐怖之间的较量还在继续。恐怖活动仍然威胁着人们的安全。

莫斯科人质事件后，车臣武装叛乱分子的头目及其在俄罗斯境外的庇护者感到同俄联邦军队以及警察部队进行正面对抗太不现实，决定改变恐怖战术，使用自杀性爆炸这一极端手段。距莫斯科人质事件两个月后，在车臣就相继发生了很多此类恐怖活动：

2002年12月27日，两名亡命徒驾驶两辆装满爆炸物的卡车，冲向车臣首府格罗兹尼的政府大楼。炸毁了四层办公楼，导致近60人死亡，150多名普通政府职员和市民受伤。

2003年3月1日，车臣临时政府领导人卡德罗夫的车队在格罗兹尼遭到车臣叛匪袭击。4名保镖和3名警察在交火中身亡，1名叛匪丧生。

2003年5月9日，车臣地方政府准备在一体育馆内举行阅兵式，庆祝卫国战争胜利日。当天，距该馆50米的一颗炸弹爆炸。一名支持俄罗斯的车臣警察被炸死，另有两名俄罗斯士兵被炸伤。阅兵活动被迫取消。

2003年5月12日，两名恐怖分子驾车冲进车臣一个区政府办公大院，引爆炸药造成52人丧生，300多人受伤。事发后车臣叛军头目巴萨耶夫声称对这一事件负责。很明显，这是他们实施的恐怖活动。

2003年5月14日，距离车臣第二大城市古杰尔梅斯不远的沙斯罕—尤尔梅斯村外又发生一起恐怖爆炸事件。当天下午，来自车臣、达吉斯坦和印古什大约1.5万穆斯林聚集在该村外一片草地上正在举行宗教活动。车臣

第七章 ◎ 应对危机——俄罗斯永远拥有未来

当局行政长官卡德罗夫也在现场。下午3点钟，正当全体与会者集体做礼拜时，一声爆炸在人群中间响起。卡德罗夫安然无恙，但保护他的4名警卫同时遇难。

2003年6月5日，在与车臣交界的俄罗斯北奥塞梯共和国莫兹多克市北部郊区，距俄一大型空军基地6公里处发生了自杀性爆炸事件。一名身上绑满炸药的年轻妇女快步走近一辆运送40名俄空军机械师和家属的车辆，造成至少15人死亡，12人受伤。

2003年7月17日，与车臣交界的达吉斯坦共和国一所警察局遭到汽车炸弹袭击，停放在附近的车辆也被大火吞噬，爆炸造成了3人死亡，20多人受伤。

2003年8月1日，与车臣接壤的北奥塞梯莫兹托克的一家军队医院发生自杀式袭击。这天下午将近傍晚时分，一辆"卡马斯"牌军用卡车在接近医院时突然加速朝大门冲来，值勤哨兵刚要举枪射击，但为时已晚，"卡马斯"向住院部大楼撞去。几秒钟后，这座"功勋医院"顷刻间被炸成一片瓦砾。在这里住院养伤的都是在车臣战场上受伤的联邦军队的官兵，当场有50人死亡。据事后调查，这又是车臣恐怖分子干的。

2003年8月13日，车臣武装叛乱分子占领了北奥塞梯共和国南部一座地方政府的办公楼，抢走3辆汽车并放火焚烧办公大楼。在与非法武装交火中，有两名联邦警察受伤。

2003年8月14日，联邦军队一辆装甲车在车臣南部地区触雷，4名军人和1名警察被炸死，另外还有3人在这次袭击中受伤。

如果说以上这些恐怖活动只是在车臣及其邻近地区进行的话，恐怖分子同时还将罪恶的黑手伸向莫斯科和俄其他城市，给俄罗斯的社会稳定和百姓生活造成了十分恶劣的影响。

2003年7月5日，在莫斯科市西北的图什诺机场，正在举行一年一度的摇滚音乐会。当时现场聚集了3万多名观众，气氛很是热闹。可是谁也没有想到，在狂欢的人群中居然有两名"黑寡妇"隐匿。她们引爆了捆在身上的炸药,当场炸死17人,杀伤40多人。

这次爆炸事件发生不久后,在克里姆林宫外又发生了一起炸弹爆炸事件。2003年7月10日,在距离克里姆林宫1000米外的一家餐厅发生了类似事件。当时餐厅保安发现一男一女形迹可疑报告了警方。警察赶往现场搜查他们的包裹时,发生了爆炸,一名警察当场死亡。

2004年2月6日,莫斯科发生了一起地铁恐怖爆炸事件。这天,恐怖分子在地铁列车引爆了炸弹。但由于隧道是封闭的,致使爆炸的杀伤力成倍地增加。有人身上无外伤却被活活震死。据统计此次恐怖袭击中有40人死亡,100多人受伤。

一系列的恐怖活动使俄罗斯人民倍感震惊,普京决定对这些恐怖分子进行严厉打击。

强力部门接受任务后,通过对近年来车臣恐怖分子制造的恐怖活动进行分析,发现这些恐怖活动归纳起来有以下几个特点:

一是行动周密。这些恐怖分子不但能在各地的车臣人中建立起隐蔽的网络,而且可以迅速有效地把实行恐怖行动的指示传达给各个恐怖组织。而且恐怖分子还不易辨认,他们白天化妆成工人、小店主或者送货员进行观察扫点,晚上就向白天瞄准的目标下手。

二是恐怖行动偏向公共场所。恐怖分子精心挑选剧场、飞机、地铁站、学校等公共场所,企图借此在全国造成大规模的恐慌,逼迫普京作出重大让步——从车臣撤军。

三是重点袭击车臣的政府机构和军警驻地。这些恐怖分子爆炸的目标多是车臣的政府机构和军警驻地。可见他们对这些人怀有刻骨仇恨。

四是作案选择重大节日。重大节日是恐怖分子活动的高发期。

一系列的恐怖袭击事件表明,普京所要面对的反恐斗争任重而道远。普京面对这一系列恐怖事件,对车臣叛乱分子的立场更趋强硬。他在各种场合多次重申,政府决不向车臣武装分裂分子做任何让步,决不与其进行任何谈判,并声明"俄罗斯决不会与恐怖分子做什么交易,也决不会屈服于任何敲诈勒索",政府将战斗到底。但是,他也看到了要对付恐怖分子不能仅凭联邦政府的力量,因为车臣匪帮的恐怖活动出现了一些新的动向:

一是恐怖活动在规模、手法、强度等方面不断升级。

二是恐怖活动不是孤立的,是当今世界存在着的各种错综复杂矛盾的反映,也是欧亚地区特有地缘因素在当前国际关系下受到激化的具体表现。因为得到国际伊斯兰恐怖组织的支持和鼓动,车臣武装恐怖叛乱分子才更加有恃无恐。伊斯兰恐怖组织不仅资助他们炸药,而且还帮助他们招募外国雇佣军。国际极端势力的插手,进一步加大了解决车臣问题的难度。

三是内外勾结造成的。恐怖分子先后袭击车臣政府和军事机关,从作案地点的选择、时间的掐算、炸药重量的计算等方面看,都说明事先是有预谋的。在这些保密机构内,只有熟悉内情的人才可能对这些目标实施准确袭击。

四是背后有宗教极端组织在操控。如果说20世纪90年代的车臣战争在一定程度上只是车臣内部的分裂主义势力抬头的话,那么,随着国际形势的变化,车臣的"分离运动"已经与国际极端宗教主义和国际恐怖主义紧密地联系在一起。恐怖分子试图通过恐怖的手段,达到民族分离的宗教极端的目的。

面对这一复杂的形势,普京在很多场合指出,车臣恐怖分子制造的恐怖活动是国际恐怖主义活动的一个组成部分。联邦政府在打击国际恐怖主义方面做出的选择是正确的选择。同时,普京还通过开展积极的外交活动,取得国际社会对打击车臣恐怖分子的支持。美国"9·11"事件发生后,普京利用美国急于使俄罗斯加入国际反恐联盟的有利时机,采取主动措施,强迫车臣非法武装接受联邦政府的条件。在俄罗斯的外交攻势下,美国也敦促车臣非法武装领导人立即无条件地中断与国际恐怖组织的联系。2003年2月底,美国还宣布将3个车臣武装团体定为恐怖组织,予以制裁。

得到国际上的支持后,普京决定加快政治解决车臣问题的步伐。多管齐下,把车臣问题圆满地解决好。

六、建立一个政治稳定、经济发展的新车臣

面对恐怖活动的升级，普京清醒地看到车臣武装叛乱分子制造恐怖活动的真正目的是要在民众中间制造恐慌情绪，破坏不断推进的和平进程。这更加坚定了普京要在车臣早日实现和平、恢复当地正常的生活秩序的决心。因为长年不断的战乱使车臣年轻一代目睹了过多的死亡，他们心中充满仇恨和暴力倾向，极容易被车臣分裂势力利用而走上极端道路。这样下去，势必与联邦政府代代为仇，世世为仇，这不是普京愿意看到的。因此，他审时度势，决定改变策略，在车臣启动民选政权的进程，并逐步减少驻车臣的武装力量，为车臣恢复正常生活创造一切必要条件。

普京虽然是一个性格顽强的战士，可是作为政治家来说，他有着与时俱进的灵活性。他对待问题看大局，看根本，想到的是从根本上解决问题，赢得人心，决不是简单的武力征服。于是，进入2003年以来，普京出于稳定政局和竞选的需要，不断调整车臣政策：促进车臣举行全民公决，签署大赦令，向选民传递车臣即将实现和平的信息。他在克里姆林宫会见联邦政府成员时强调，必须帮助车臣共和国选出自己的总统和议会，为当地人民开始正常生活创造一切条件。

2003年3月23日这一天，车臣举行了全民公决，车臣共和国公民就是否赞成新的共和国宪法草案、总统选举法草案、议会选举法草案进行投票。2003年3月24日下午，大约84%的选民参加了投票，赞成车臣共和国是俄罗斯联邦不可分割的一部分。投票结束后，普京表示："威胁到俄联邦领土完整的最后一个严重问题终于得到解决，车臣人民选择了和平，选择了与俄罗斯在一起"。表明了车臣人民对共和国和联邦政府的高度信任。

5月15日，普京向俄议会杜马提交了一份议案，请求对车臣地区的非法武装人员实行"大赦"。普京在给俄国家杜马主席的信中说："作为人道主义的举措，大赦的主要目的是为了给车臣共和国的和平生活创造有利条件。"根据俄罗斯政府的大赦计划，只要在2003年8月1日前放下武器、

第七章 ◎ 应对危机——俄罗斯永远拥有未来

停止反政府活动的车臣非法武装人员都可以得到赦免。但那些被指控犯有谋杀罪、绑架罪和其他严重罪行的车臣非法武装人员和在车臣地区从事恐怖活动的外国人，将不在大赦之列。大赦令正式颁布后，车臣有上百名非法武装人员放下武器向政府投诚，回归正常生活。

7月4日，普京签署命令，批准10月5日在车臣举行共和国总统选举。普京认为，必须让车臣人民自由表达自己的意愿，将车臣的政权交给合法选举产生的新政权，车臣才有可能实现局势正常化。

命令签署后，先后有11名候选人在车臣共和国选举委员会登记，准备参加总统竞选。2003年10月5日，俄罗斯联邦车臣共和国进行了总统选举。最后计票结果显示，卡德罗夫获得40.3万多张赞成票，占投票总数的80.84%。

此后，普京签署总统令，组建车臣共和国内务部，并增加由车臣族人组成的部队编制。

在车臣选举完成后，重点是重建车臣经济，改善人民生活。2003年，联邦政府拿出200多亿卢布用于车臣社会经济领域的恢复。帮助车臣恢复能源、铁路、通讯系统和其他社会基础设施，并向车臣转让一批原属于联邦政府的国家联合企业、国家机构、医疗卫生与文教设施。并且在车臣实行宽松的经济政策，对石油、天然气等优势产业，在税收等方面给予优惠。经过几年的努力，车臣金融和银行系统得以恢复，车臣的基本生活设施都已修复。各地重建了学校、医院、道路和房屋，车臣的500多所中学和3所大学的教学工作已经恢复正常。2003年底，俄政府经济发展贸易部计划2004~2005年再为车臣拨款350亿卢布，用于车臣重建工作。

通过对车臣综合治理，维护了俄罗斯的国家统一，促进了俄罗斯社会与经济发展。

第八章

成功连任，普京登上新台阶

不知不觉，4年已经过去，普京的第一任到期了。那么，2004年，他还能如愿以偿当上俄罗斯总统吗？人们在猜测着。结果，普京竞选成功，他连任两届。这一切是顺理成章的，还是他运筹帷幄的结果？不论怎样，普京登上了一个新台阶，他又将面临着新挑战。

第八章 ◎ 成功连任，普京登上新台阶

一、地方官员备战杜马选举

2003年9月2日，普京总统签署法令：俄罗斯第四届国家杜马（议会下院）选举将于12月7日举行。此后，俄各派政治势力角逐总统选举的序幕正式拉开。

当时，公开表示要参加杜马大选并组成竞选联盟的政治团体共有10个，分别是统一俄罗斯党、俄共、人民党、亚搏卢民主党、右翼力量联盟党、自由民主党、农业党、"祖国""俄罗斯复兴党——俄罗斯生活党"以及其他党派。到法定申请竞选国家杜马的最后期限，共有18个党派和5个竞选联盟在选举活动中心登记。

与1999年秋季相比，2003年秋天的选举活动似乎平静得多。4年前，有些地区的局势已经接近非常状态。比如，四年前的区选举中，北高加索的卡拉恰伊—切尔克斯共和国不仅发生了激烈的唇枪舌战，还引发了卡拉恰伊人和切尔克斯人之间的冲突，爆发了大规模的群众游行。当时，在许多选举站都派驻了特种部队执勤。而现在，许多州在选举中基本上没遇到任何麻烦，原来担任州长的人在第一轮选举中就获得足够的选票谋得连任。因此，外界媒体说2004年的大选没有想象中激烈。

但是，在平静的气氛下，也有暗潮涌动。少数地区的紧张状态依然存在。

通常，在杜马选举中，那些知名的政治家和党派领导者会抓住有利时机，忙着在"自己的"选区中争取杜马席位。因为国家杜马席位中的半数都是按照单席位选区竞争结果来分配，而不是在联邦层面上去争取。于是，一些前州长、部长，也有一些大商人，他们不指望通过党派竞选名单进入杜马，而是决定靠单席位选区为自己"上保险"。这就使单席位选区里的争夺非常激烈。

比如，斯维尔德洛夫斯克州的情况就是这样。该州的行政长官是罗塞尔。早在叶利钦执政的时候，罗塞尔就被任命为斯维尔德洛夫斯克州的行政长

官。叶利钦并不赏识罗塞尔,但罗塞尔的影响力不可小看。他是"改变乌拉尔"运动的发起人。2000年,俄罗斯组建了7个联邦区,其中就包括以斯维尔德洛夫斯克为中心的乌拉尔联邦区,在恢复俄罗斯"垂直权力"的复杂进程中,罗塞尔州长和乌拉尔联邦区的全权代表拉特舍夫之间一直存在分歧。后来,他又试图改变这个联邦区。

显然罗塞尔想搞地区分裂,可是当地民众拥护他。因为,最近四年以来,斯维尔德洛夫斯克州的经济发展速度相当快,该州的工业产值从俄罗斯的第5位上升到了第3位。外国投资和乌拉尔企业自身对固定资产的投入都有大幅增长。这些成绩增加了当地人对罗塞尔的好感。因此罗塞尔在新的州长选举中获得胜利。这次杜马选举罗塞尔又获得了63%的选票。可想而知,他进入国家杜马,对于以后理顺中央和地方的关系会造成很多障碍。

除了斯维贝德洛夫斯克州在杜马选举中有分离倾向外,圣彼得堡的竞选活动也很复杂。前市长弗拉基米尔·雅科夫列夫2003年6月辞职。在提前举行的市长选举中,最被看好的候选人是前俄罗斯政府副总理、总统驻西北联邦区全权代表瓦连京娜·马特维延科。她是俄罗斯近十年来最成功的女政治家,就是她领导了圣彼得堡300周年庆典的大部分筹备工作和庆祝活动。普京公开表示支持她。尽管有普京的支持,瓦连京娜也未能在首轮选举中获胜。因为圣彼得堡的选民在以前的选举中表现就不积极。因此,市政府规定只要有超过20%的选民投票,选举即被宣布有效。调动了选民的积极性,瓦连京娜才在第二轮选举中获得了多数选票。这是一场艰难而又重要的胜利,普京比较满意。圣彼得堡是他的家乡,又是俄罗斯第二大城市,他自然非常重视那里谁执政的问题。10月7日,普京飞到圣彼得堡做短暂休息,庆祝自己的生日,并祝贺新当选的市长。

为了保证地方官员在杜马选举中配合得力,选举之前,俄罗斯中央选举委员会(简称"中选委")为筹备国家杜马选举作了大量的工作,重新划定了选区。对选民按225个选区平均分配,每个选区共有选民47.85万人。因为俄罗斯地域广、时差大,选举时间不一。2003年年初,中选委还花费

900万卢布将107个政党的党纲在《俄罗斯报》上重新公布，以便让选民对政党的政治倾向和纲领有比较深入的了解。

为保证各政党平等竞争、诚实选举，中选委于8月22日至27日就召集准备参选的政党、媒体和从事选举活动的政治家代表在马涅日广场签署了名为《社会条约——2003年选举》的文件。该条约不具法律效力，签署条约的各方只负道义责任。在该活动期间，中选委还举办了"政党展示会"，每天都设一个活动主题，为各政党提供推销自己和吸引选民的平台。各政党领袖和代表还可举行党际辩论、音乐会等活动吸引选民。除此之外，俄中选委还加大规范选举进程的力度。

由此可见，这次的总统选举和上一届相比，中选委做了大量的准备工作，其目的就是为了保证选举的公平公正和宽松的民主氛围。

二、杜马选举的冲刺阶段

虽然总统竞选活动从2003年春天就开始了，但这一阶段的主要工作都在幕后进行，只是到9月份竞选活动的正式阶段开始之后，各党派才召开了代表大会，确定了竞选口号和竞选纲要以及候选人名单，选民才开始对各党派组织和新的领导者有彻底的了解。

经过一番唇枪舌剑的辩论，2003年11月初，国家杜马选举的宣传活动进入冲刺阶段。因为选民到了投票的关键时刻，其中不少于20%的选民是在选举前最后一个星期才做出最终决定的，而8%~10%的选民甚至是在投票当天才做出决定。因此，杜马选举的冲刺阶段才是真正见民心的阶段。

在参加竞选的党派中，根据政治立场可以分为左中右三派：

左翼阵营里被看好的依然是"俄共"。在"俄共"名单中排在第一位的仍然是久加诺夫。其他几个激进的左翼党派和联盟的领导排名在久加诺夫之后。尽管他们在俄罗斯的政治舞台上活动的时间已经很长了，但他们的活动少有成效，加起来也得不到3%~4%的选票。然而他们当中的一些人可以通过单席位选区进入国家杜马。另外，在相对温和的左翼政党中，有两个互相结成联盟的新党比较引人注意，这就是"俄罗斯复兴党"和"俄罗斯生活党"。人们对他们的表现很期待。

在右翼党派中，主要的竞争者是"亚博卢"集团和"右翼力量联盟"。支持右翼政党的选民占选民总数的15%~17%。大部分选民对"亚博卢"集团不太明了。该党宣称是"原则之党""净手党"。对于俄罗斯选民来说，这些都是不甚明了的观点。至于"右翼力量联盟"这个由自由主义政治家组成的党派，他们虽然不是反对党，但是对当局的政策并非全部支持。还有另外几个右翼阵营中的小党派，什么"新线路——汽车俄罗斯""为教育和科学斗争的人士联盟""发展经济"等，他们名称各异，千奇百怪，不容易被大多数人理解。这些党加起来恐怕也不可能获得超过2%~3%的选票。

综观各竞争党派，倒是代表中派的全俄政党"统一俄罗斯"几乎占据了俄罗斯政治舞台的中心。"统一俄罗斯"整合了"全俄罗斯"运动及众多相对较小的政治团体和潮流。它不仅在期待扮演执政党的角色，事实上在很多方面它已经是"执政党"了。普京曾说："统一俄罗斯党正在变成团结俄罗斯社会的工具"。他在该党的竞选代表大会上明确表示将投"统一俄罗斯"一票。这个党的最高任务是在杜马中争取占据225个以上席位，也就是说占据多数席位。并且该党将在杜马选举的全部的单席位选区中推出自己的候选人。如此看来，统一俄罗斯党似乎拥有获取胜利的一切条件——强大的行政资源以及丰厚的政治、财政和信息资源。

另外，还有一些民族党派，如"为神圣的俄罗斯""俄罗斯民族爱国力量""罗斯"等政党，上述这些党派基本上都是由退役的将军或者商人领导的。尽管支持他们的选民约占选民总数的20%，可他们很分散，进入杜马的机会更小。

三、选举投票，一锤定音

12月7日这天，俄罗斯各地的杜马选举投票工作开始进行。参加投票的有普通民众，也有官员和商人。普京总统和夫人柳德米拉一大早就来到莫斯科麻雀山的投票点。俄罗斯法律规定，总统不能加入任何政党，为避免授人以柄，普京投了弃权票。

为了监督俄罗斯杜马选举投票和计票的公正性，48个国家及国际组织也派出了1200名观察员，其中美国（134名）、德国和英国热情最高。民意调查预测，在这23个政党和竞选联盟中，只有5个政党有可能获得超过5％的法定支持率，他们是执政党"统一俄罗斯"为20％，俄罗斯共产党为18％，自由民主党为7％，右翼力量联盟为6％，"亚博卢"为3％。最后，以统一俄罗斯党为核心的中派实现历史性的突破，得票率领先位居第二的"俄共"20多个百分点。至于自由民主党和"祖国"竞选联盟分获11.8％和9％选票。右翼力量联盟和"亚博卢"集团沦落到出局的尴尬境地。这意味着在国家杜马中已经不存在真正意义上的反对党。

在这次选举中，"俄共"这个在俄罗斯政治舞台上非常重要的政治力量为什么衰落了呢？外界评论说是因为它没能根据俄罗斯社会发展的现实及时调整自己的路线、方针和政策，再加之内部自身的矛盾和分歧，其政治影响一直呈下降趋势，因此俄共支持率较上届选举少了近一半。而"统一俄罗斯"获胜的根本原因是，在竞选活动中不仅大力宣传现任政府取得的成绩，还用经济总量早日翻番、消除贫困和实现军队现代化等目标来争取选民。更为重要的是，普京一直十分信赖"统一俄罗斯"，这一点也能为"统一俄罗斯"赢得不少选票。在国家杜马中，某个政党能得到普京的支持，无疑是胜出的重要因素。

既然，"统一俄罗斯"在杜马选举中获胜，普京和国家杜马关系也就进入了顺利合作的新阶段。这一点与叶利钦不同。在叶利钦执政期间，他提出的政府总理候选人国家杜马说驳回就驳回。地方领导人更是各自为政，使得俄罗斯的联邦法律在有些地区甚至无法产生效力。自从普京就任总统以后，国家杜马的反对声音变成了"跟着总统走"，普京提出的法律提案不费吹灰之力就能在杜马顺利获得通过。就连"地方诸侯"也开始争先恐后地向克里姆林宫表达顺从和忠诚。可以说，普京用十分高超的手段解决了和杜马的关系。

普京认为，要想在此次大选中获胜，首先需要来自国家杜马这个重要的议会力量的支持。现在，"统一俄罗斯"获胜让他了却了一桩心愿。因此，舆论认为，既然"统一俄罗斯"在杜马选举中控制了议会，这就意味着在目前及今后的一段时间内，普京没有任何政治竞争对手了，完全可以按照自己的政治设计来治理俄罗斯。对于曾经四分五裂的俄罗斯来说，这样也有利于社会的长期稳定，同时为普京推进经济改革和反腐败提供了良好的条件。

四、七大候选人角逐总统

随着俄罗斯国内各地区选举的结束，各派政治力量在地区间的角逐完成，比赛升级，竞选总统的日期越来越近了。虽然支持普京的呼声很高，但是，按照俄罗斯地方和联邦选举以往的经验来看，最主要的并非得票率，而是选举获胜这一事实。哪怕是在第二轮中取得胜利，也能决定总统的桂冠花落谁家。

总统竞选当然是举国关注的。2003年秋天，有关总统选举的报道就占据了俄罗斯各报刊的不少版面。可是，俄罗斯这次大选中，令人感到意外的是，曾对普京构成挑战的多名政治人物都做出了同样的决定——不参加大选。

这些政治人物包括：昔日呼声最高的"俄共"中央委员会主席久加诺

第八章 成功连任，普京登上新台阶

夫，俄罗斯"亚博卢"联盟领导人兼主席亚夫林斯基，俄罗斯"自由民主党"主席日里诺夫斯基等人。他们在4年前的大选中，曾经与普京争得不可开交，现在却甘心偃旗息鼓。

于是有些人认为，既然这些重量级人物宣布不参选，他们所在的党派只派出一些名不见经传的小人物登记注册，那就是说普京在2004年的大选中完全没有一个像样的对手。虽然在诸多候选人中，人们对刚刚失踪的、据说被绑架到乌克兰的候选人雷布金有所了解，有人也想选举他，不过，就连他老婆都说："让这样一个人领导俄罗斯将是很危险的。"既然如此，其他人就更不敢相信他了。剩下的候选人中有些人也很"识时务"。比如，俄罗斯最大制药公司老板弗拉基米尔·布伦采洛夫就坦言，希望选民不要投他的票。他参选的目的就是支持普京连任。他说："如果只有普京总统孤零零一个总统候选人的话，那选举就不可能成立了。"在这样的情况下，普京连任总统已如探囊取物。

是这样吗？普京可不这么看。在他看来，即便没有强有力的对手出现，一些后起之秀也不可小看。因为他们各有优势。比如：

1号人物谢尔盖·格拉济耶夫，就被认为是2008年总统职位最强有力的竞争者，俄政坛新星。这位1961年生于乌克兰扎波罗热市、1983年毕业于莫斯科大学经济专业的后起之秀，年仅31岁就出任外经部长，之后历任安全会议经济安全局局长和联邦委员会（议会上院）信息分析局局长。去年9月他当选为新成立的"祖国"联盟的两主席之一。一系列光辉的历程足以说明他的才华和雄心。普京岂敢掉以轻心？

至于2号人物尼古拉·哈里托诺夫，是俄共推出的候选人。他于1972年毕业于新西伯利亚农业学院，三次当选为国家杜马代表，曾任农业党副主席，领导议会下院农业党议员团。哈氏虽然没有久加诺夫的名望高，但也有50万党员和数百万拥护者的支持，不可小看。

3号人物谢尔盖·米罗诺夫，现任联邦委员会（议会上院）主席，这个位置足以和普京抗衡。此人1953年生于列宁格勒州军人家庭。1995年当选圣彼得堡立法会议第一副主席，在2000年总统选举期间任普京圣彼得堡竞选总部副主任，2001年12月当选现职。2003年起任俄罗斯生活党主席，论资历、论经验实力都具备。不过，他虽然参与竞选，却毫不掩饰对普京的支持，并号召选民投普京的票。不知是真是假？

4号人物是伊万·雷布金。雷布金，这个1946年出生的人，曾任俄共中央部长，1990年当选为俄联邦人民代表，后加入农业党，于1994年至1996年任国家杜马主席，后曾任安全会议秘书和联邦政府副总理。可是，他在竞选期间失踪5天。据说，他参加总统大选是由流亡国外的寡头别列佐夫斯基资助的，但后来又宣布继续参加竞选。不知他会怎样表现。

5号人物是奥列格·马雷什金。他曾是在竞选俄总统上三战三败的自民党主席日城诺夫斯基的保镖。马氏生于1951年，曾是苏联运动健将，1991年加入自民党，2001年起领导该党议会党团中央机构，2003年当选为国家杜马代表。日城诺夫斯基推荐他的意图是"培养干部"。虽然他的老板看好他，可不知俄罗斯的民众会不会看好他？

6号人物是伊琳娜·田俄。这是总统候选人中唯一的女性。她1955年生于莫斯科，父亲是1939年流亡苏联的日共党员。她毕业于莫斯科友谊大学，曾两次当选国家杜马代表，2000年当选为国家杜马副主席，是在本届议会选举中一败涂地的"右翼力量联盟"领导人之一。既然是女性来打擂，想必应该有一定的勇气和实力。

这些新对手并不都是无名之辈，因此，普京要获胜绝不能高枕无忧，还需要精心运筹一番。

五、普京频频亮相，以独立候选人的方式参加竞选

虽然众望所归，外界媒体也猜测普京会毫无悬念地连任总统，然而，大选之前普京不敢掉以轻心，原因是俄总统选举的一个重要规则是选民参

选率必须达到一半以上。也就是说,让选民了解自己、支持自己,这才是最重要的。因此这一届俄总统选举与其说是选举,不如说是与俄民众间的一场政治互动。

如果说普京第一次竞选总统时是叶利钦运筹帷幄,利用各地区选民的力量在杜马中赢得了优势的话,这次就全要依靠他自己了。其实,现在的他也不需要再依赖某个人。四年的磨练和锤炼,他在政治舞台上早已成熟,已经有足够的力量和对手抗衡了。且看他怎样表现吧。

召开记者会,公布业绩

普京早在 2000 年初作为新当选的总统阐述他所面临的任务时就说过,在四年任期的最后一年,他会向社会展示工作成果。现在,是该他汇报的时候了。这同时也是他这次选举宣传活动的开始。

2003 年 6 月 20 日,普京在克里姆林宫举行了大型记者招待会。当时有近七百名莫斯科和俄罗斯其他地区以及外国媒体记者到场。在同记者交谈的三个小时内,普京回答了 48 个问题。

普京首先讲的是俄罗斯的经济状况问题。2000~2003 年,俄罗斯国内生产总值的总增长幅度约为 30%,人民实际收入的增长幅度也大致如此。最近 4 年,超大型企业的利润增长更快,特别是在石油领域。与此同时,财政预算体系内的工资、老年公民和退伍军人的退休金也有明显增长。最近 4 年,俄罗斯对外贸易平衡对俄罗斯非常有利……

在回答问题的同时人们看到了他的工作业绩。普京通过这一系列无可辩驳的、最有说服力的事实告诉人们:在他领导下,俄罗斯发生了翻天覆地的变革。因此,大选当前,他当然希望人们做出正确的选择,继续投他一票,这也许就是他的潜台词吧。"当仁不让",没有什么不应该。

演讲造就影响力

为了让人们了解自己当选后的执政措施，2004年2月12日，普京来到莫斯科大学发表了一次政治演讲，在演讲中，普京从批判过去历届政府的一些失误，再讲到未来政府可能为人民实现那些利益等，以此让选民对他当选充满信心。

媒体集体轰炸

与此同时，在俄罗斯各大电视台中，普京的竞选总统演讲被反复播放。

对此，俄罗斯共产党候选人哈里托诺夫很不满。他说："普京在电视上出现的时间，已经远远超出了所有其他候选人出现时间之和。"

不过，俄罗斯一些电视台负责人对这个问题解释说，普京是现任总统，他的一些活动理应被电视台报道，而且电视台并没有把那些演讲当作竞选演讲进行操作。

尽管有些人不满，但是不论怎样，普京的形象深入人心了。俄罗斯国内再掀"普京热"。带有普京肖像的套娃、文化衫铺天盖地，还有许多人为普京树碑立传。俄罗斯当局更是全力渲染普京个人政绩。

普京真诚吐露心声

竞选期间，普京这样对他的选民说："我想这些年来，我一直是努力工作的，而且，我是真诚地工作的。人民一定感觉到了。我向你们保证，在今后4年中，我将以同样的方式工作。"话语中体现了普京再干一届的诚意和决心，也因此赢得了更多选民情感上的共鸣。

就普京为此次大选采取的政治措施看，与第一次竞选总统不同的是，普京没有单纯依靠统一俄罗斯党推举他为总统候选人，他自己也要以独立候选人的方式参加竞选。这是普京竞选策略的一个重要方面：以俄罗斯全民总统的形象为自己赢得更多支持。

六、把寡头从政治领域清除出去

要想在选举中获得绝对优势不仅需要宣传造势，还需要取得立法机关的支持，压制挑战政权的任何政治势力，把反对势力从政治领域彻底清除出去。免得他们扰乱视听，蛊惑人心，浑水摸鱼。

普京清除反对势力的第一步就是对寡头进行"无害化处理"。因为在古辛斯基和别列佐夫斯基离开俄罗斯后，寡头和寡头集团作为俄罗斯商业和俄罗斯政治生活的一部分并未完全消失。他们在俄罗斯所扮演的角色和影响在2003年秋夏之季又成了人们关注的焦点。普京是不会允许他们来搅局的。因此，普京在继续搜寻藏身国外的媒体大亨古辛斯基、传媒和汽车工业巨头别列佐夫斯基的同时，对于其他试图问鼎政治权力的寡头也毫不手软。

2003年10月25日，"尤科斯"公司的总裁霍多尔科夫斯基在新西伯利亚一个机场被捕。

毫无疑问，拘捕霍多尔科夫斯基具有警示他人的性质，这是俄罗斯强力部门自2003年6月开始的系列调查、拘捕行动的极点。

霍多尔科夫斯基的政治野心

霍多尔科夫斯基是在1992年的金融动荡中大发横财的银行家，他在1996年的质押拍卖中完成了对"尤科斯"石油公司的控股。当时的政治人物叶利钦、丘拜斯、切尔诺梅尔金主张私有化，因此霍多尔科夫斯基等人得到了国有资产中最诱人的部分。随着生意上的得手，霍多尔科夫斯基操控政治的野心也开始暴露。在1992年出版的由霍多尔科夫斯基和别人合著的《操纵金钱的人》一书中这样说道："现在，政府对我们采取的中立态度已不能使我们满足。现在需要遵循'谁有钱，谁说了算'的新原则……我们将促成个人利益与我们的目标一致的那些人以民主选举的方式掌握权力。让那些与商人志同道合的人上台。"

此后，随着"尤科斯"的石油经营的成功，霍多尔科夫斯基加快了冲刺政坛的步伐。2003年，霍多尔科夫斯基的公司纯利润达22亿美元，"尤科斯"董事会做出决议，将不少于20亿美元的盈利作为红利分派，除此之外，该公司还决定在国家杜马选举中加大对一些政党的经济支持力度。同时，霍多尔科夫斯基创建的"开放的俄罗斯"基金会，还向"亚博卢"集团提供资金援助，对其他自由党派和团体进行物质支援。公司决策层还有意在国家杜马中安插"自己人"。霍多尔科夫斯基也公开宣布，他打算在2007年弃商从政。2003年9月29日，霍多尔科夫斯基在德国经济精英会议上宣布现在他最关心的是在俄罗斯建设"公民社会"。一些媒体也趁机推波助澜说，只有像霍多尔科夫斯基这样的成功商人才能够领导俄罗斯。其政治野心暴露无遗。

不但如此，霍多尔科夫斯基对当局的态度也越来越骄横。在"尤科斯"与"西伯利亚石油公司"宣布合并后的第三天，霍多尔科夫斯基要求政府允许铺设私有的输油管道。他用挑衅的口气说："当我制定好自己的计划后，不需要有人再对我们说该往哪一条输油管投资。我准备冒险。我觉得政府早就明白，私有经济的工作效率要比国家的工作效率高。"但普京表示坚决反对建设私有的输油管道。他还几次提醒霍多尔科夫斯基依法纳税，不要对政党进行幕后经济支持。霍多尔科夫斯基则呼吁普京不要干涉他具体经济方案的决定。

面对公然的挑衅，普京不能不做出相应的回答。他决定在法律允许的

第八章 ◎ 成功连任，普京登上新台阶

范围内采取行动，而且态度非常强硬。普京这样做并非有意和这些寡头们过不去，也不是故意要显示作为一个大国总统的权威，他这样做代表了民众的呼声。当时，俄罗斯绝大部分公民能用肯定的态度对待小企业家，但是他们对待大企业家没有什么好感。他们认为多数大企业家缺乏社会责任感，只关心自己的利润，尽管他们可以建立世界上最大的跨国公司，但是能给俄罗斯带来什么好处呢？如果只是财富外流的话，有哪一位俄罗斯公民乐意看到"尤科斯"在国家杜马中收买几十个代言人，站到"尤科斯"的立场，替寡头们摇旗呐喊呢？何况寡头们还要将自己的意志强加于国家的领导者身上？这不等于是挑战国家权威，挑战大多数人的利益吗？因此，民众绝对无法接受。所以普京才决定用法律手段惩治这些大寡头。

但是，就在"尤科斯"案以国家检察机关的胜利而告结束时，霍多尔科夫斯基在判决后公开宣告要参政。他说："我将和你们，所有希望能够自由地就自己的国家、人民和我们共同的现在和未来，发表意见的人们一起努力。我坚信，我将和你们一起生活在一个到处都是自由的国度"。即便他在被起诉期间，参政的热情依然不减。10月15日~23日，霍多尔科夫斯基到很多地方去演讲和游说，并且与当地的州长、政界及商界人士举行了多次会晤，与地方报纸、电视台总编们进行非公开的会面，好像他是一位实力雄厚的大政治家，在大选前正在进行巡回演说。而且，更令人意想不到的是，判决后随着对他的惩罚，霍多尔科夫斯基的政治威望却得到了提高。他在竞选总统时支持率一度上升到8.3%。在这些支持者中，绝大多数都是年轻人和大城市的人，他们对未来俄罗斯的政治走向将有重要的影响。他们竟然支持普京反对的大寡头，这个苗头不容忽视。

两个月后，普京在接受美国记者采访时对"尤科斯"案件做出了这样的解释。他说："'尤科斯'当然是一家大公司，但绝不是俄罗斯唯一的公司。对它的调查不仅与私有化问题有关……我们说的主要是犯罪活动，是其参与犯罪活动的事实，是合并过程中发生的杀人及杀人未遂事件……现在我们了解到的只是以'尤科斯'命名的巨大冰山下尘封的全部事实中的一部

分而已。""法律面前人人平等，法院面前人人也该平等。否则我们永远无法解决建立经济上有效的、社会上认可的纳税体制问题，我们也永远无法抑制组织犯罪与营私舞弊现象……"

当时，以霍多尔科夫斯基为首的"尤科斯"集团公司的确存在很多问题。比如"尤科斯"保安部门负责人皮丘金就因涉嫌雇佣杀人罪而受到指控。还有霍多尔科夫斯基的副手——列别杰夫，这个资产数亿美元的大富翁。俄罗斯总检察院对列别杰夫的指控，主要是侵占、诈骗和逃税。

"尤科斯"集团被指控的另一人物是涅夫兹林。涅夫兹林是"尤科斯"公司的副总裁，被称作"尤科斯的政治经理"。2003年初夏，这个43岁的亿万富翁突然被选为国立俄罗斯人文大学校长。据民间议论，"尤科斯"好像是花了1亿美元为涅夫兹林购买了国立俄罗斯人文大学校长的职务。更让人困惑的是涅夫兹林9月1日没有参加"人文大学"学术委员会新学年的第一次会议，却去以色列求见了其内务部长波拉兹，请求加入以色列国籍。到霍多尔科夫斯基被捕时，这位已申请以色列国籍的副总裁，正在那里寻求政治避难。这样的公司能说是依法正常经营的公司吗？普京总统能不对他们采取行动吗？

霍多尔科夫斯基被捕后的震动

霍多尔科夫斯基被捕后，俄罗斯的许多报纸认为拘捕这个大寡头会使国家失去上百亿美元的西方投资，结果证明这些担忧都是杞人忧天，有意夸大事实。俄罗斯的经济并未因此引起"大地震"，倒是普京的总统办公厅主任沃洛申向普京总统递交了申请，要求辞去职务。

沃洛申在俄罗斯权力架构中占有重要的地位，仅次于总统。这样一个重量级人物为什么要辞职呢？因为他与霍多尔科夫斯基保持着良好的私人关系，只是他没有预料到霍多尔科夫斯基会被捕。普京接受了沃洛申的辞呈，但10月30日才在相应的文件上签字。普京明白，尽管沃罗申之前和自己配合得不错，但他们早晚要分道扬镳。

随着别列佐夫斯基的被捕，另一个寡头感到了很大的震动。他就是阿布拉莫维奇。

阿布拉莫维奇是别列佐夫斯基的密友，而且生活也十分奢华。在他的家乡，那个面积比法国和德国都大得多的楚科奇自治州，在当地居民们大部分时间都无电可用的贫困城市里，阿布拉莫维奇却可以享受豪华游艇、专用快艇、摩托船甚至直升飞机，与其他人的生活形成了巨大的反差。

在2003年的夏秋之交，这个知名商人、楚科奇自治区的行政长官，突然收购了著名的英国"切尔西"足球俱乐部。根据英国报刊的资料，为购买"切尔西"足球俱乐部，阿布拉莫维奇一共斥资3亿~4亿美元。那么，他的钱来自哪里呢？据有关部门分析，仅阿布拉莫维奇的"西伯利亚石油公司"几年间就少向俄罗斯国库上交各种税费近30亿美元。这又是一个偷国家"油"的"大老鼠"。

后来，他厌倦了石油生意，把自己的石油公司"西伯利亚石油公司"卖给了霍多尔科夫斯基的"尤科斯"石油公司。随着俄罗斯几个大石油公司的合并以及它们与西方公司的合并，他们把注册地点、俄罗斯石油产业的日常管理基地都一并挪到了直布罗陀和英属的维尔京群岛。使得俄罗斯国家经济管理机制受到不同程度地影响，俄罗斯当局怎能不对这些事件做出反应呢？

更令人不能容忍的是，这些寡头们公开宣布他们要插手政治。阿布拉莫维奇在财富积累到一定程度后，决定参加国家杜马选举。结果，他在楚科奇选区获得胜利进入了国家杜马。一年之后，他又参加了楚科奇自治区行政长官的选举，赢得了选举的胜利。阿布拉莫维奇在楚科奇靠自己的资金建造了数座电影院、俱乐部、学校和医院，因此赢得了不明真相的人们的拥护。

仅从以上事实就能看出，俄罗斯当局和寡头之间关系的尖锐化，一是因为寡头把资本从俄罗斯外移，二是因为他们本人有着超乎寻常的政治积极性。这一点，普京绝对不允许。尽管阿布拉莫维奇和普京是老朋友了，但在官场及商场混迹多年的他也明白：没有永远的朋友，也没有永远的敌人，只有永远的利益。一旦他的利益危及到国家利益，普京就会对他采取行动。

七、总理换人

随着总统竞选的来临，人们除了关心谁将成为未来四年执掌俄罗斯的总统以及管理莫斯科的市长外，还关心国家杜马选举之后具体政策和人事上会发生什么变化？政府和总统办公厅将出现哪些新面孔？谁将在2004年成为新的俄罗斯总理、总统办公厅主任和国家杜马主席？

自叶利钦执政以来，俄罗斯政坛常生突变，政府总理走马灯似地换，没有一点规律可循。普京任总统后虽然改变了这些不规则的政治游戏，可是俗话说"一朝天子一朝臣"，谁能担保普京不会这样做呢？

不出所料，在总统大选前，总理先换人了。2004年3月5日，普京提名了一位新总理——弗拉德科夫。之后，在俄罗斯国家杜马以压倒性的绝对多数票通过他的提名后，普京签署了对弗拉德科夫的总理任命。至此，前总理卡西亚诺夫政府落下帷幕。

本来根据俄罗斯宪法，新总理通常要等到新总统宣誓就职以后才被任命。所以，此次普京在总统大选前就换总理的做法不能不说是出人意料。

其实，这是普京精心运筹的结果。因为此刻普京蝉联总统几成定局，民众更关心的是未来政府的施政方针及其组成。既然民众最关心这个问题，普京这样做等于是给大伙儿吃了一颗定心丸。

可是，普京为什么要提前解除总理的职务呢？虽然普京在推荐弗拉德科夫为新总理候选人时说，总理候选人应该具备很高的专业素质，品行端正，并具有在国务活动各个领域工作的良好经验，他这样做是为了使政府班子更干练，但是，这些政治外交语言的后面还隐藏着另一种潜台词，那就是原总理卡西亚诺夫和普京之间有着不可调和的分歧，或者说卡西亚诺夫不称职，这才是最重要的原因。

卡西亚诺夫是一个精通经济管理的精英人物，他在经济领域干出了不错的政绩。2003年，在卡西亚诺夫的领导下，俄罗斯经济增长率达到6.7%，保持了连续5年的稳定增长；他还在任内成功重组了俄罗斯的外债结构，使国内金融业在1998年危机后重现生机。卡西亚诺夫本人也被西方媒体评为俄罗斯最有价值的总理。虽然他有如此政绩，但是，作为职业经理人的卡西亚诺夫与普京在经济领域的许多关键问题上都存在分歧，尤其在选择何种经济模式更适合俄罗斯发展的问题上，两人爆发了严重的冲突。比如，普京主张加快改革步伐，强调经济发展速度，将国内生产总值翻番视为首要任务；卡西亚诺夫却不温不火，对推进普京提出的各项改革缺乏紧迫感。另外，在政府内部会议上，卡西亚诺夫对于普京亲自制定的在2010年前实现GDP翻两番的目标提出公开质疑。

除了以上这些原因外，也有人分析，虽然"普—卡组合"表面上看是因为经济纲领上意见不合而分手，但根本原因却是深一层的政治背景。卡西亚诺夫是叶利钦时代成长起来的政治精英，他是普京第一任期中唯一一位叶利钦时代的高官。而他本人与"大家族"的金融寡头联系密切，这使他和一心打击寡头势力的普京产生了根本的矛盾。比如在处理"尤科斯"事件上，卡西亚诺夫居然公开批评司法机关的做法。2003年10月他和普京的冲突第一次公开爆发，成为普京在总统大选前夕解散卡西亚诺夫政府的最直接原因。如果说4年来，普京同这位总理一直保持着正常的工作关系，没有发生大冲突的话，这次是无法容忍了。卡西亚诺夫作为执行者不称职，他就只能重新换人了。

这次普京的人事变动"手术"除了总理卡西亚诺夫被解职外，还有总统办公厅主任沃洛申也被解除职务。至此，所谓的"叶利钦家族"成员被完全"清理"干净，普京可以真正搭建自己的班底了。普京这样做也是顺乎民意的，民众不希望高层政府官员总是像叶利钦时代一样为寡头撑腰。

所以，俄罗斯民意调查认为，此举将使普京任总统的支持率从80%提高到85%。

总理换人一方面是普京为大选做准备，另外，也是普京高效率工作的表现。普京是个很务实的人。对他来说，既然连任毫无悬念，接下来他考虑的是怎样提高政府的工作效率，让新班子"尽快和彻底地接过接力棒，使国家更加巩固和改善人民的生活质量"，这才是最关键和最主要的。因此，他解释总理提前换人的原因说："我们知道，根据宪法，政府还需要有一个卸任程序，但是对于现在的内阁来说，这纯粹是走形式。我认为，这样做可以使国家避免在大选后用相当长时间来组阁，这十分有害。"由此可见，普京此举意在提高工作效率。

让我们来看看弗拉德科夫这位新总理有什么来历，普京为什么看好他呢？

弗拉德科夫拥有莫斯科机床工具学院和全苏对外贸易学院两个文凭。他在行政管理、经济、贸易以及国际事务方面经验丰富，没有什么党派立场，主张市场化路线。早在苏联时代和俄罗斯独立初期，弗拉德科夫主要在外贸部门工作。在普京执政以来的四次政府变动中，弗拉德科夫都在重要部门担任要职，历任俄联邦安全会议第一副秘书、联邦税务警察局局长、俄罗斯驻欧盟全权代表。因此，弗拉德科夫可以说是全才。

弗拉德科夫自己对他的前途似乎也已明白。在3月5日国家杜马表决前，弗拉德科夫就对未来政府的施政思路做出明晰的分析。他指出以后政府的工作重点是以提高居民生活质量为主要任务，加快行政改革，加大打击腐败的力度，重视科学技术发展，加强国防建设。对此，媒体评论说弗拉德科夫显然是有备而来。的确是这样，弗拉德科被提名为总理人选接受记者采访时无意中透露说，普京早就同他讨论过将推荐他为总理候选人的事。可见，普京对他考察已久，任命他确实是深思熟虑的结果。普京要求新政府"现在就应当加紧工作，开始落实拟定的计划"。也就是说不用等俄罗斯大选结束，以弗拉德科夫为总理的政府班子就可以大刀阔斧开始运作。

第八章 ◎ 成功连任，普京登上新台阶

这一切表现了普京强烈的使命感。

普京突然解散卡西亚诺夫政府，是为了建立同他保持高度一致的最高执行权力机构、坚决推行他的治国方略。此外，普京还对政府进行了机构精简，只保留一位副总理，其他各部部长的数量也从30个减少到17个。普京的治国思想一贯是建立小政府，尽可能减少政府经费在整个国家预算支出中的比重，这样做也是为了降低成本。对此，一些评论家说，"总体来讲，这届政府看上去比卡西亚诺夫政府有了明显的进步。部门数量的下降将减少繁文缛节。"

在人事调整上，普京还做了以下安排：任命原俄常驻联合国代表拉夫罗夫为外交部长，任命原国家杜马第一副主席茹科夫为副总理，正式任命内务部代部长努尔加里耶夫为内务部长，任命赫里斯坚科出任重组后的工业和能源部长，任命38岁的法学家梅德韦杰夫为总统办公厅主任等。此外，普京还让几个要害部门的原部长继续留任，其中包括国防部长伊万诺夫、财政部长库德林、经济发展和贸易部长格列夫和紧急情况部部长绍伊古等。至此，普京的团队形成了。

普京曾说过：对他来说，在政治领域也存在着"团队精神"这一概念。他提到三位让他感受到"团队精神"的人中，就有梅德韦杰夫。他认为在这种相互和谐的气氛中，无论是总统，还是总统办公厅的工作都会做得更好，这对整个国家十分有利。

普京的这些举动并非像媒体所说"换成了自己的人"。虽然不排除这个可能，但更重要的是，这一切都是为了推动行政改革。因为普京已经把主要注意力集中在了第二任期的治国方略上，大大超越了对3月14日大选的考虑。

在大选必定获胜的态势下，要迫不及待地继续推进各项改革，采取更果断和强有力的措施实现俄罗斯的强国梦，这是普京最关心的。因此，可以预见，普京在第二个总统任期中将会有引人注目的政治经济新举措。

八、联合军事演习为普京竞选造势

为了保证大选获胜，普京从政治、经济、宣传、军事等多方面一起出手，要为大选营造最好的氛围，为大选造势。

在军事方面，俄军从 2004 年 2 月 10 日开始举行战略核力量和常规部队联合军事演习。这次演习是继 1982 年前苏军大型核演习以来，俄军首次陆基、空基、潜基三位一体的核演习。有媒体认为这是为普京赢得大选造势的举动。

人们看到，在轰轰烈烈的俄罗斯核演习进入最高潮之际，普京携国防部长伊万诺夫、海军司令库罗耶多夫以及总参作战部长鲁什宁在 2 月 16 日晚乘战略核潜艇出海，在数百米深的洋底观摩潜射洲际弹道导弹发射演习。

那天，在俄罗斯海军北方舰队司令部驻地北莫尔斯克潜艇码头，官兵们看到，普京在许多人的簇拥下，直奔泊在港内的"阿尔汉格尔斯克"号战略核潜艇而来。

"阿尔汉格尔斯克"号核潜艇属于原苏联研制的"台风"级弹道导弹核潜艇，长 175 米，装有 20 枚洲际弹道导弹，是世界上吨位最大的潜艇。登上"阿尔汉格尔斯克"号战略导弹核潜艇后，普京先是来到瞭望塔，环视夜幕下泊在海湾内的各型战舰。海军是普京熟悉的，也是他难忘的，"库尔斯克号"的沉没他永远忘不了。此时，今非昔比了，普京环视整装待发的战舰怎能不心潮起伏？随后他顺着舷梯走进潜艇的中央控制舱。"阿尔汉格尔斯克"号潜艇艇长向普京总统汇报了潜艇的出海准备情况，然后带领普京对核潜艇进行全面视察。普京总统对潜艇的核动力控制表现出特别的兴趣。在熟悉了潜艇的情况后，普京一行来到艇上的会议室，听取部下汇报演习的详细计划。

在结束核潜艇演习观摩之后，普京又马不停蹄地乘军用飞机飞抵俄军

第八章◎成功连任，普京登上新台阶

五大核战略重镇，观看俄战略导弹部队发射"白杨–M"洲际弹道导弹，同时还将亲临发射场观看军用卫星发射，并且对演习进行总结。

面对普京一连串令人眼花缭乱的动作，许多政治观察家和他的政治对手纷纷斥责他是"作秀"。不排除这种可能，也许普京这样做有"作秀"的成分。从争取选民的支持率来看，普京现在的支持率高达70%，相比其他六个总统候选人的支持率来说具有很大优势，不过，即使这样，普京仍然没有放松对选民的争取，特别是随着大选的临近，普京当然希望能争取到更多选民的支持。他在俄罗斯20多年来最大规模的核战演习中亮相，无疑会吸引那些希望俄罗斯重振雄风的选民的支持票。因为早在2000年的俄罗斯总统大选中，身穿飞行服的普京总统就曾驾驶战斗机突访车臣，那次"作秀"展示了普京的胆量和健康的体魄，一下子就获得了选民们的极度好感。所以，这次军事演习，普京下潜艇视察、慰问官兵的画面被俄罗斯国家电视台转播后，人们看到他英武的形象和接近士兵的亲和的一面，的确可以争取更多选民的支持。

然而，国际政治分析家和军事分析家却认为，普京此时的举动有着更深远的含义，有普京在大选前宣传自己形象的因素，而更主要的是宣示了俄罗斯重振大国雄风的决心，是实现普京在2003年国情咨文中提出的三大任务之一——军队现代化的具体表现。

众所周知，普京在2000年刚当上总统、准备显示军事强国的威风时，就遭遇了"库尔斯克号"核潜艇沉没事件。那次沉重的打击使俄罗斯人的心头布满了沉重的阴霾，特别是军队的士气遭到了重创。普京因为没能从休假地及时赶回也受到了强烈的指责。当时的俄《共青团真理报》以红色大字写道："为什么总统还不说话？"该报说，"全国上下过去五天只关注一个问题——那就是他们是否会获救，他怎么可以默不作声？"当时，英国的《金融时报》和《每日电讯报》的社论撰写人特别不满因俄罗斯迟迟没有向外国求救而导致船员未能获救。普京也坦言十分后悔没能及时在"库尔斯克号"核潜艇失事时中断度假。如果说普京当时的形象受到一定影响的话，现在的普京这样做一方面是为重树形象，另一方面也是希望借此宏伟壮观的场面让俄罗斯人拂去心头曾经的阴霾。

其实，自从发生"库尔斯克号"核潜艇失事后，普京就对海军，特别是对核潜艇表现了密切的关注。早在2001年12月4日，俄罗斯海军最新式的核潜艇"猎豹"号正式下水开始服役，普京就参加了核潜艇下水仪式；此后，他又乘核潜艇观摩演习。这次则是他第二次乘潜艇观摩演习。显然，普京一直希望能通过这一系列的努力消除"库尔斯克号"留下的阴影，重振人们对俄罗斯军事力量的信心。再者，本身就是克格勃军官出身的普京对军队是很有感情的。他一直注重重振军威，他频频穿军装亮相，主持军事会议，恢复俄军的红星和红旗标志，这样做的最终目的都是为了重振军威，赢得俄罗斯在世界上的大国地位。

当然，对于这次普京参加联合军事演习，也是外行看热闹，内行看门道，说法不一。还有一些十分敏感的分析人士认为，俄军举行这次核演习，在一定程度上可以说是对美国同其争夺独联体作出的综合反应。

不论怎样，通过此次军事演习，普京再一次宣传了自己良好的亲兵爱兵的形象，而且，从他亲切地慰问官员的行动中，从他仔细认真地听取汇报中，也表现了他重振军事大国雄威的决心。他的行动激发了俄罗斯人民对恢复军事强国的自信心。

九、2004年3月，俄罗斯人民的重要抉择

2004年的春天，俄罗斯人民又需要做出一个重大的选择，因为总统选举的日子就要到了。

"地雷战"等待普京

可是，在这个看似平静的关键时刻，也有某些地方不平静，"地雷战"

第八章 ◎ 成功连任，普京登上新台阶

在等着普京。

大选前一天（13日），卡塔尔半岛电视台播出了伊斯兰极端分子阿布·瓦利德的一盘录像带。瓦利德身穿军服，站在车臣某处一片山林前，他俯身从脚下拿起一枚蝴蝶形地雷说："真主的敌人在森林中埋下地雷，我们将把它们（地雷）还给俄罗斯人。但是，我们可以等一等，看看这次俄罗斯大选的结果，如果他们把向车臣宣战的人选上台，那就是在向车臣人再次宣战。根据真主的旨意，我们将送给他们这些地雷，以及其他他们想都没想到过的东西，造成成百上千的伤亡。"

瓦利德的意思是说，如果俄罗斯人再次选举普京上台，他们就要发动"地雷战"，进行血腥的报复。

如果说这只是少数破坏分子言语威胁的话，14日早上车臣共和国境内正在进行总统选举的两个投票站附近发生爆炸就证明他们动手了。爆炸发生后，这两个投票站的工作一度中断半小时。更不用说，普京还面临着暗杀等各种阴谋。看来，在他竞选总统的征程上，每行进一步，确实都埋有看不见的"地雷"。

然而，少数破坏分子的阴谋煽动是不会动摇大多数人的信心的，也是不会影响选举进程的。2004年3月14日，俄罗斯第四届总统大选开始投票，这一天在横跨亚欧广阔的俄罗斯大地上，亿万俄罗斯选民走进遍布全境的近10万个投票站。这一次，人民要把手中的选票投给谁呢？

"有奖投票"招数不少

俄法律规定，竞选总统投票率如果低于50%，选举结果就不具有合法性，必须重新进行选举。

可是俄罗斯跨11个时区，时差太大。当东部楚科奇和堪察加地区早8点投票站开始工作时，莫斯科才是前一天的23点；而当最东部结束投票时，最西部的列宁格勒投票才刚刚开始 2 小时，要到莫斯科时间第二天的 21 点才能结束。这给人们统一投票带来了极大不方便。因此，为了吸引选民集中时间参加投票，一些地区采取了物质奖励措施。在俄远东城市符拉迪沃斯托克，参加投票的退休人员可以获得免费理发券，年轻人则可以获得电影票，学生们参加投票则可以免费前往中国进行为期 3 天的旅游。

在这些物质激励下，14 日早上 8 时各地的投票站一开门，大批年轻人就蜂拥而至，以至于一些投票站人满为患，不少选民不得不挤出人群，在角落里填写自己的选票。

在西伯利亚省的雅库特市，市政府抛出了大手笔：选民如果投票，还将得到免交 500 卢布（约合 17.67 美元）房租的优惠，这笔钱是当地人月平均收入的 1/3。

这些有奖投票措施的出台，大大激励了人们投票的积极性。俄罗斯中央选举委员会宣布，截至莫斯科时间 14 日 16 时，选民投票率已超过 50%，选举有效。

普京赢定了

3 月 14 日当天，普京携夫人柳德米拉参加了投票。之后，他从投票站出来第一件事就是去俄罗斯备战雅典奥运会的拳击队训练基地视察——好像他并不关心选举的结果，只关心目前要怎样履行总统职能一样，表现了他的坦然镇定和从容！

几天后俄罗斯中央选举委员会公布了统计结果：在登记的选民中有 64.3% 的人投了票，投票率超过选举有效所要求的 50%，普京以占选票 71.2% 的压倒性优势在第一轮总统选举中直接胜出，连任总统。得票排名第二的是俄共推举的总统候选人哈里托诺夫，得票率为 13.8%。其他 4 名候选人的得票率均未超过 4.1%。

第八章 ◎ 成功连任，普京登上新台阶

普京赢了！这个结果并不让人感到意外。早在大选前夕，俄罗斯多数媒体就做了这样的判断："这将是一场没有多少悬念的竞争"。甚至有人断言，如果将俄总统选举比喻成一场体育比赛，普京就是唯一的国家级选手，而其他候选人则都是业余水平。

显然普京自己最清楚他为竞选付出了怎样的代价，对于如愿以偿的胜利，他显得十分平静，没有表现出过分的激动。他对外发表公开谈话说，对参加投票和支持他的选民表示感谢；保证将在第二届任期内继续努力，以切实行动回报选民；并阐述了新政府在未来4年的执政纲领。

3月15日凌晨，普京向全国公民发表致词。他在致词中说：

> 早安！或者应该说，夜里好！首先，我非常乐意回答在座记者的提问，同时我想向我国公民致词。我感谢今天所有到俄罗斯总统选举投票站并投票的人！
>
> 我感谢所有投在任总统、你们忠诚公仆票的人，也感谢投其他候选人票的人。无论如何，即使你们的候选人未能当选总统，这个结果也很重要。这对我很重要，因为对现政权对我，这些信息是必要的，我们必须考虑其他政治家的意见和观点。不管有多少选民投他们票。这是其一。
>
> 第二，我想感谢所有在大选中支持我的人，以及虽因某种原因没有参加大选但对我抱有好感的人。现在可以说，结果是令人满意的。我非常感谢你们，因为这是最重要的支持。多谢你们。
>
> 我认为，作出这种选择的人，支持的不仅是近年来我们国家发生的积极变化、不大的但积极的好转：我们保证国家经济近年稳定和高速增长、社会局势稳定、国家巩固。我认为，不是这些简单的成绩，而是你们忠诚的公仆、现任总统近年与你们工作时的情绪与献身精神，赢得了支持。
>
> 鉴于此，我希望你们相信，并向你们保证：未来4年，我将

尽我所能地工作，以使政府加强工作。

我向你们保证，我国人民所有的民主成果将得到保障。而且我们不会停留在已有的成果，我们将巩固多党制。我们将巩固公民社会，竭力而为地保证媒体言论自由。而且我们将建立这样一种制度，以使任何官员也不能以国家利益为掩饰中饱私囊，任何夸夸其谈者也不能以民主的漂亮言辞为自己捞好处。我们将竭力保证我国经济稳定增长。毫无疑问，我们将珍惜经济和社会的稳定，这也是近段时间我们多次说过的。我想强调的是，稳定并不是目的，这只是解决主要任务——保证我国人民福利增长的条件。

现阶段所做的一切还不是福利，也不是福利的增长，只是福利的启明星。当然，我们应该珍惜它，但在稳定的基础上我们应该迈出下一步，以实际保证我们人民的福利。我们应该在经济和社会领域迈出下一步。我们一定会这样做。

最后，在对外关系上我们将致力保障俄罗斯联邦的国家利益。但在任何情况下不会用侵犯性的方式捍卫自己的利益，也不会陷入对抗。我们将灵活而合作地争取自己的国家利益。我们将力争达成我们和我们的伙伴都能接受的妥协。我们将竭力为俄罗斯的发展创造良好的外部环境。

这就是我想说的一切。

电视中的普京言辞诚恳，情真意切又意气风发，让人感受到他要把俄罗斯带向繁荣富强的决心。

普京2004年大选的竞选纲领主要涉及以下四个方面：

第一，最重要的任务是改善俄罗斯民众生活。普京承诺将提高经济增长速度，提高养老金，维护卫生和教育制度并确保民主自由权利和新闻自由权利。他表示将在第二个任期内更快地推动改革并改变数百万人的生活。这个倡议深得人心。

第二，俄罗斯政治改革继续深入。普京表示要进一步理顺联邦同地方的关系，将地方自治改革进行到底。与此同时，还将重点建设公民社会、完成司法改革，表现了他坚定不移的政治改革立场。目前政府中的确存在国家机关的工作效率不高、国家对经济干预过多、护法机构滥用职权的现象。因此人们希望通过司法手段，打击恐怖主义。这肯定会涉及到政府变革。

第三，俄罗斯经济资源需要积极改革，在世界市场上找到自己的位置。为此政府将通过立法规范自然资源的开发利用，实现铁路运输能源和市政领域的现代化，改革财政税收体系。

第四，俄罗斯进入新政治时代。普京认为俄罗斯虽然存在不确定和不安全因素，但是新时期已经来临。国家发展的潜力在于社会和政府的团结，在于人与人之间信任感的增强，这将为改善基本生活质量创造条件。

因此，普京呼吁塑造俄罗斯国家观念中的团结、互助、竞争意识，让这些意识成为国家意识。

对比两次总统大选，可以看到普京的施政纲领有一些相同点和不同点。相同的是：

第一，经济问题一直是俄罗斯总统大选的主要关注点。在社会稳定的时候，民众最关心经济发展问题，这和老百姓的生活水平密切相关。因此，普京强调，政府非常重视国民经济的稳定。他说，在今后4年里，俄罗斯在内政方面的优先目标是提高民众的生活水平，并且承诺在当选后着力解决困扰俄罗斯多年的深层次经济问题。这自然会受到民众的拥护。

第二，加强国家政权、法制与秩序。要发展经济需要良好的社会环境，这是俄罗斯强国的首要保证，也是俄罗斯民众的普遍要求。因此，他承诺政府还将采取措施杜绝官僚中饱私囊。他将以渐进方式推进改革，实行"稳定""效率""秩序""社会公正"的方针，团结人心。

第三，爱国主义和强国意识是全社会的精神支柱。爱国主义和强国意识不分时代，任何时候都是吸引选民的利器。

第四，在对外政策方面，将继续奉行多边外交政策，发展与美国、欧盟和欧洲国家，以及中国和印度等亚太国家的伙伴关系。致力于和平的外交局面，为国家营造稳定的发展环境。

除了以上这些共同点外，由于普京两次选举面临的政治社会形势不同，竞选纲领和施政理念的侧重点也有所不同。

2000年大选时，俄罗斯经历了苏联解体后的10年动荡，国力下降，国际影响萎缩，政治、经济生活危机四伏。基于此，普京第一个任期的主要任务就是结束政治混乱，保持政治稳定。通过4年的努力，普京的这一目标基本上实现了，在打击恐怖主义、改善民众生活等方面取得不少成效，因此，普京第二任期面临的是真正意义上的改革重任。

梅德韦杰夫曾经评论说："当选总统以后，普京却没有感到一点放松，因为他深知未来4年的执政道路不会平坦，还有很多意想不到的问题等着他去解决。"的确是这样，由于普京的这次改革将触及官僚阶层、垄断资本、普通民众和地方势力等方方面面的利益，因此，如何防止因为这些举措可能产生的新的社会政治动荡，将是普京新一届总统任期的新课题。

总的来说，新的施政纲领让俄罗斯人看到了一个新的稳定发展的俄罗斯。所以说，普京这次是踏上了新的征程，在他领导下的俄罗斯也将开启一个新的世纪。

十、众望所归，成就最有说服力

普京为什么在竞选总统中稳操胜券，关键的原因是人民相信他。他四年来的执政说明了，他有这个能力带领俄罗斯人民攀登新的台阶。

从普京第一次担任俄罗斯联邦总统的那一天算起，4年已经过去了。时间虽然不是很长，可俄罗斯在经历考验的同时也大大地朝前迈进了一步。

首先，稳定了国内政局。在俄罗斯政坛上，政府和议会、中央和地方的矛盾一直困扰着领导者们。这种局面到普京就任后开始改变。普京组建了年富力强、办事效率较高的技术型政府，努力改善政府与议会的关系，

第八章 ◎ 成功连任，普京登上新台阶

结束双方长期争斗的历史，形成较为稳定和可控制的政治局面。在处理和地方的关系上，他利用政治体制改革强化中央政权的作用，稳住地方政权，基本结束了叶利钦时期政局动荡的局面。

在维护国家统一上，普京在严厉打击车臣武装叛乱分子的同时，推进政治解决车臣问题的进程。自从车臣举行全民公决通过了新宪法后，困扰俄罗斯多年的车臣政治地位问题基本得到解决。之后，车臣进行总统选举，卡德罗夫顺利当选，车臣的战后重建工作也取得很大进展。

在外交方面，俄罗斯国际地位明显提高。

在经济发展方面，普京严厉打击寡头势力，将其与政治剥离，使国家重新掌控经济命脉的主动权，经济建设取得了明显的成就。人们还记得，1999年12月31日，普京出任俄罗斯代总统时，俄罗斯的黄金储备仅为124亿美元，可以说捉襟见肘，危机四伏。可是到了2003年11月底，黄金储备已达到650亿美元，比1999年翻了几番。不仅国家富裕了，百姓也富起来了，俄罗斯公民在储蓄银行和各商业银行的存款增加了大约两倍，个人银行存款数目的增长超过了工资的增长速度。在1992~1998年的经济危机中，很多俄罗斯人都没有存下一分钱。现在有这样的变化，说明人们的生活水平确实提高了。而且金融市场恢复了良好的秩序，人们再也不用担心卢布贬值、通货膨胀了。在普京执政的4年间，卢布保持了稳定，国家预算消灭了赤字。像一些经济学家所说的那样"俄罗斯进入了资金流通的积极轨道"。

曾经，在普京执政的2000年，许多人说"2003年将是俄罗斯偿还外债的高峰期"。然而，出乎人们预料的是，从2000~2003年，俄罗斯没有借新债，而且还可以顺利偿还外债及其利息。就连那些以前只靠国际货币基金和世界银行借款完成的项目，俄罗斯人也可以自力更生地完成了。因此，俄罗斯的外债减少了30%。

在这近4年中，俄罗斯的农业生产明显增长。俄罗斯人不仅安居乐业，吃上了面包，而且部分粮食开始出口到西方和独联体国家，特别是粮食丰

收的 2002 年出口量较大。即使在粮食收成相对减少的 2003 年出口量也得到了保证。20 世纪 90 年代时，曾经有 38% 的公民诉苦说："我们过得挺艰难，勉强能糊口。"还有 16% 的俄罗斯公民说他们过得很贫困，吃都吃不饱。当时只有 4% 的人可以回答说他们"过得富足，过得随心所欲"。与之相比，俄罗斯的确发生了翻天覆地的变化。

在农业发展的同时，工业和建筑业都得到了恢复和发展。一些工厂重新开工，摆脱了破产窘境。而且，俄罗斯食品工业领域的不少企业达到了欧洲标准，俄罗斯曾经的大规模食品进口现象已经明显减少。

在重大工程和项目的建设方面，在俄罗斯大地上，废弃的工地开始复工，新的工厂和道路开始建设。普京不仅密切关注建设，还选择了重要工程亲自进行指导。比如，他密切关注列宁格勒州普里奥焦尔斯克、普里莫尔斯克、卢加和圣彼得堡新港口和新机场的建设。他亲自监督赤塔—哈巴罗夫斯克现代化公路的建设进程。在大型工程建设方面，普京除了监督外，还积极筹款。在布列亚水电站建设工程中，为了尽快筹集到完成这项 70 年代末就已开工的大工程的资金，俄罗斯在全国范围内提高了电力价格。曾经困扰工业的严重燃料动力短缺危机和资金不足问题也得到了解决。

在加快工业和农业发展的同时，国家对科学领域的拨款有明显增长，国内新一代的工程师和学者正在逐渐成长起来，在不同的领域内都有许多创新获得了专利。

普京不仅只是个向政府布置任务的战略家，他同样是非常实干的人，他会亲自参与许多经济和生产管理工作。他在国外访问期间就解决了许多经济问题。例如，在马来西亚，普京亲自签订了向该国提供价值 9 亿美元军用飞机的合同；在意大利，普京向贝卢斯科尼总理展示了俄罗斯生产的用于扑灭森林火灾的飞机；在德国，普京大幅缩减了苏联对前德意志民主共和国所欠的债务。这些都是他自己亲自完成的。普京通过对不同行业采取不同的经济政策，走出了一条独特的经济发展之路。那就是：国家严格控制石油、天然气、木材、金属、金刚石等能源和原材料的生产和出口，

第八章 ◎ 成功连任，普京登上新台阶

但对一般的生产和流通部门，国家很少干预企业的生产、经营活动，而且还鼓励企业之间进行公平、自由的竞争。

正是因为普京带领俄罗斯人民不断与贫困做斗争，4年来，俄罗斯发生巨大的变化。仅2003年上半年，俄罗斯的出口就超过了600亿美元，而进口额为250亿美元。在世界市场上，俄罗斯出口石油的数量甚至超过了沙特阿拉伯，天然气的价格也没有下降。俄罗斯出口金属、木材、肥料、军事技术、核电站技术及其他领域设备的收入也有增加。

这一切变化，俄罗斯人民看到了，俄罗斯不再是只会运用导弹威胁他人的超级大国，更不是美国和所有西方国家的"小合作伙伴"，俄罗斯逐步强大起来了。俄罗斯国内生产总值从多年来的下降逐步转为5%左右的增长。普京执政的四年充分说明，人民选择他是正确的。

虽然普京不可能在4年时间里解决多年积累的所有问题，但是老百姓从他的身上看到了国家发展的希望。普京执政四年，公务员、教师、医生的工资涨了，老年人能够按时领到退休金，军人的津贴也有大幅增加。随着一些大型的电力、铁路、公路干线的建设，好几千名失业工人从没有工作、没有收入到有了稳定的职业和收入，他们怎能不感谢普京，给他们的生活注入了新的希望。因此，俄罗斯人有理由相信，在普京的带领下，他们的生活会越过越好！

普京的能力不仅被俄罗斯人民认可，国外媒体也承认这一点。美国一家报纸在一篇文章中写道："普京就任时身上没有任何特点预示他能胜任总统的工作。许多人认为，他担任总统只是俄罗斯走向混乱与沉寂的一个过渡阶段。可是，从2001年9月11日后，这些评价有了实质性的改变。他们看到俄罗斯正在经历着复兴的过程，普京已经成长到能胜任工作的水平，并在继续成长之中。他可能成为俄罗斯有史以来最成功的领导者之一。"

除了美国之外，欧洲报界关于普京的赞美之辞也有不少。德国《明镜》周刊这样描绘普京："他打开了朝向欧洲的窗户。这个人成为新俄罗斯的象征。他变成了俄罗斯与国际舞台上受人尊敬、享有各种荣誉头衔的明

星。"2002年和2003年的年初,许多杂志评选的"年度最佳政治家""年度人物""年度政治人物",普京榜上有名。

这些都可以说明普京以实际行动赢得了国内国外人们的心!

第九章

我有一个强国梦

　　这个世界上不缺少梦想,但缺少伟大的梦想。对于普京来说,拥有一个强大的俄罗斯是他最大的梦想。

　　普京曾说:"我有一个梦想,希望能有这么一天,俄罗斯人能够说:'我为生在俄罗斯而感到自豪'。"要想让人们为生在俄罗斯而自豪,就需要让俄罗斯重现辉煌。他相信自己有这个能力。

一、我有一个强国梦

曾经，俄罗斯在实现强国梦想的道路上，付出了极高的代价。当前苏联解体、俄罗斯刚刚独立的时候，当时的俄罗斯领导人叶利钦希望借助西方的力量来达到改变落后面貌的目的，在战略上实施全面妥协的政策，在经济上全面推行美国人设计的"休克疗法"。但是目的却并没有达到。结果使俄罗斯通货膨胀率居高不下，工农业产值逐年下降，经济形势连年滑坡，人民生活水平骤然降低。经济形势的恶化导致政局动荡，俄罗斯这个昔日的超级大国，正面临沦为世界二流国家甚至三流国家的危险。

面临这样的局面，不仅普京有一个强烈的强国梦，俄罗斯人民也需要有一个强有力的领袖带领他们实现强国梦。

普京的梦想就是实现俄罗斯的复兴。他在担任代总统的前夕，发表了文章《千年之交的俄罗斯》，向俄罗斯的民众、也向全世界阐明了他的强国梦想。

第一，改变贫穷和虚弱的现状。他指出，一个被虚弱和贫穷所主宰的地方是不可能有大国的威力的。俄罗斯在世界上的地位、富裕程度以及新的权利，全都直接取决于能否成功地解决自己的内部问题。

第二，振兴经济，让人民过上好日子。在普京看来，俄罗斯严重的问题仍是经济上的衰弱，与先进国家之间的差距越来越大。因此，必须走经济振兴之路。

第三，重建强大的俄罗斯军队。有了强大的军队，才能有国家安全和稳定。

第四，发扬民主政治。只有强有力的民主的国家才能保护公民的政治和经济自由，为人们的幸福生活，为祖国的繁荣昌盛创造更好的条件。

为了实现这些梦想，当政伊始，普京就大力推进俄罗斯的经济改革。普京指出，虽然改革本身不能自动确保一个国家达到富强和繁荣，但是俄罗斯没有其他选择。对于俄罗斯来说，21世纪头10年是一个机遇，俄罗斯应充分利用这一机遇实现振兴。

普京执掌俄罗斯后，他吸取了苏联解体后俄罗斯转轨过程中的经验教训，使俄罗斯从对西方政治、经济制度的迷信中彻底解脱出来，走自己的强国之路。

要实现这一点，需要采取稳健、温和的发展策略。因为普京明白，俄罗斯在政治和社会经济动荡、剧变和激进改革中已经精疲力竭，民族的忍耐力、生存能力和建设能力都已处于枯竭的边缘。因此普京提出在俄罗斯复兴和繁荣中采用渐进的、逐步的和审慎的方法，保证社会稳定，不使俄罗斯人民的生活恶化。

在普京的眼中，未来的俄罗斯将成为一个讲民主、重法治、发展市场经济、注重国家机制、强调统一的联邦制国家。因此他在政治、经济、军事、外交等方面都表现出这一观点。

尽管当时普京知道，国际局势是不利于俄罗斯的，国内形势也并没有想象中的那么好。但是，普京临危不惧，他上台后仍旧奉行东西方并重、欧亚平衡的全方位外交政策，他将在既不得罪西方也不得罪东方的情况下，走自己的强国之路。普京希望俄罗斯能够做强大而自信的国家，做一个不反对国际社会，不反对别国，而是与它们共存的强国。普京在其外交决策中，始终把俄罗斯的国家利益放在第一位。为了维护国家利益，他可以硬对美国。俄罗斯的独立意志表现得越来越明显。

结果证明，普京的发展之路，正是俄罗斯人民所需要的，所以在普京担任总统的这些年，他的支持率不仅没有下降，而且正获得越来越多的民众支持。

2004年再次当选为俄罗斯总统的普京，继续向着他的强国梦想进军。他向公众宣布的新一任期内的施政纲领可以概括为10个要点：以国家利益为核心，以强国富民为使命，以经济发展为前提，以民族精神为动力，以强大政权为依托，以团结社会为手段，以历史教训为借鉴，以选择适应本国国情的道路为方向,以创造良好外部环境为条件,以重振大国雄风为目标的。

从中可以看出,无论普京制订什么样的政策,他都是以重振俄罗斯的大国雄风为目标的。

二、连任,任重道远

连任后的普京面临五大挑战,第一就是经济方面。虽然近年来俄罗斯经济颇有起色,但是这些和石油的价格上涨有很大关系。当时,国际原油价格上涨,俄罗斯是石油产出大国,因此抓住这一有利时机实现了大翻身。可是当油价发生波动,不确定因素就随之增大。

普京深知,要想改变这一现状必须改变现有的畸形的经济结构,从对依赖资源出口和倚重军工出口转向技术进步和发展民用技术经济方向上来。技术军转民当然不可能很快到位,因此如何找到契合点将是普京在第二个任期内面临的最大挑战。

经济方面的第二大问题依然是消灭贫困。据不完全统计,俄罗斯1/4的人口(即3500万人)生活在贫困线以下,85%的俄罗斯人只掌握7%的国民财富,而极少数寡头(其人数不超过1500人,占全国总人口的0.001%)手里却掌握了一半以上的国民财富。严重的贫富差距造成了严重的社会问题,导致官员腐败严重、犯罪率居高不下、社会丑恶现象层出不穷、恐怖暴力活动接二连三。因此,解决贫富悬殊等社会问题,将是普京新任期中重要的任务。

第二是在政治方面。

发展经济离不开一个良好的政治环境,可是当时的官场腐败已经成了经济发展的绊脚石。2004年1月12日,普京专门召开了反腐败会议,指出,不根除腐败,俄罗斯任何雄心勃勃的社会经济发展计划都会流于空谈。

当时的俄罗斯，腐败在地方政府和中央政府都存在。腐败已经使政府变质，和黑社会、金融寡头勾结在一起。广大人民群众因此对国家前途失去信心，外国资本不敢轻易踏上俄罗斯市场。为此，普京在大选前调整了政府班子，选用反腐经验很足的联邦税务警察局局长弗拉德科夫出任新总理，表明他将在第二任期内加大反腐力度。他深知，这场反腐斗争将是艰巨的、长期的。普京班子里也有一部分人与寡头势力瓜葛较深。所以，怎样体现国家利益至上的原则，这就是个大问题。

除此之外。普京还面临着的政治体制改革问题。

第三是维护国家统一问题。

维护俄罗斯国家统一对于普京来说是个很重要的任务。车臣分裂主义者贼心不死，对政府实施的大赦也不屑一顾，变本加厉地从事恐怖活动，威胁着俄罗斯国家安全和统一。这就意味着普京在新任期一方面需要加强打击车臣分裂主义势力，另一方面也要考虑继续用和平的方式解决问题，从根本上消除车臣人和俄罗斯的对立。

第四是对外关系问题。

对外关系是事关俄罗斯国际利益的大问题。曾经与苏联最友好的是东欧国家。可是，科索沃战争爆发后，俄罗斯基本上已经失去这一地区。美国等西方国家又以反恐名义不断向独联体国家渗透，进一步削弱俄罗斯在独联体的传统影响，这是亟待解决的大问题。

此外，俄罗斯还需要加强同中国和其他亚洲国家的关系问题，西方不亮东方亮，为俄罗斯的下一步发展营造良好的环境。

第五，怎样加强中央政府的权威。

当时的俄罗斯政治体制改革包含两个层面的内容：其一，是联邦中央与地方的关系；其二，是宪政体制本身的发展。

尽管普京在第一任期内通过加强中央领导，削弱了部分地方政府权力，但是又带来了问题：中央集权再度集中导致效率低下，国家机构也越来越庞大和臃肿。尽管普京精简机构，淘汰不称职的公务员，但效果并不明显。

再者，普京加强中央垂直管理的举措遭到政界，尤其是一些联邦主体领导人的强烈反对。在这种情况下，如果放手让地方自治，让地方的政治、经济、传媒资源都控制在地方官员手里，又会和中央产生矛盾。如何破解这一难题，是对普京的一大考验。因此，普京只有实施积极的政治体制改革，才能保证顺畅地行使中央政府的权力。

所以说，新上任的普京又面临着新形势、新任务、新难题。尽管普京在上一任的表现使俄罗斯人看到了民族振兴的希望，但此次连任摆在他面前棘手的难题也不少。

面对诸多的难题，普京能否交给俄罗斯人民一张满意的答卷呢？

三、震撼俄罗斯的政治改革

既然在政治方面存在很多问题，普京决定首先着手解决这些问题。

2004年9月13日，普京在政府特别扩大会议明确宣布将对现行的政治体制和政权结构进行彻底改革。消息一出，外界评论这是俄罗斯十多年来最令人震撼的政治改革方案。

2004年12月3日，俄罗斯国家杜马通过了普京的政治体制改革方案。其主要内容是：

第一，地方行政长官的产生由俄联邦总统提名。

在俄罗斯政治体制上，地方长官的产生一直沿用地方直选的方式。这种方式看起来比较民主，可是地方权力被少数亲近地方官的人所把握，产生了尾大不掉的现象。普京连任后仍有一些地方领导人自恃有民意支持，对中央政令不理不睬，使得联邦行政权力受到地方分离势力的挑战，国家的有效管理远远没有实现。这是实现强国之路的最大障碍。因此，普京决定改变联邦主体领导人的产生办法，由俄联邦总统提名，然后由地方议会批准。这种举措加强了中央的权威。

第二，改革杜马选举制度。

杜马选举有两种方式，一是单席位选区制；一是政党选举产生。假如某个人不属于政党，可是，单个获得的选票多也可以成为议会代表。普京连任后取消了国家杜马选举中的单席位选区制，改为全部按政党选举产生。这样就可以减少那些不具备政党条件的民主反对派"入围"的可能性。

第三，提高政党进入国家杜马的入围线。

各政党进入国家杜马的得票率从 5% 提高到 7%，将政党注册资格从成员 1 万人增加到 5 万人。

从普京出台的这些措施可以看出，他把议会、政府、各联邦、主要政党和媒体控制在手中，实现了政治上的相对集权，目的在于建立普京的"新权威"。

普京之所以这么做，是根据俄罗斯当时的特殊国情做出的选择。因为当时的俄罗斯社会处于市场经济的转型期，如果中央大撒把，地方各自为政，为了保护各自的利益必定会产生各种矛盾。再加上车臣武装分裂分子的挑衅，会直接影响到社会稳定和发展。因此要维护国家统一就需要实行一定程度上的中央集权。可是，权力的高度集中容易引起人们的误会，因此，普京决定确立以总统权力为核心的国家政治体系，以强大的国家力量和国家权威来保持国内的政治稳定、经济增长，以及改善俄罗斯在全球外交结构中的不利地位。也许有人会对普京此举产生非议，可是从长远看，在权威政治的基础上建立完善的民主政治制度，是当时俄罗斯政治发展的必然选择。因为民主应当建立在一定的经济、社会条件之上，当时的俄罗斯不具备这些条件。在民主条件不成熟的情况下向民主制的迅速过渡，不可避免地会引发政治动荡。

所以说，这种强有力的国家权威和个人权力制度同自由、民主价值观念的结合，是普京从政特别是执政以来对政治体制摸索和探索的结果。

普京从戈尔巴乔夫鼓吹的民主自由化带来的苏联解体的教训中，汲取了深刻的教训，那就是"绝对的民主概念是不存在的。如果没有达到一定的经济发展水平,要想保障这些民主原则是不可能的"。

普京这样做的目的最终还是实现民主。他已经看到俄罗斯民主制已深入人心,不可更改。"今日之俄罗斯已经是一个不可逆转的要同自由、民主国家共同体实现一体化的国家","只有将市场经济和民主制的普遍原则与俄罗斯现实有机地结合起来,我们才会有一个光明的未来"。在这种条件下,普京顺应民心,顺应时代的发展趋势,小心翼翼地对民主加以约束和引导,目的是为了把握民主的进程和方向。这是他提倡的"顾及俄罗斯历史""从本国的地缘政治和国情出发"的民主和自由,也是独特的具有普京特色的"可控民主"。

其实,普京"可控民主"的思想酝酿已久,只是他选择了在第二个任期内出台。2004年9月初,俄罗斯发生了震惊世人的"别斯兰人质事件"。这次事件的发生使普京再一次看到了地方和中央之间存在的矛盾隐患。因此他决定对地方所谓的民主制在形式上肯定之,在实质上弱化之。通过对议会的控制和实现国家权力体系的政治一致,使中央的命令能够畅行无阻。

但是,也有人担心,普京这样高度集权的话,会不会成为不可一世的"霸主"?其实,普京的"可控民主"与传统集权政治不同。"可控民主"虽然权力更为集中,但是也有民主的因素。因为普京的权力是"社会赋予由全民选举产生的具有超凡能力的国家首脑以最广泛的权力"。国家总统的权力是人民赋予的,不是他自己可以操控的。再者,"可控民主"中所包含的权力需要在法制条件下运行,需要接受在野党和社会的制约。因为此时的俄罗斯打破了原来高度集权的政治体制,立法、执法、司法,相互制衡分权制的机制已经确立,个人意志无法凌驾于法律之上。而传统集权政治完全是个人凌驾于法律之上,法律的权威和机构的权威都处于绝对的附属地位,显然是有明显区别的。

另外,"可控民主"保留了民主的一些普遍性原则与制度,如一定程度的民主选举、议会制、多党制和新闻自由等。这是它与传统集权政治最大的区别。

为了保证"可控民主"顺利推行，普京采取了以下措施：第一，通过利益的再分配，确保国家强力部门(军队、国家安全部门和内务部等)的支持。这些部门就是他行使"可控民主"的权力基础。得到强力部门的全力支持，接下来的改革就可以顺利进行。第二，使执政党控制议会。在俄罗斯多次选举中，尽管多党制已经建立，议会已经成为政党参政、议政的主要途径，可是选民往往以总统的态度为转移，这表明俄罗斯的民主不成熟。因此，普京决定改变这种局面，在议会选举中以执政党的身份对选民施加影响，自己退居幕后，这也是"可控民主"的表现。第三，控制舆论，保证民意支持。通过舆论引导，让人们明白"可控民主"的实质进而支持，得到广大民意的支持就是"可控民主"推行的社会基础。

当然，普京这样做并非只是出于巩固个人权力，也是为了给俄罗斯求得一个稳定发展的局面。普京在2004年3月15日凌晨当选连任后，同媒体见面时就强调："对俄罗斯这样一个复杂、处于发展转折关头的国家，没有最高国家权力和管理机关是不可想象的。这将导致混乱。所有的人都将受害。这是不能允许的。"为了使俄罗斯不再走向混乱，普京充分显示出他的"强人"本色。

四、普京再动人事手术刀

在政府总理卡西亚诺夫在总统大选前被免职后，2005年初，普京对自己身边的人再动"手术刀"。他突然解除了自己的经济事务顾问伊拉里奥诺夫的"八国集团俄罗斯特使"职务。

普京这样做是为什么呢？圈内人都知道，伊拉里奥诺夫自2000年以来一直担任普京的经济顾问，主张增强国家在经济生活中的力量、抑制寡头影响的增长，这些政策普京当时也是支持的。他们的合作一直也是比较顺利的。为什么突然间这个称职的合作伙伴从令人眼红的地位一落千丈呢？

事情的发展是有原因的。原来，随着形势的发展，伊拉里奥诺夫成了他当初提倡的政策的积极反对者。最突出的表现就是，伊拉里奥诺夫在2004年12月底公开指责对"尤科斯"公司的拍卖是"俄罗斯年度最大的经济欺诈行为"，并称普京此举是打开了一个潘多拉魔匣，将给俄经济带来很大的伤害。伊拉里奥诺夫最初是积极反寡头的。既然要反寡头，又反对对"尤科斯"公司的拍卖，并称普京"拍卖"的影响将给俄经济带来很大的伤害，这等于是向普京公开挑战，也和他之前的思想相矛盾。

难道真是普京错了吗？

其实,有知情人透露,伊拉里奥诺夫在2004年底的这次思想观点大爆发，与其说是为了阐明自己的政治立场，不如说是一种失望情绪的发泄。因为他看到，克格勃和强力部门出身的人越来越多地占据了那些对国家决策有重要影响的位置，他这个专业经济学者和治国专家已逐渐被边缘化，于是长久以来积攒的怨气终于爆发了。

原来如此。如果说这种议论只是妄加猜测的话，但不久的事实就证明了这些猜测是有一定道理的。自从伊拉里奥诺夫公开挑战普京以后，倒是像打开了一个潘多拉魔匣，自由派们的怨气由此爆发。在2006年俄战略研究中心的年度例会上，俄副总理兼财政部部长库德林和经济发展与贸易部部长格列夫等"自由经济学派的代表人物"，不仅指责普京提出的在2010年前实现GDP翻两番的目标很难实现，而且还将经济减慢的矛头直接对准了普京任命不久的新总理、联邦税务总署出身的弗拉德科夫。这预示着，这些重量级的关键人物也开始加入到公开反对政府的阵营中。有人说，这是自由派部长们对普京的一次"逼宫"行动，可见，体制内的斗争是何等激烈。但即便是面临八面来风，强势的普京丝毫不为之所动，他公开支持自上任以来就饱受专家们批评的弗拉德科夫，支持他留任至2007年底。看到普京立场如此坚定，抨击他和弗拉德科夫的自由派们才偃旗息鼓。

所以说，普京解雇伊拉里奥诺夫实在是事出有因，防患于未然。当然，对于这些代表自由派的政府高官，普京并没有把他们一棍子打死。库德林和格列夫尽管反对他，可他一直留任他们。即便以前被解职的前总理卡西亚诺夫，普京也邀请他出任筹建中的俄罗斯国际合作银行行长。但卡西亚诺夫这次选择了退出普京体制。他不但拒绝了普京的邀请，而且成了和普京公开对着干的竞争者。他在2006年公开呼吁俄罗斯的反对派和自由主义者们联合起来赢得2007年的杜马选举。他的这一声明得到了别列佐夫斯基、丘拜斯等反对普京的寡头们的支持，只是他的目的没有达到。

但是，这一切说明，普京在政治改革的道路上不仅会遇到来自敌对势力的反对，也会遇到来自同事和政治伙伴的反对。他继任的道路不会是一帆风顺的。

五、挥起反腐利剑

普京连任后，在谈到政治改革时一再强调最首要的任务是进行强有力的行政改革。行政改革的目的不仅只是打击官僚腐败、提高行政管理效益，也是为了保证经济稳定发展与经济转轨的顺利推进。

普京在2004年3月15日凌晨连任总统后，曾态度严肃地说道："我们要建立这样一种制度，以使任何官员都不能以国家利益为掩饰中饱私囊。"为此他强调"要么经商赚钱，要么靠工资生活。""金钱必须与权力分家。这是对每位官员、每位国家机关工作人员或者执法人员的要求。"当时的俄罗斯，官员腐败令民众最反感。据2003年的报道，俄罗斯官员通过贪污获得了400亿美元。此后越演愈烈，发展到官商结合。据国际反贪组织"透明国际"公布的调查显示，自2001年以来，俄罗斯贪污受贿案增加了7倍。

鉴于这种情况，普京连任不久就出台了高薪养廉的方案。2004年4月10日，普京签署命令，俄罗斯35万联邦一级官员中有10%的官员从2004年3月9日开始涨工资。其中，部长一级的官员工资上涨近4倍，副部长和司长一级工资上涨4至11倍，而低级别的官员工资上调幅度则在3倍以下。

同时，高薪养廉的前提是官员们必须接受国家对其生活方式和交往对象的监督。这是俄联邦政府委员会通过的打击腐败计划中的一项规定。

可是事与愿违，高薪没能起到养廉的作用。那些贪得无厌的高官们，已经看不上这些丰厚的薪水了，他们的手伸向更多的行业，从事着更加肆无忌惮的贪污腐败活动。据国际反贪组织公布资料显示，2005年，俄罗斯各级政府官员大约接受了相当于400多亿美元的贿赂。国家杜马的450名议员当中有93位在选举时正受到刑事调查，其中许多人有前科。

如果说叶利钦时代是少数亿万富翁掠夺普通百姓，而普京当前面临的问题则是"一些亿万富翁掠夺另一些亿万富翁"，这些富翁就是强力财阀，他们取代了商业财阀。有分析家认为，这些新财阀中的许多人同普京一样来自安全情报机构，正是他们控制了俄罗斯最大也是最赚钱的9家国营大企业。这9家国营大企业占俄全年国民生产总值的40%。

可见，普京面对的是来自内部的挑战。而且这种腐败是一种结构化、组织化、黑社会化的腐败，其解决难度可想而知。但是，这反而激起普京严厉打击腐败的决心。在困难和挑战面前，他是个从来不知退却的人，他高呼"像对待叛国罪那样惩治腐败"。

于是在出台高薪养廉政策的同时，他指示有关部门投资数百亿卢布在互联网上缔造一个庞大的信息系统，将俄罗斯所有部门、机构（包括克里姆林宫、总理府等）、社会各行各业，分门别类建立相应子系统，每天24小时不间断接收来自全俄罗斯乃至全球民众的监督。此计划旨在瓦解所有黑恶势力、不良利益集团，根除政府毒瘤。另外，通过加入《联合国反腐败公约》缔约国行列，俄罗斯成为世界上第52个批准该公约的国家，也表明了普京打击腐败的决心。

这表明，他的严打要开始了。

六、严整强力部门

普京为建立强有力的国家提出的方针是，坚持整顿权力机构的秩序，并逐步实现国家现代化。这次，他整顿权力机构首先要从强力部门开刀。

俄罗斯的强力部门包括国防部、内务部和国家安全机关。这些部门掌管着各种武装力量，负责国家安全工作，拥有一系列关键性的权力，作用特殊，地位突出，故称国家强力部门。根据俄罗斯现行宪法，强力部门由总统直接领导。

普京特别看重强力部门，也给予了他们很多支持。他没想到当时的强力部门中滋生了大量的败类。在俄罗斯，警察局等强力部门中有16%的警官收受犯罪团伙的钱财。

2004年7月1日，俄罗斯官方公布了一起边防军人犯罪大案。在莫斯科谢列梅杰沃2号机场，这个俄罗斯最重要的国际空港，该机场执行边检任务的数名边防军人，通过为通缉犯开辟"绿色通道"挣黑心钱。他们不仅为通缉犯提供假护照和假签证，还将这些人的名字从禁止出境者名单中去掉。消息揭露，令人震惊。这足以说明这些强力部门知法犯法，已经到了非常严重的地步。

曾经，这些强力部门是普京特别看重和引以为自豪的。而且也是他执政后，才使得这些部门重振雄威。因为他对这些部门有感情，对这类职业有感情。在普京的少年时代，他的理想就是做一名间谍。他曾不止一次地说："没有什么比作为一名契卡人更光荣了。"

"契卡"的前身是"苏联国家安全委员会"，也就是"全俄肃清反革命和消除怠工特别委员会"。契卡成立于1917年12月。在小说《钢铁是怎样炼成的》中，主人公保尔·柯察金曾经在朱赫来领导的省肃反委员会工作过一段时间。十月革命胜利后，苏俄政府迁到莫斯科，"契卡"总部也从圣彼得堡迁到了克里姆林宫附近的卢比扬卡大街11号。

发展到20世纪30年代，在斯大林的领导下，"契卡"变成了苏联对党和军队领导人进行"大清洗"的工具。"契卡"的性质发生了变化。

克格勃成立于1954年。那时，斯大林虽然去世了，但"契卡"对于苏联的影响却被继承下来。而且，借助冷战的需要，它还直接成了"御用工具"，凌驾于党和政府之上，只对中央政治局负责。

在克格勃的巅峰时期，它的工作人员曾一度达到50万名，总部机关有1万人，间谍、反间谍和技术保障等部门有20万人，边防军30万人。此外，在全国还有150万线人，在国外有25万谍报人员。上世纪六七十年代，克格勃精心挑选人员，从各机构和大学遴选受过高等教育的务实的人员送到克格勃专门的训练学校。在当时年轻人的心目中，加入克格勃的确是无限光荣的。

可是，在20世纪80年代戈尔巴乔夫的改革中，克格勃成了幕后的反对力量。当戈尔巴乔夫的改革措施威胁到它的生存时，克格勃发起了一场针对戈氏的政变。当那场反对戈尔巴乔夫的政变刚刚被挫败，普京亲眼看到群众的怒火转移到了克格勃的创建者捷尔任斯基的雕像上。一群高大威猛的俄罗斯男子在捷尔任斯基雕像的脖子上套上绳索，然后用起重机将雕像轰然拉倒。那种羞辱的感觉让普京当场辞去了刚刚得到不久的中校军衔。

这一次，克格勃彻底解散，其余机构被分割为几个部分。叶利钦执政后对克格勃进行调整，改为"俄联邦安全署"。到1995年，叶利钦再次对之进行调整。到此，这个世界上曾经最强大的情报机关终于不复存在了。

由于克格勃的改组和裁员，大批原克格勃官员投身商界。一些私立公司出大价钱吸引这些情报人员，使成千上万的原克格勃官员另谋高就。他们或利用特长创办私人保安公司，或为西方财团、公司和科研组织效力，公开搜集俄罗斯政治、经济、军事等领域里的情报。由于这些人长期在克格勃工作，个个都是窃听领域的专家，一旦需要便把窃听来的资料公之于众，致人于死地。这一系列问题已成为俄安全机关的心腹之患。

2000年新年前夕，叶利钦辞职，将权力交给普京。普京看到克格勃如此四分五裂，决心对其重新整顿。在2004年7月，普京签署命令，重新组建俄罗斯国家安全局，使得原来"各自为政"的联邦安全局、对外情报局和保卫局再次组合起来。不久，来自克格勃及其姐妹机构的人员就被重新启用，掌控着国家的大部分军队和警察等武装力量。

可是，普京没有想到，随着这些人权力的增大，他们欲望膨胀得也越来越大了，进一步深入到俄罗斯生活的所有领域，经济、交通、自然资源、电信和文化等各个部门。有许多官员虽然名单在克格勃的薪水册上，可是却在俄罗斯各大型的国有和私有公司里领着丰厚的工资。因为他们知道怎么肢解一个公司，没收某些东西，企业老板不敢得罪他们。他们手里集中着如此庞大的权力和经济资源。

尤其令人不能容忍的是，在俄罗斯，警察等强力部门从事犯罪活动的人数日益增多，他们的犯罪活动引起民众的极大愤怒。面对这种来自内部人员的犯罪行为，普京无法容忍。他决心严厉打击这些败类，绝不允许这些人给国家形象抹黑。

在普京的指示下，俄罗斯最高检察院与内务部、联邦安全总局一起，开展了一次"猎狼行动"。

2004年6月23日，俄联邦最高检察院侦查部大楼前，400多名荷枪实弹的警察、头戴面罩的阿尔法特种部队士兵以及扛着摄像机的记者排起了长长的队伍。一场神不知鬼不觉的严打行动开始了。

上午10时，俄联邦紧急情况部安全局局长加涅耶夫上将正在办公室的电脑上悠闲地玩纸牌游戏时，他办公室的门被重重撞开了。没等这位将军明白是怎么回事，几名训练有素的阿尔法特种部队士兵就已经给他戴上了手铐。不论加涅耶夫怎样愤怒地叫嚷，也没有人理睬他。一名检察院工作人员向他宣读了刑事起诉书。这位曾在阿富汗立过战功、叶利钦亲自签署命令将他安排到安全局长这个重要位置上的人物，顷刻成了阶下囚。在随后进行的搜查中，人们在这位将军的皮夹中发现了1万美元，此外保险柜中还有5万美元。

在这场严打行动中，还有一位莫斯科警察局刑事侦查部上校萨莫尔金被捕。当他的家门被重重敲响时，这位上校狂吼着要开枪，还威胁要扔手榴弹，但是没等他来得及行动，他家的大铁门已经被炸开。

为什么这两个强力部门的重量级人物会被捕呢？据说，萨莫尔金和加涅耶夫同属一个有30多人的犯罪团伙。他们利用职务之便对经济界人士进行威胁并收取巨额保护费。当被勒索对象不肯服从时，这些人就将武器或毒品藏到对方家中，制造冤案，将他们投入监狱。因此，人称其为"恐龙"。人们对他们敢怒而不敢言。

在随后的调查中，人们发现这些"恐龙"在莫斯科郊外都拥有豪华别墅，造价至少在50万美元以上，里面有网球场、溜冰场和游泳池等设施，此外还有大量古玩和奢侈品。另外，这些人家中还有制造枪支的车间。这些人的确是令民众谈之色变的"恐龙"级犯罪人物。

这次"猎狼行动"共有1名上将、6名上校落网。这次行动被俄罗斯媒体称为"反腐清洗"的行动，以出乎人们意料的强有力的措施震动了整个俄罗斯。俄罗斯和世界人民都看到了普京反腐的决心，他们也相信并期待着，随着俄罗斯整顿强力部门行动的深入，将会有越来越多的"恐龙"落入法网。

普京严整强力部门的目的是为了给经济发展扫除障碍。因为普京强调的战略是，通过政治上建立强有力的国家政权体系与加强中央权力，保证俄罗斯实现市场经济的改革。下一步，他就要进行经济改革了。

七、让经济均衡发展

普京当总统后，抓经济依然是他的施政重点。

从单纯增长到合理发展

虽然经过普京第一个总统任期内的努力奋斗，俄国内生产总值已经初步恢复元气，达到苏联时期的70%，但是，俄罗斯经济结构存在着严重的缺陷。比如：石油、天然气等能源行业占国内生产总值的15%、出口额的55%和政府收入的一半，其他行业与之相比则明显不足。这种结构尽管给俄罗斯的经济发展带来了强大的动力，但是一旦这些能源的价格受国际市场变化的冲击，就会导致经济发展的倒退。

普京看到了这个问题的严重性，他决定在继任期间把经济从单纯增长扭转到合理发展的方向上来，增强那些非能源行业和非出口部门的竞争力。同时，为预防国际油价下跌和弥补财政不时之需，俄罗斯开始设立稳定基金，将石油出口所得的额外收入存入其中。2004年，俄政府部门就开始动用部分基金弥补俄罗斯养老金赤字和提前偿还外债。

经济自由化

普京从上一任的工作实践中深深认识到，要实现经济稳定增长，必须减少对市场的控制，扩大经济活动的自由空间。因此，他再任后反复强调："我们的战略方针是：减少行政干预，增加经营自由——生产、买卖和投资的自由。"在经济领域，普京始终不渝地反对经济官僚化，主张经济自由化。

为了有效地实行"自由经济"的改革方针，普京提出了以下政策措施：

(1) 保护所有权。国家应当确保股东能够获得有关企业经营情况的信息，防止资产流失。公民的财产所有权应当得到保护，他们的住房、土地、银行存款及其他动产和不动产的所有权应当得到保障。

(2) 保证竞争条件的平等。取消各种毫无根据的优惠及对企业实行的毫无理由的各种直接与间接的补贴。不允许一些企业处于特权地位。

(3) 使经营者不受过分的行政干预。国家应当发挥法律的规范作用，将各部门捆绑到企业头上的"紧箍咒"减少到最低限度。此外，还应简化企业登记、鉴定等手续。

(4) 创造有利的市场环境。规范自然资源开采，对铁路和电力系统进行现代化改造，完善财政和税收体系等。

(5) 实行现实的社会政策。关注社会领域的改革。除此之外，普京也在医疗保险、教育和住房领域实行彻底改革。出台了一系列涉及居民既得利益的改革措施。这是俄罗斯经济改革与发展经济最为重要的任务。

这些经济政策是普京在第一任经济政策基础上的继承和发展，为发展市场经济铺平了道路。

扶持中小企业

普京在下大力气营造公平合理的竞争环境的同时，还有意识地扶持中小企业。因为寡头们尽管在政治上遭到沉重打击，但其经济实力并未受损，资金雄厚的寡头集团仍然控制着很多企业。在这种情况下，中小企业很难从夹缝中突围出来。因此，普京决定要致力于为这些中小企业的自由发展打下良好的基础。

由此可见，通过在宏观和微观上对经济发展进行调控，说明普京的经济发展思想日趋成熟完善。在这样的思想指引下，俄罗斯才能均衡、全面、持续地发展。

八、重建军事强国

一个国家的军队建设是国力的象征，普京的强国梦当然也包括使俄罗斯保持军事强国地位。

众所周知，在第二次世界大战结束后，苏联是唯一能够与美国在军事上相抗衡的超级大国。即使苏联解体后，俄罗斯依然保持着强大的军事实力，只是囿于西方世界的打压以及国内经济的匮乏，一度处于停滞状态。结果，整个军事安全保障体系失控；常规部队处境越来越悲惨，作战技术装备迅速老化；管理、侦察和通信系统的情况也很糟糕；征兵体制不合理，军队素质不断下降；国防工业综合体的管理极其混乱；依靠核遏制的战略作用有限。在这种情况下，解决军事建设领域存在的问题对普京来说是一大考验。

尽管如此，人们还是对普京上台后重振军事声威抱有希望。因为普京对西方势力一直很强硬，军界认为这将是俄罗斯重建军事强国的契机。的确，普京主政以来，十分重视军事和国防建设。他表示，作为俄罗斯武装力量的最高统帅，他将直接统管国家的军队建设和军事改革问题。

普京上台后，首先对军事学说和军事理论进行了改革，提出了俄罗斯"新军事学说"的概念。强调使用现有的全部力量，包括核力量来保障俄罗斯的军事安全。至于对其他军事部门的改革也先后开展。

第一，建立全新的军队组织结构。

俄军一直是采用空军、陆军、海军三大军种结构。在新的军队组织结构中，海军的结构包括北方舰队、太平洋舰队、波罗的海舰队和黑海舰队以及里海区舰队。空军由原来的空军、防空军的一部分、航天力量及部分战略核力量组成。陆军包括除海军和空军之外的所有部队。军队实行多年的连—营—团—师—集团军体制。普京上任后把这种军队建制改为连—营—旅—军体制。

第二，建立合理的军事统率机关。

未来战争要求部队的指挥管理要科学、高效。因此，俄罗斯要建立横宽纵短、精干、高效的新型指挥体制。一是在总指挥部一级实行军政分开的新指挥体制，就像企业中的党政分开一样，各司其职。二是建立地区联合司令部作为二级战略指挥机构。地区联合司令部将统管其管辖区内除战略核力量以外的所有武装力量。按照这一部署，现有的8个军区的指挥机关全部撤销，代之以4个地区联合司令部。

第三，建立高度发达的指挥通信体系，实现指挥系统的电子化和一体化。

第四，建立新型的后勤保障体系。

为了保持军事领域的技术优势，俄罗斯还加紧研制和装备先进的武器，加快调整国防工业的改革步伐，调整国防科技政策等。

除了这些积极性的改革措施外，普京还在各种场合多次承诺：俄罗斯政府将拿出更多的资金用于购置现代化的武器装备，改善军人的物质生活

第九章 ◎ 我有一个强国梦

条件，为军人能够体面地服役提供一切必要的保证。结果证明，通过这些措施，俄罗斯军队许多复杂的问题得到解决。

在普京连任总统已成定局的情况下，2004年2月中旬，俄罗斯举行了20多年来最大规模的战略军事演习。这次演习规模庞大，包括了海基、陆基和空中战略导弹的实弹射击，莫斯科军区、伏尔加河沿岸—乌拉尔军区等6个军区全部参加了演习。演习动用的军兵种涉及陆军、海军、空军、战略导弹部队、边防军和内务部队，因此被称做是俄罗斯20多年来最大规模的俄战略核力量和常规部队联合军事演习。这样做充分显示了普京重塑俄罗斯军事大国的希望和决心。

其次，这次军事演习让俄罗斯人和世界各国人民看到了俄罗斯最新的军事发展状况。在当天的演习中，"彼得大帝号"巡洋舰进行了防空实弹演习，随后"新莫斯科斯克号"战略核潜艇从水下向位于堪察加半岛的演习场发射一枚洲际弹道导弹。而且按计划，一周内，俄军至少要试射两枚弹道导弹、发射两颗卫星、起飞至少12架次的图-160战略轰炸机，轰炸机将在大西洋上空发射巡航导弹。俄罗斯军事力量的发展的确令人刮目相看。如此强大的军事力量难道不是军事强国的表现吗？更不用说普京亲临演习现场，观摩和慰问，这一切不就是他重振军威的决心吗？因此，普京要建军事强国的理想绝对不是一句空话。

在国内进行军事改革、重整军力的同时，在国外，俄罗斯也在扩大自己的军事影响。早在2003年初，俄罗斯就扩充了他们在塔吉克斯坦的军事力量，并以驻扎在该地的201师为基础创建大型军事基地。同时，俄罗斯和吉尔吉斯决定在吉尔吉斯建立俄罗斯大型的空军基地。俄罗斯、哈萨克斯坦、吉尔吉斯和塔吉克斯坦正在一些废弃的飞机场上，积极地建立快速反应部队，不仅可以针对恐怖分子采取特别行动，而且还可以应对贩毒分子。由此可见，不论从国内还是国外的行动看，俄罗斯的军事力量都得到明显增强。

仅从这些方面来看，普京的军事强国梦已经变成了清晰的现实。那些曾预测俄罗斯随着前苏联军事大国地位的弱化,影响力也将减退的人,会看到他们那些预测与现实相差实在太远。

九、普京连任后的外交政策

普京连任后,在外交方面将实行什么措施呢?是和上一任一样,还是有所改变呢?全球的外交家、政治家和国际问题方面的专家学者都在拭目以待。结果他们发现,连任后的普京在各个方面都延续了鲜明的对外政策。

第一,继续巩固在独联体地区的地位。

俄罗斯联邦继续逐步发展和巩固在独联体国家中的影响力。

自从 2003 年夏秋开始,俄罗斯同独联体国家之间的关系就得到了实质性的加强。俄罗斯取消了以前制定的所有限制吉尔吉斯公民前往俄罗斯并在此工作的规定。俄罗斯和乌兹别克斯坦的关系也有好转。在普京访问了乌兹别克斯坦后,2003 年 9 月,俄罗斯、哈萨克斯坦、乌克兰和白俄罗斯四国总统在雅尔塔高峰会晤时签署了创建统一经济空间的协议,此后,俄罗斯与独联体国家的经济合作进入实质性阶段。

首先,俄罗斯和格鲁吉亚在双方的关系问题上取得了不小的进展。格鲁吉亚把自己几乎全部的电力能源交给俄罗斯统一电力系统股份公司控制。在俄罗斯的帮助下,1991 年就中断了的俄罗斯至格鲁吉亚铁路得到了恢复。此外,俄罗斯帮助格鲁吉亚恢复了印古尔水电站。格鲁吉亚首次允许俄罗斯社会工作者小组到潘杰斯峡谷与居住在此的车臣难民见面和会谈。

然而,与过去不同的是,俄罗斯不要求享有任何特权,不向任何人强加任何意见,包括对白俄罗斯和乌克兰这样的近邻和盟友。在发展经济上,遵守国际社会认可的国际法和国际商业规范。俄罗斯总是遵循"不固守任何观点,只希望能够找到互惠互利的方案"这一原则。

第二,强化其中间人和伙伴角色。

第九章 ◎ 我有一个强国梦

现在的俄罗斯已经不再是动不动就使用武力的张牙舞爪的"北极熊"。即便在国际冲突区域和热点地区,俄罗斯也总是试图不采取武力手段,而是进行调解。除此之外,他们还利用自身的综合资源和优势充当享有优待权的伙伴的角色,这表现了普京谨慎的做事风格和深刻的观察力。这种能力的获得也是他博取众长的结果。

普京上任以来,看惯了国际上的风云变幻,也看到了世界各国对国际问题的不同态度给他们的国家发展带来的不同影响。比如,中国领导人集中精力解决自己的内部问题,尽量远离大部分国际冲突;日本、德国也不推行积极的对外政策;法国的独立外交政策也比较明显,不太喜欢按照别人的意志办;美国对国际问题最为积极,最为热心,但是这样的结果呢?除了在东欧以外,美国在世界许多地区的盟友数量均有所减少,而反对者的数量则有所增加。权衡利弊后,普京还是选择做中间人,享有优待权的伙伴的角色比较合适。

再者,这种外交路线也经过了实践的证明。在普京面临第二次大选时,正是因为他在伊拉克问题上适度而谨慎的政策提升了俄罗斯在穆斯林世界的威信。

因此,普京连任后的俄罗斯在外交方面行事积极,但态度并不生硬,方式也比较圆滑,甚至同被美国划入"邪恶轴心"的国家也保持着正常的关系。这一点,美国也看到了。美国某媒体曾说:"我们已经明确,普京是个善于同'八国'领导人打交道的人……毫无疑问,他的政策就是要把俄罗斯变成伟大的国家。然而,他不是一位自由主义的改革者,不是承认英国和美国想支持的那些民主价值的俄罗斯总统。"

由此可见,普京的外交政策既有独立性也有灵活性,更有圆滑性。他不要什么面子工程,不会像赫鲁晓夫和勃列日涅夫那样,不惜花费数百亿美元只为在各大洲许多国家树立形象和影响力;也不会像戈尔巴乔夫和叶利钦那样,借贷好几百亿美元的外债,主动表明自己的亲西方政策。他要走自己的外交道路,要减少一些不必要的摩擦,营造与世界各国和平发展的局面。当然，普京最关心的是要让对外政策为俄罗斯带来更多的好处。而且还要做到不卑不亢，不能让他人看低自己，小看自己。

和西方的关系

相比对独联体国家的重视热度，在普京开始第二个总统任期后，俄罗斯与西方国家间的关系整体上呈现出平淡的特点。这主要取决于以下6个因素：国内接连发生的恐怖袭击以及强化国家政权的改革让普京无暇他顾；西方国家对独联体的渗透让俄罗斯心存芥蒂；俄罗斯与美国在伊拉克问题上的严重分歧至今未能消除；北约与欧盟的双重东扩损害了俄罗斯的国家利益与民族自尊心；西方国家在俄罗斯的人权、车臣以及普京强化国家政权的问题上指手画脚；俄美两国恰逢大选年，外交上难有大动作。

但是，即便这样，俄罗斯与西方国家的关系仍有值得一提的"准亮点"：2004年3月，俄罗斯与北约在美国进行了非战略导弹联合军事演习；2004年5月，欧盟与俄罗斯签署支持俄加入世界贸易组织的议定书。

2004年同样是美国的大选年，对于美国这个当今世界唯一的超级大国，普京的态度一改以前戈尔巴乔夫、叶利钦时代，俄罗斯外交的"亲西方"政策，而是要在增强自身国力的前提下，保持独立性，力图打造一种新型"伙伴"关系。2004年6月，普京公开表示"俄罗斯曾经向美国提供过萨达姆要袭击美国的情报"；10月，普京再次就美国总统选举表态："我认为发生在伊拉克的恐怖活动与其说是针对美英联军，不如说是针对布什总统个人而来。国际恐怖主义有一个共同目标，那就是阻碍布什赢得连任。他们如果实现了这一目标，将会给国际恐怖主义注入新的动力，使其势力得以扩张。"普京的两次表态显然是在支持布什的竞选。

总体来看，普京在第二个任期内处理与西方国家关系时，仍然保持强硬而低调的态势，一方面要在国际舞台发出俄罗斯自己的声音，维护俄罗斯的利益；另一方面，在某些问题上，为避免冲突、扩大接触和增加讨价还价砝码，俄罗斯仍然会灵活地作出某些妥协。

和穆斯林国家的关系

在与穆斯林国家关系上，因为车臣武装叛乱分子曾得到穆斯林国际恐怖组织的资助，因此普京需要和穆斯林国家处理好关系，得到他们的支持和帮助。在俄罗斯的外交史上，俄罗斯领导首次被邀请出席了第101届伊斯兰组织大会，并在会上发言。因为伊斯兰教是俄罗斯8个联邦主体的主要宗教，出席伊斯兰组织会议为俄罗斯与穆斯林国家的国际合作提供了很大的可能性。

另外，在马来西亚新首都普特拉贾亚，普京也与土耳其、巴基斯坦、埃及和其他几个有影响力的穆斯林国家的领导人会面。对于普京来说，如此集中的外交活动密度还从未有过。

俄中关系

普京连任后的俄中关系会得到怎样的发展呢？不仅中俄人民非常关心，世界其他国家也很关心。

俄许多政界人士指出，西方对俄的压力越大，俄将越关注东方。首先，中国是俄的战略后方；再者，在建立多极世界问题上，中俄立场更趋一致。中俄在全球战略中的共同利益仍将长期存在，这是两国成为战略伙伴的基础。

的确，中俄两国在很多方面都有着共同的认识和利益。在民主和人权问题上，中俄两国都反对以"民主"和"人权"为借口干涉他国内政；在联合国作用问题上，中俄积极磋商，密切配合，大力推动联合国的机构改革；

在经济全球化问题上，双方都主张建立公正合理的国际新秩序，同时也积极融入全球化进程；在地区合作问题上，两国的步伐几乎是同步的；另外，对一些热点问题，双方也有许多共识。这种友谊和共识在普京连任后更进一步。

十、打好能源外交牌

众所周知，俄罗斯是能源大国，石油天然气资源一直是俄罗斯经济的重要支柱。而且，自从苏联垮台之后，俄罗斯就一直将能源视为其东山再起的条件。普京连任后，也是着力运用能源这张王牌，一步步将几乎完全被私人控制的能源产业收归国有。

能源不仅在俄罗斯经济中占有重要地位，在外交中也扮演着重要角色。进入21世纪以来，俄罗斯已经布下了能源外交大棋局：东有中国、日本竞争俄罗斯油管具体走向，北有美国涉足投资开采石油天然气，西有欧洲倚重俄罗斯石油天然气。也可谓天时地利，随着能源价格稳步上涨，为俄罗斯利用能源复兴大国地位提供了难得的历史机遇。此次，普京连任的能源战略又是什么呢？那就是利用能源的外交优势，确保俄罗斯在国际事务中的地位。

（一）用"能源武器"确保在独联体的"经济盟主"地位。

为了增加独联体的凝聚力，巩固在独联体中的权威地位，俄罗斯在建立"欧亚能源联盟"和"欧亚经济共同体"这"两个车轮"后，又于2003年9月建立将乌克兰和摩尔多瓦也拉在一起的"独联体自由投资贸易区"，形成了由俄罗斯驾驭的"三套车"。这样就可以牵制有离心倾向的独联体国家，维护俄罗斯在该地区的战略利益。

可是从2005年起，随着欧洲局势的变化，普京的能源外交政策也分为截然不同的两方面。对亲俄的白俄罗斯，以国际市场价的1/6的低价供应天然气；对反俄的"民主选择共同体"成员国乌克兰、格鲁吉亚和摩尔多瓦等，因为他们"脱俄入欧"，俄罗斯也决定不再为他们买单。俄罗斯此举的目的是为了提高天然气出口收入，控制独联体国家的天然气管道，实现经济扩张，一举两得。但是，一向享受天然气优惠价格的那些独联体国家在听到俄罗斯竟然要对天然气提高价格后，感到无法承受，特别是乌克兰。乌克兰人在前总统库奇马执政期间，可享受每千立方米50美元低价，随后上台的尤先科就不能再享受这样的政策优惠，于是俄乌的"天然气战争"就此打响。后来，这次"战争"给亲西方的尤先科总统造成了伤害，他在2006年举行的乌克兰议会选举中的落败，在某种程度上说明了俄罗斯"能源武器"的威力。

（二）保住欧洲这个大市场

西欧和中欧是俄罗斯的天然气市场，欧盟15个国家天然气需求量的20%及中欧三分之二的天然气需求都来自俄罗斯。同时，欧洲目前四分之一的电力要靠天然气生产。根据欧盟委员会的预测，到2050年，欧盟对俄罗斯天然气的依赖，将增长到50%。

鉴于这种情况，西方国家不得不多次发出警告：西欧对外国能源，尤其是俄罗斯能源的依赖，将使美国的北约盟国和友好国家在突发能源供应中断的情况下经不起打击。不论警告是善意的还是危言耸听，欧洲各国的能源不依赖俄罗斯又能依赖谁？何况，俄罗斯公司同国外公司争夺能源产地股权，最后均以俄罗斯的胜利而告终。

普京看到了这种情况，因此他要利用能源保护欧洲市场，也要争取俄罗斯在与欧洲各国关系中受尊敬的外交地位。

（三）用能源加强与外围国家的合作

就像俄工业与能源部长赫里斯坚科在罗马召开的第20届世界能源大会所说的那样："能源帮助俄罗斯变成了伟大的国家。未来10年内，能源的作用仍不可替代，俄罗斯在能源领域的意义更大。而且，世界对俄罗斯这个大国能源的兴趣不仅不会降低，而且只会增大。"的确，哪个国家的发展能离开能源呢？

普京看到了这一点，就要打好能源外交牌。他要利用能源与欧盟、中国、日本等现有和潜在的大客户加强在能源方面的合作。与世界其他国家要以能源为纽带，将他们与俄罗斯联系在一起。

(四) 获得欧洲的先进技术

普京的能源外交牌不仅为了向其他各国输出能源，也是为了换回一些可观的收益。比如，获得欧洲的先进技术。因为能源是一个特别的领域，对专业技术要求很高。靠俄罗斯现有的技术条件，一些地形、地质情况十分复杂的海洋大陆架和严寒地区能源产地的开采、运输会受到限制。而依靠欧洲国家的帮助就可以解决这些问题。并且还可以借机获取一些他们的先进技术。比如，俄罗斯长期以来欠缺一些液化气生产领域的知识和经验，当"壳牌"公司伸出合作之手后，这个难题很快解决。由此可见，能源外交一本万利。

即使能源带来了一本万利的利润，普京也没有开采不止。他注重长期可持续发展。就能源带来的高收入，他明令两点：一部分可用于开展盈利性业务；另一部分则是政府的不可动用储备，务必要留给子孙后代。普京看到的是未来。到那时，"俄罗斯在世界经济中将起到相当的作用。而且，这种力量的增长并不是依赖出口能源，而是靠输出技术。"从出口原材料到输出技术，这就是普京通过能源外交把俄罗斯变成世界强国的构想。

后来的事实也证明，得益于能源收入，俄罗斯2006年8月提前还清了欠巴黎俱乐部约220亿美元债务余额，这也是巴黎俱乐部历史上最大的一笔提前还款额。当然，俄罗斯在世界各国中的地位也随之提高，不用看"债主"的脸色行事，仅从这一点就可以看到俄罗斯能源外交的威力。

十一、应对"橙色风暴"

说起橙色风暴，人们自然会想到荷兰足球队身穿橙色队服，以其简捷流畅的进攻式打法风靡全球。但现在的"橙色"含义则大不相同，它已被

第九章 ◎ 我有一个强国梦

赋予了政治的色彩。2004年起始于乌克兰的"橙色风暴"已经席卷了中亚大地。

这场"橙色风暴"发生在乌克兰大选时。2004年乌克兰举行第四次总统大选。这次选举一是候选人多，共有22名总统候选人参加了第一轮角逐；二是进行第二轮选举的两位总统候选人势均力敌，背后各有强大的支持力量；三是美欧与俄罗斯为了各自的利益也来凑热闹。由于地缘政治利益的关系，美欧与俄罗斯对这次选举表现出异乎寻常的热心。大选前，普京总统借庆祝反法西斯战争胜利60周年之际，跑到基辅去给乌克兰现任总理亚努科维奇打气，希望他能获胜。美国和欧洲一方也不示弱，派出参谋班子为他们一直看好的尤先科出谋划策。这样一来，这场总统选举声势浩大，热闹非凡。

"橙色风暴"的起因是乌克兰时任政府总理的亚努科维奇与反对派领袖尤先科这两位总统候选人之间的矛盾。第一轮选举亚努科维奇获胜，结果尤先科对大选计票结果不满，宣布自己理应当选，引起两派大规模的群众抗争——两派甚至在街头大打出手。由于尤先科的支持者在游行示威中举橙色旗帜，着橙色服装，此次行动被称为"橙色革命"。第二次选举于2004年12月26日举行。2005年1月23日，尤先科宣誓就任总统，乌克兰"橙色风暴"达到高潮。

"橙色风暴"虽然发生在乌克兰，但实际上，它是以美国为首的西方国家和俄罗斯的一种对抗。东西方冷战结束后，双方力量对比不利于俄罗斯。美欧东进对中东欧国家由发展合作伙伴提升为吸纳加入北约、加入欧盟，并在扩员范围与规模上不断突破，一步一步地扩展至俄罗斯的周边。起初，西方步步紧逼，俄方步步后退。俄方先是让出东德，力争西方势力止步于此，可是，美欧不满足于此，由德国继续东进，发展波罗的海三国为成员。俄方又退守乌克兰和白俄罗斯构成的最后屏障。结果，"风暴"刮到了家门口。美欧支持的尤先科获胜就是证明。

早在选举前，美国就不断对乌克兰施压。美国公开称，乌克兰选举是今年在欧洲所发生的事件中对美国利益影响最大的事件，因此，美国将利用其在国际上的地位尽可能地使乌选举"在公开公正的气氛下进行"。在第一轮选举尤先科失败后，美国又采取干扰亚努科维奇一派集会等行为，提出乌克兰总统选举应该在合法的情况下进行。同时，美国向乌克兰派出了数百名"竞选问题专家"，为乌克兰亲西方的反对派领导人尤先科出谋划策。

当时，对于美国的这种"热心"举动，俄罗斯也不示弱，大选前的半个月普京两次访问了乌克兰。因为俄罗斯一向把独联体看成是自己的战略利益区。乌克兰是俄罗斯西部的战略屏障，又是独联体内具有较大影响的国家，俄罗斯岂能袖手旁观？再者，作为能源走廊，乌克兰对欧洲国家有着重大意义，一旦乌克兰加入北约，在乌克兰领土上部署了北约的军事力量，北约的战术武器就会对俄罗斯所有战略力量构成实际的威胁。唇亡齿寒，俄罗斯怎能对这次大选掉以轻心？

何况，当时美国对外战略主要目的就是弱化俄罗斯，把乌克兰拉入以美国为首的西方势力范围。所以说，此次乌克兰总统选举的结果，将对整个地区的政治格局走向起到很关键的作用。正因为如此，俄罗斯、欧盟和美国对乌克兰总统选举给予了前所未有的关注，而且对选举进程施加影响。

本来，普京是支持亚努科维奇的，可是他没想到尤先科胜出，尤先科和一个美丽的女人尤莉娅·季莫申科配合默契，赢得了大选的胜利。

季莫申科是乌克兰最富有的女人，2000年，季莫申科和尤先科发起"没有库奇马的乌克兰"运动，试图借助人民的力量推翻库奇马政权。2004年夏天，尤先科与季莫申科再次联手参加竞选。竞选期间，季莫申科使出浑身解数为尤先科宣传竞选纲领，为他的竞选造了不少势。

有了季莫申科的强力支持，尤先科如鱼得水。季莫申科用她那极具鼓动性的演说，发动反对亚努科维奇的示威者从市中心向总统府大楼进发。当他们被拦住时，季莫申科则手捧花朵，劝说维持秩序的军警加入反对派阵营。因此，完全有理由说，是季莫申科一手将尤先科送进了总统府。

第九章 ◎ 我有一个强国梦

尤先科对她的支持也十分感激，他正式宣誓就任总统之后，随即任命季莫申科为政府总理。此后，由她和尤先科发动的"橙色风暴"席卷了中亚大地，给俄罗斯带来极大的冲击和震撼。

对普京来说，这场"橙色风暴"来的不是时候，因为时下的俄罗斯社会和政治都日趋稳定，经济也呈上升势头。他希望有一个和平的环境来加快俄罗斯发展的步伐，没想到家门口居然平地起风暴。对此，普京怎能稳坐克里姆林宫？于是他决定采取措施防范"橙色革命"。在普京的授意下，俄罗斯杜马于3月中旬成立了选举监督委员会，委员会多数成员来自统一俄罗斯党。他们通过监督社团资金来源、破获反俄非法组织、清理整顿社会团体、温和防范明星效应等措施，防止国内选举舞弊行为的发生，杜绝"橙色革命"。普京集中开展"为了诚实选举"的活动，不允许任何人利用对选举舞弊的怀疑使邻国发生的事情在俄罗斯重演。

为了争取稳定的外部环境，2005年4月，普京在俄罗斯南部一海滨城市会见白俄罗斯总统卢卡申科。白俄罗斯与俄罗斯是战略联盟关系，如果连白俄罗斯也被"橙色风暴"吞没的话，那俄罗斯的战略安全也就岌岌可危了。因此，普京的第一站就是白俄罗斯。在会晤中，普京表示，决不希望这种局面发生在自己的友邦。而卢卡申科也表示任何"橙色风暴"不会刮到白俄罗斯。他还要求有关部门加强监控，以应对西方借乌克兰事件破坏白俄罗斯的国家安全。

卢卡申科的担心不是没有道理的，因为美国不会让俄罗斯在独联体国家中占据优势地位。但是，普京也是一个政治经验十分丰富的人，他不会让西方国家的愿望得逞的。

之后，就在有人猜测俄罗斯会不会下令捉拿乌克兰总理季莫申科时，因为后者涉嫌向俄罗斯官员行贿，人们惊讶地看到，2005年3月19日，普京接受尤先科的邀请，在访问法国之后做客乌克兰，尤其普京19日与尤先科的会谈中，不仅延长了会谈时间，两人还亲密地同乘一辆汽车参加俄罗斯对外贸易银行的开业典礼，这意味着两国关系中的阴霾正在逐渐散去。

普京这样做目的何在？他要的不是民族情绪，不是怎样惩办季莫申科的问题，而是国家利益。普京说："大家都不想让乌克兰分裂，也不想让欧洲大陆和东欧出现这种局面，因为我们都经历过一段混乱时期。"因此，他访问乌克兰的目的是为了在贸易方面和乌克兰进行新一轮合作。而美国呢？已经意识到俄乌两国政治和经济关系得以改善，于是削减了对乌财政援助。

这一次，在维护俄罗斯的稳定、巩固其大国地位上，普京又打了个漂亮仗，他又赢了！

十二、普京遇到的大挑战

任何政治家都有他的反对派，普京也是同样，尽管他得到大多数人的拥护，可是也有反对他的人。只是，令人感到不可思议的是，他的政敌不在政界，而在体育界。一位俄罗斯象棋大师、一个世界棋王——盖利·卡斯帕罗夫竟然向普京发起了挑战。

2005 年 3 月 10 日，卡斯帕罗夫正式宣布退出棋坛，不再参加国际象棋职业赛事，要把后半生所有的精力投入政治之中，目标是把普京拉下总统宝座。

卡斯帕罗夫为什么要与普京过不去呢？他是怎样的人物？

卡斯帕罗夫 1963 年出生于阿塞拜疆的巴库，童年时期就显示出非凡的天赋，1985 年成为历史上最年轻的国际象棋冠军。从那时起，他连续三次卫冕冠军，确立了他在棋坛的至高无上的地位。但是，就在事业辉煌期，卡斯帕罗夫突然退役。他解释这样选择的理由是："在国际象棋领域，我已经做了我所能够做的一切。但从现在开始，我将把我所有的聪明才智和战略思想用到俄罗斯国内政治上来。"

原来卡斯帕罗夫热衷于政治，有着很深的政治情结。他要"尽我所能反对普京再次连任"。他还表示，将团结俄罗斯所有的自由派人士，向普

第九章 ◎ 我有一个强国梦

京式发展道路发起挑战。为此，卡斯帕罗夫决定在2008年以自由派候选人身份参加总统大选，彻底告别棋坛，专心从事政治，集中精力挑战普京的总统宝座。

其实，早在卡斯帕罗夫退役的一年前，他就已经担任了名为"2008：自由选择"的政治团体的主席。"2008：自由选择"这个政治团体由俄罗斯右翼政党"右翼力量联盟"创立。这支政治新生力量的成员包括自由派政治家，还汇聚了当今俄罗斯众多社会名流等。"2008：自由选择"的最低纲领是"维护民主政治"，最高纲领则是"让后普京时代的俄罗斯变得更加民主"。他们认为，俄罗斯要想走向繁荣，必须变得更加民主。

卡斯帕罗夫指出：眼下的俄罗斯政坛的实权人物大多数都来自普京总统的克格勃系，普京现在已经是第二个总统任期了，但许多迹象表明，普京在2008年任期结束后还想继续留在总统宝座上，而且很可能利用在下院超过2/3议席的政治势力筹备修改宪法，以达到延长总统任期或者允许总统三连任的目的。鉴于此，"2008：自由选择"将誓死捍卫"宪法的不可变更性"以及"自由选举的透明性"。

这也许是卡斯帕罗夫最大的担心，担心普京会把持着权力不放，使俄罗斯无法形成真正的"民主氛围"，可是他可能不了解普京的看法。普京就是想"独霸"总统宝位吗？普京曾说，他不会寻求第三个总统任期，并承诺将通过"一种恰当的民主方式"组织2008年的继任者选举。

再者，普京对于卡斯帕罗夫批评他"不民主"的声音早有耳闻。时任美国国务卿鲍威尔在2004年访问莫斯科时曾直截了当地表达布什政府对普京的不满。当时鲍威尔历数俄罗斯政治的若干缺陷，指责俄罗斯的新闻独立以及政党发展等民主要素"还不够成熟"等，对普京一顿倾盆暴雨式地袭击。但是，普京认为鲍威尔批评是站在西方文化的角度上看的，他在必要时刻要坚持己见。普京就是这样一个特定历史时刻的责任担当者，他不但要解决国家的发展方向问题，还要解决通向这条道路的路径选择和行为模式问题。

试想，假如按照卡斯帕罗夫的"民主"思想，他能指出一条符合俄罗斯人民的具体的路径选择模式吗？因此，尽管卡斯帕罗夫宣布进军俄罗斯政坛，大多数人并不看好他。一位俄罗斯政治分析家表示，卡斯帕罗夫未必能在俄罗斯政坛上有所作为。

另外，从卡斯帕罗夫的性格来说，恐怕也不适合从政。一个想从政的人，必定是一个具有良好的沟通能力和容忍能力的人。而这恰恰是卡斯帕罗夫所欠缺的。国际棋联在卡斯帕罗夫时代就分裂成了两部分，你能指望他在复杂的俄罗斯政坛上团结一切可以团结的力量吗？就算卡斯帕罗夫如愿以偿当上了俄罗斯总统，以他的个性，难保不会是一个独裁者？那样的话，他所提倡的民主又如何体现呢？

至于一些棋迷们，听说卡斯帕罗夫退出棋坛想从政，表现出了十分偏激的态度。一次，卡斯帕罗夫在莫斯科一家餐厅刚吃完饭，一名男子走上来请求他在自己带来的棋盘上签名，然后说："我崇拜你，因为你是国际象棋棋手，但你却为了政治而放弃下棋。"话音刚落，卡斯帕罗夫的头部就被男子的棋盘打中，卡斯帕罗夫搞得很狼狈。虽然"萝卜青菜各有所爱"，一个名人或者明星的选择不是粉丝们所能左右的，可是一旦粉丝们有一种被愚弄的感觉后，就会做出不可理喻的事情来。这也许能从侧面说明，卡斯帕罗夫的确不是从政的料。

俄罗斯应该建立什么样的政治制度，应该让俄罗斯人民自己选择。普京在国情咨文中说过，"俄罗斯选择了民主，我们将自主决定在民主道路上前进的方式和速度"，"俄罗斯必须根据自己的国情，根据宪法和法律，独立地选择国内民主的发展道路"，不能从外部向俄罗斯输入民主。而且，这一点已被俄罗斯的发展实践所证实。面对现实，卡斯帕罗夫也应该清醒了吧。民主很美丽，可是要实现民主，就需要在现实的道路上一步步脚踏实地去走。

十三、把反恐进行到底

2004年5月9日，就在普京就任总统一个多月后，车臣又发生了大的爆炸案。

5月9日上午10时40分，在俄罗斯举国庆祝卫国战争胜利59周年之际，俄罗斯车臣共和国首府格罗兹尼季纳莫体育场主席台上，车臣总统卡德罗夫和车臣国务委员会主席伊萨耶夫等一行要员刚刚坐定，突然发出一声巨大而沉闷的爆炸声，眨眼之间这两位重要人物被炸死。原来是恐怖分子引爆了一颗埋藏在主席台下的定时炸弹。当场造成7人死亡，50多人受伤。

卡德罗夫，1951年出生，毕业于原苏联宗教学校和伊斯兰学院，获得神学和世俗哲学两个专业的高等学历。作为穆斯林领袖，对信仰十分虔诚，曾是车臣的宗教领袖。卡德罗夫不但在车臣宗教界很有影响，而且家族很有势力，他拥有一支3000多人的私人武装。也是由于这些原因，使他成为俄联邦中央与车臣地方、俄罗斯族与车臣族，东正教与伊斯兰教之间最好的纽带。

但是，卡德罗夫的立场观点也经过一番转变的过程：在1994年至1996年俄罗斯联邦军队与车臣分裂武装发生战争期间，卡德罗夫曾站在车臣武装叛乱分子杜达耶夫分裂主义势力一边，与俄联邦军队对抗。可是，在你死我活的残酷杀戮中，卡德罗夫逐渐认识到，并非是俄联邦军队冷酷无情要屠杀车臣人，而是武装叛乱分子的分裂不得人心带来的这场灾难。于是，他转变了立场，在1999年8月车臣反恐怖行动开始后，他开始支持俄联邦军队，并且成了车臣前领导人马斯哈多夫的反对派。为此马斯哈多夫曾签署命令，把卡德罗夫作为车臣人民的"头号敌人"而判处死刑。车臣非法武装也多次企图暗杀他。这一次，武装叛乱分子终于得手了。

据排爆专家事后调查，恐怖分子使用的是一枚用152毫米的炮弹改制的地雷，它事先被埋放在主席台下的混凝土地板内，金属探测器和警犬都未能发现。事后排雷专家在体育场内还发现了另外两处尚未爆炸的装置。

车臣武装分子的目的不外乎两点：一是向刚刚宣誓进入第二任期的普京公然挑衅，使俄政府在国内和国际上的形象受辱。其次，是杀一儆百，以此表明车臣反政府武装的存在。由于一年来车臣局势相对稳定，相当程度上靠的是卡德罗夫个人影响力，因此卡德罗夫的遇袭身亡，使人们对车臣、北高加索这一地区的局势普遍表示忧虑。不少人甚至担心卡德罗夫留下的权力真空会使车臣再度出现战乱。

就在这起震动俄罗斯的车臣爆炸案几个月后，9月1日，车臣恐怖分子又制造了一起震惊全世界的"别斯兰人质事件"。

2004年9月1日这天，在俄罗斯南部北奥塞梯共和国别斯兰市第一中学，学生、家长和教师们正在学校的体育馆内参加新学期开学典礼。当他们参加完开学典礼要离开现场时，一伙头戴面罩、身份不明的武装分子突然闯入学校体育馆内劫持他们为人质，并在体育馆及周围安放了爆炸物。

俄罗斯军方接到求援后包围了学校3天，试图解救被围困的平民和学生。虽然事件在9月3日结束，但是326名人质死亡。这起事件成为俄罗斯最严重的恐怖主义袭击事件。

普京是一位公认的政治强人，他对国家目前的处境有着清醒的认识。在别斯兰人质事件结束的当天晚上，身着黑色西服、系黑色领带的普京出现在俄罗斯千家万户的电视屏幕上。他心情沉重、无比悲愤地说：俄罗斯多次遭遇过恐怖袭击，但是屠杀弱小儿童这种灭绝人性的惨案却是第一次。北奥赛梯别斯兰市人质事件是对全体俄罗斯人民的挑衅，是对整个国家发动的进攻。普京说："作为总统，作为国家元首，作为一个誓言带给国家安全的人，作为一名俄罗斯的普通公民，我别无选择，因为国民遭受了灾难，陷入了惶恐，我不这么做，更多的冲突会吞噬更多的无辜者。"

在当天傍晚发表的告全民书中，普京也坦诚地分析了恐怖活动升级的原因以及外部因素的作用。普京指出俄罗斯目前面对的不是个别恐怖分子的恐吓，而是国际恐怖势力的直接干预，是一场大规模的残酷战争。为抢

第九章 ◎ 我有一个强国梦

占舆论先机,他立即要求联合国安理会紧急开会谴责恐怖主义。9月3日,俄罗斯第一副外长洛西宁召见了瑞典、保加利亚(欧安组织主席国)和意大利(欧盟主席国)驻俄大使,表达了俄罗斯对欧洲在反恐问题上奉行双重标准的不满。

普京不但是一个政治强人,更是一个对祖国和人民极度负责任的人。面临恐怖分子的挑衅,面临着他们要"炸死普京"的恐吓,普京临危不惧。9月4日凌晨,当别斯兰市第一中学内的枪声停息才几个小时,普京就在第一时间出人意料地火速飞抵现场。他下令关闭北奥赛梯共和国边界,搜捕一切与劫持人质事件有关的人员。普京下飞机后,立即乘坐一辆小型巴士,径直朝当地最主要的医院驶去。普京在医院逐一察看了除重症病房以外的所有病房。他脸色严峻,停下来摸了摸一名受伤儿童的头部和一名妇女受伤的胳膊。普京说:"全俄罗斯都与你们同悲痛。即便与过去最残酷的袭击相比,这一恐怖行为也是非常特殊的,因为它针对的是孩子。"

恐怖事件的频频发生,给连任后的普京造成很大压力。保证公民的生命安全是他义不容辞的责任。面对日益猖獗的恐怖活动,普京没有更多的选择,他只能应对这一严峻的挑战。

于是,就在莫斯科时间11日上午,普京突然秘密驾机前往车臣共和国首府格罗兹尼进行视察。当时车臣共和国的许多官员都不知道普京要来视察,没有任何欢迎仪式。普京径直走入政府办公大楼,他先是同车臣代总统、政府总理阿布拉莫夫单独进行会谈,随后又同军政要员讨论了车臣当前各种社会、经济和安全问题。

之后,普京又紧急召见了卡德罗夫的儿子,两天后又亲自向卡德罗夫的家人颁发勋章,并高度评价卡德罗夫的功绩。接下来,他会晤车臣地方官员,掌握第一手资料,稳定地方管理层,最后,安抚俄驻车臣的军队和内务部队,提高士气。普京的这次车臣之行,再次彰显其强人的个人魅力,恢复普通民众和平重建的信心。

不可否认,由于卡德罗夫在车臣有着不可替代的作用,他的牺牲使俄联邦在恢复车臣稳定的道路上遭遇了重大损失。因此，普京这次视察既是为了慰问，更是为了给车臣人增添信心，表明中央政府的反恐决心。

有些西方国家劝说普京让他考虑与车臣分离分子谈判的建议，普京诘问道："你为什么不与奥萨马·本·拉登会面，把他邀请到布鲁塞尔或者是白宫，然后举行会谈。先问他要什么，然后给他，这样他就能让你安稳。你为什么不那么做？"

总是在第一时间出现，总是站在最危险的前沿阵地，这就是普京的性格，一个不屈服的硬汉形象。普京强调，车臣的和平重建不能因卡德罗夫之死而停顿。尽管俄在车臣和平重建的努力在连续恐怖袭击的打击下遭受了重大损失，但普京政府维护联邦主权，恢复车臣稳定的决心没有改变。这就是普京维护国家统一的态度。这当然给了车臣人和当地驻军很大的鼓舞。

除了对内安抚外，普京还加大反恐力度，出台了以下措施：

第一，近期内制定出一系列巩固国家统一的措施。

第二，建立负责控制高加索地区局势的新的协作体系。具体措施就是成立统一的高加索反恐部队。成立高加索反恐部队的目的在于建立一个有效的反恐指挥系统，将整个北高加索地区的各种力量集中使用。

第三，建立有效的反恐指挥体系。包括切断恐怖资金来源、整顿强力部门和境外打击三部分共同进行。

因为车臣恐怖分子每年获得的资助有上亿美元，因此切断其境外资金来源是关键。于是，俄罗斯政府决定通过各种手段向阿拉伯国家施加压力，禁止在其境内对车臣恐怖势力提供任何形式的支持。除了向外国施压以外，俄罗斯也准备自己动手实施境外打击。俄军总参谋长巴卢耶夫斯基宣布，俄罗斯有可能对车臣恐怖组织境外基地实施预防性打击。

普京决定对内务部系统进行全面整顿。俄罗斯地方内务部都归联邦内务部垂直管理。普京对内务部在此次人质事件中的表现相当恼火，认为他们执行不力，民众也反映他们有和犯罪分子串通一气，窝藏犯罪分子的嫌疑。

9月11日，俄罗斯总统府新闻局宣布，解除北奥赛梯共和国内务部长赞季耶夫和安全局长安德列耶夫的职务。一系列重大人事调整表明，普京正在排兵布阵，准备对恐怖分子发起一场大规模的反击战。

9月13日，普京建议成立一个公开机构，加大了对恐怖主义的打击力度，尤其是加重了对政府官员包庇恐怖分子的惩罚。普京说，俄罗斯有权力"从恐怖分子的藏身所中逮捕并消灭他们，且若有必要，可以在国外逮捕"。

第四，全社会动员起来有力地反击恐怖主义。

这方面的措施主要是加强人口管理。俄罗斯立法机构准备修改涉及流动人口管理、移民、机动车过户、居住登记、交通工具安全管理等30个法律和法规。新法规对人口流动的限制将大大超过以往。

至此，一场更大范围的、更大力度的反恐活动展开了。而这一切的目的都在于维护社会的稳定，实现普京把俄罗斯建设成大国的目标。

第十章

角色变换——普京从总统到总理

不论在生活的舞台上还是在事业的舞台上，人们一般都愿意担任主角，而不愿去当什么配角。因为配角不引人注目，无法感受到那种众星捧月的荣誉感和满足感。特别是那些一直当主角的人，如果突然让他们当配角，心理落差会很大，很难摆正位置、进入角色。

普京在连任两届总统后，也面临着角色的转换。他不可能总是唱主角，但是他也没有"刀枪入库，马放南山"，而是进入了新角色——政府总理，配合梅德韦杰夫一起管理国家。普京这个政治强人能当好配角吗？梅普组合能配合默契吗？

第十章 ◎ 角色变换——普京从总统到总理

一、2008，普京权力交接年

在普京连任两届总统后，2008年3月2日俄罗斯将举行新一届总统选举，这是普京执政8年后所面临的一次重要权力交接。

那么，普京舍得放弃自己手中的权力吗？或者尽管他放下是否还要退居幕后进行操控呢？人们众说纷纭。

对于普京来说，放下总统的权力是肯定的，因为俄罗斯宪法有规定，总统只能连任两届。普京在任期间也没有修改俄罗斯的宪法，这就说明他会选择不再连任。可是，尽管普京本人一再表示无意违反或修改宪法，但是支持普京的统一俄罗斯党议员曾递交过选举法修正案，意思是让普京修改宪法。普京作为总统是有权力修改宪法的。如果修正议案获得通过，普京就可以再次竞选，第三次成为克里姆林宫主人。

面对统一俄罗斯党的这些行为，普京的反对者们也不甘落后，他们指责克里姆林宫集团"走后门"，希望通过这种方式保住普京的总统之位，这说明他们找不到有足够人气的继任者。其实，统一俄罗斯党这样做并非普京的初衷。他们之所以铁了心支持普京，是因为担心新人上台，他们的前途没有保障。不论出于何种原因，普京的支持者和反对者双方唇枪舌剑，争论不休。那么，普京对此怎样决定呢？还是听听旁观者的说法吧。

伊琳娜是俄国家杜马副主席，曾参加过2004年的总统选举，她认为，宪法修正案不太可能被通过，因为普京不愿给自己的形象抹黑。虽然在2005年4月11日，普京出席德国汉诺威博览会时表示他可能第三次竞选总统，但并不意味着他会连任三届，他可能参加2012年总统选举。因为普京一直坚持说："我不会修改宪法。根据宪法，不能连续三次竞选(总统)。"从这些方面可以看出，普京的去意已决。

普京真的对总统权力不再留恋了吗？曾经叶利钦提名他代总统时，他的心情是多么激动啊，现在他真舍得放弃昔日追求、并且为之付出了辛劳的总统宝位吗？其实，普京并不是官迷。他说："有些人对烟上瘾，有些人对受禁止的毒品上瘾，有些人对钱上瘾。……我从未对任何东西上瘾过。"他认为，能为人民工作，是一种幸运。2004年，普京当总统时曾称自己"是为人民效力的雇工"。的确，他只是把当总统看成了一种使命和工作。他曾经形象地说："在上个世纪90年代中期各个权力分支只追逐自己的政治野心，就像一篇寓言中所说的那样，过去的权力分支就像天鹅、虾和狗鱼一样，各自向不同的方向使劲，国家则原地踏步。我非常期望，所有权力分支，能意识到自己在俄罗斯人民面前的责任。"这就是他对总统职务的具体看法。

这一切都说明，普京的确不打算在俄罗斯政治舞台上再演"主角"了。

二、完成权力交接，普京可以轻松一下了

那么，接下来，普京就要考虑他的继任者问题了，这是个令人关心的大问题。不仅俄罗斯人关心，国际很多媒体也都非常关注。当时间一天天临近2008年的总统大选，关心这个问题的人也越来越多。2月1日普京在克里姆林宫举行了一年一度的记者招待会，回答人们关心的这个问题。

可是，令人们意想不到的是普京这样的回答："我不是在治理国家，只是在工作。我已多次说过，总统职位不会有接班人，只会有总统候选人。选举不是玩笑，最终的选择权在俄罗斯公民手中。"

事实的确是这样，总统不是世袭的，选择权在俄罗斯公民手中，不是普京可以指定的。但是，人们还是关心，谁将在下一轮总统选举中胜出。

尽管普京回避指定继任者，但俄罗斯媒体认为，第一副总理、天然气巨头梅德韦杰夫以及现任国防部长伊万诺夫都是下届总统的热门人选。因为经过普京的政治体制改革后，曾经有竞选实力的总统候选人、前总理卡西亚诺夫现已根本无力挑战克里姆林宫。何况梅德韦杰夫和伊万诺夫又是普京亲自挑选的。因此，大多数人都认为他们两人会在总统选举中得到数

第十章 ◎ 角色变换——普京从总统到总理

量可观的选票，确保国家权力顺利过渡。

事实也像人们猜测的那样，2008年3月3日，俄罗斯中央选举委员会主席丘罗夫对外宣布，在3月2日举行的俄联邦总统选举中，梅德韦杰夫的得票率超过70%，获得这次选举的胜利。梅德韦杰夫从普京手中接过了接力棒，成了俄罗斯的新总统。

人们还记得，几年前，普京夫人柳德米拉在获悉丈夫将出任总统的消息后哭了，她认为普京当上总统会因此更忙碌，没有时间享受家庭生活。那么，现在普京可以放松一下了。3月2日中午，当大选的局势已定，普京就已经轻松地下起了馆子。普京在科学院大楼内的第2074号投票站投完票后，径直来到一个名叫"远征"的餐馆，还专门把西装换成了休闲的乳白色绒衣。先后到达的还有俄政府总理祖布科夫、俄联邦委员会主席米罗诺夫和俄国家杜马主席格雷兹洛夫和梅德韦杰夫。梅德韦杰夫还摘下了自己的领带。五个人谈笑风生，显得很轻松。交接好权力就像放下千斤重担一样，普京怎能不感到万分轻松呢？已经操劳了两届的他，是应该放松一下了。

5月6日是俄罗斯总统普京在任最后一天，俄塔斯社通过一篇文章《普京总统度过最后一个工作日》对普京8年的总统历程做了简短回顾。文章引用普京第一次当总统的话说："我希望人民回忆我时会说——这个人在位时曾履行过工作职责，回忆这个人就像是回忆一个曾与之签了4年劳动合同的人。"的确，这份劳动合同，普京与俄罗斯选民签订了两次。普京就像一个打工者，为俄罗斯人民打了8年的工。

普京回忆自己两任的总统生涯说："这些年我像奴隶一样日以继夜地耕作。我对结果非常满意。""基本上我这八年的生活就像出了次长差，它实际上脱离了我正常的个人生活轨道。"但是，"我喜欢体验人生。我因为俄罗斯人民两次信任我，让我领导这个伟大国家而富有。"这就是普京从政的价值观。

就这样，普京的总统生涯划上圆满的句号，他无愧于那些两次投票给他的人民。

三、我已准备好出任总理

选好新总统后，普京是否应该离开克里姆林宫了？按照以往的习惯，离职的总统将于5月7日离开克里姆林宫。虽然还不到这一天，可是众多分析家已开始给今后四年的俄罗斯政坛起名字了，什么"后普京朝代""普京后时代"等五花八门。离职后的普京难道真的像这些人议论的那样继续影响俄罗斯政坛吗？

普京此前曾表示过，希望离任后能够帮助政府制定政策，确保俄罗斯保持发展的势头，也希望继任者可以延续他的政策。那么，他是充当幕后策划者呢？还是要充当一线的执行者呢？在众说纷纭中，谜底揭开了。在梅德韦杰夫总统上台之后，马上提名普京担任总理。当时很多人感到诧异，普京为什么刚刚卸下了总统的外衣，又坐上了总理的宝座，他不是不贪恋权力吗？他不是想轻松一下吗？难道真像西方人所评论的，普京舍不得放下手中的权力，舍不得离开俄罗斯的政坛，要继续对俄罗斯的经济政治生活产生决定性的作用吗？

普京是个政治家，他的身份就决定了关心政治、以政治为使命是他毕生奋斗的目标。只要可能，他是不会离开政坛的。至于他为什么要任总理，这和普京的政治目标和政治理念有着根本性的联系。那就是他要充分利用担任总统八年期间积累起来的经验，让新总统能在自己打下的良好的基础上发展；利用俄罗斯已经形成的政治经济稳定的良好势头，实现国家复兴的根本性的目标。普京有一个强国梦，要结束苏联解体以后十年时间俄罗斯经济混乱、政治解体、被国际社会压制的状态，实现俄罗斯的复兴。这种愿望在他的心里是最为强烈的。但是实现这个宏伟的目标不是他一个人能做到的，也不是他连任三届总统就能实现的，需要一代代人的奋斗。他也需要把自己的这种理想传承下去，所以才选择当总理辅助总统。其实，普京对自己卸任总统后的安排早有打算。早在2007年12月，统一俄罗斯

第十章 ◎ 角色变换——普京从总统到总理

党举行代表大会时,普京与第一副总理梅德韦杰夫共同步入会场时就曾表态,如果梅德韦杰夫当选总统,他准备出任政府总理。这说明他当总理酝酿已久。

另外一点,普京之所以选择当总理,是因为当时有很多人不太看好这个职位。总理和总统相比不但是配角,而且还是一个受累不讨好的角色。按照俄罗斯现在的体制,总理需要负责具体的财政政策和经济发展等问题,这些问题和老百姓的生活密切相关,哪一点做不好都会挨骂。

最为关键的一点是,普京感到俄罗斯人民此时还需要他。当时的俄罗斯的经济形势发生了不利的变化。这些局势和世界经济局势的发展有着一定的密切关系。因为在2007年美国已经开始显露出金融危机的苗头。2007年,普京在全国各地考察,走到工厂、企业、农村时也看到了经济形势一些不可逆转的方面。因此他感到自己的责任是非常重大的。不论当不当总统,尽自己的可能帮助俄罗斯经济发展都是他的职责。当国家和人民需要他的时候金盆洗手不太符合他个人的性格,也不符合俄罗斯国家发展的需要。这也是普京出任总理的动机之一。

普京之所以乐意出任总理的原因还在于,总统人选他比较满意。他曾在公开场合称赞梅德韦杰夫是"非常诚实和正派的人",称其"从出色的法律工作者和专家转变成了优秀的、具有国家理念的行政管理者。"对自己的搭档满意,这是很关键的。虽然配角无法选择主角,可是对主角满意才会甘当绿叶、甘当春泥,否则就会不甘心当配角,最终合作破裂。再者,从个人关系来说,普京和梅德韦杰夫关系密切,相互比较了解。他们有着长期共同工作的经历,在圣彼得堡的时候就非常熟悉。而且在普京总统两届总统的任期间,梅德韦杰夫一直担任总统办公室的主任,给他辅助工作,配合默契。再者,梅德韦杰夫的工作风格非常扎实细致,他从来不对不了解的事情匆忙下结论。他总是把工作安排得井然有序,从不手忙脚乱,而且还有着良好的人际关系,从未与克里姆林宫或政府内人士发生过冲突。这样的人在各种政治力量中可起到平衡作用,对于稳定俄罗斯政局具有十分重要的意义。

普京对自己的角色也比较认可。他特别表示，如出任总理，将不会重新划分总统和总理的权限。按照俄罗斯法律，总理主管经济和社会问题，政治、行政和人事方面的权力以及国防和外交事务由总统负责。这表明他们之间不会有权力之争。

从以上几方面来看，既然俄罗斯的形势发展需要普京当总理，而他自己又有当总理的打算，总统人选也令他满意，那么，普京就义不容辞了，甘愿从主角成为配角，从指挥者变成执行者。就这样，俄罗斯政局中形成了梅普组合的政治架构，两架马车共同引领俄罗斯的发展。

四、低调"管家"，确保继任者"独立强势"

实际上，总理的位置对普京来说并不陌生，只是他没想到9年之后再次成为俄罗斯联邦的总理。

在梅德韦杰夫宣布普京为总理后，人们猜测着，他们两人工作之间是否会出现这样的场景，梅德韦杰夫能否摆正地位，正襟危坐地坐在桌后，听着原来的上司普京前来汇报工作？普京那一贯能洞彻对方心扉的犀利目光，是否会在上司面前变得柔和起来？言外之意就是说，普京是否完成了角色转换，能让原来的下属成为上司后"独立强势"起来？

的确，对于普京来说，担任总理最大的障碍在于角色转换，即从决策者变为执行者。虽然他在上世纪90年代曾担任过代总理，可那是给专横的叶利钦当下属；再说普京也没有给叶利钦当过上司，自然能摆正角色。而现在，连任两届总统的他，习惯把很多的人事决定权掌握在自己的手里，突然成为总理，能克服心理上的障碍、马上进入角色吗？普京是否会成为"强势总理"？梅德韦杰夫总统目前还缺乏有效的手段制衡普京，如果低调的梅德韦杰夫成为"虚位总统"的话，两人产生矛盾就在所难免了。

第十章 ◎ 角色变换——普京从总统到总理

当俄罗斯这样一个大国的"管家"绝非易事。据俄新社报道，从2008年初开始，俄罗斯通货膨胀率已经达到6%，而且一直在涨。物价飞涨最让普京头痛，他知道，控制物价、改善交通状况等，是俄罗斯百姓最关心，也是对他寄希望最多的事情。因此，他马上进入了角色，着手开始干具体的事情。只不过这一切都是埋头苦干，而不是大肆张扬，更不是靠频频出镜来换取形象支持率。因此，有民众反映说："电视里普京的镜头少了，还真有些不习惯。"的确，作为总理，普京的电视出镜率比当总统时少了很多，像为名人授勋颁奖这类活动已不再是他的事了。

可是，不论民众怎样看待这一点，普京已在切实行动了。卸去总统重任的普京身穿夹克衫和休闲裤，离开克里姆林宫，亲自到外地视察工作。期间，他有时与地方大员们在一起；有时，又走到农家问寒问暖。民众看到普京既是计划的制定者又是执行者后，由衷地感叹说："俄罗斯首次拥有了真正的政府，俄罗斯政府第一次由一个独立自主的总理领导。"

此时梅德韦杰夫开始闪亮登场了，他公开向公众表示，他将是一个"真正独立的总统"。他说："总统是统治者。"而且根据宪法来说，他是唯一的统治者。梅德韦杰夫也曾提到过自己与普京的不同："说到底，每个人都是不同的。比如，我和普京的差别之一是我没有军方背景，这样可能会有助于缓和俄罗斯与欧洲、美国的关系。"

作为俄罗斯的总统，他在处处显示自己的特色和影响。他在国际事务上彬彬有礼的举止和普京的强硬态度有一些差别。他在对商人演讲时说，应该"冷静而不歇斯底里地"维护俄罗斯能源巨头——俄罗斯天然气工业股份公司在欧洲的利益。上任以来，梅德韦杰夫总统在自己的岗位上充分发挥了作用，他的形象已深入人心。人们也看到了梅德韦杰夫独立于普京、有别于普京的崭新的一面，那就是"理智""精力充沛""有专业素养""眼界开阔""富有同情心""果断""关心国家福祉""稳重""亲民""谦逊"和"诚实"。这也从侧面说明，普京这个搭档是称职的，既没有遮盖梅德韦杰夫的光芒，也没有让梅德韦杰夫"雷同"于自己。虽然有人置疑"梅普"组合的稳定性，但更多的俄罗斯老百姓期待这个组合最终会变成"最佳拍档"。

五、"普京计划"点燃人们的梦想

普京担任总统以来，在他的领导下，俄罗斯逐渐摸索出一条符合国情的治国道路，经济增长迅速、国家走向复兴。如何保证在他卸任后这一方针得到延续，成为俄罗斯民众最关心的焦点问题。

此时普京做出了回答，他在2007年"与总统直接连线"广播电视直播中告诉众人，他有一个计划，就是要用20年的时间让俄罗斯真正成为一个世界级的经济强国。其主要目标是：在经济领域，摆脱能源型发展模式；在社会领域，提高人民生活水平，如把居民平均寿命提高到75岁等等；在国防领域，生产新型武器，建设创新型军队；在外交领域，奉行独立自主、务实和负责任的政策，为国内发展创造良好的周边环境，同时，恢复俄罗斯在国际事务中的影响力。这就是他的"普京计划"。这意味着，未来克里姆林宫的工作重心将放在国内，以全面推进农业、住房、医疗、教育四大国家优先项目为主线，实施"普京计划"。

总的来说，"普京计划"分两步走：最低纲领是保证现行政策的连续性，即保证普京治国理念的长期贯彻、实施和落实；最高纲领就是坚定不移地走普京路线，用15至20年完成振兴俄罗斯的任务，使俄罗斯重新成为世界强国。

对于"普京计划"的出台，俄罗斯人民持什么态度呢？大多数人反映，从"普京计划"的内容看，的确是惠民利民的计划，同时，也是国家振兴的计划，有利于建立国际政治经济新秩序和消减西方民主的压力。大多数人持赞同态度。

"普京计划"之所以能得民心，是因为顺应了形势的发展。如果说普京当代总理的 20 世纪 90 年代，社会动荡，人们都希望社会稳定的话，2000 年后，经济开始复苏，人心思治。现在 8 年过去了，俄罗斯需要更快的发展，人心思富。在这种情况下，怎能不加快经济发展的步伐、全面推进国民经济的发展、实现俄罗斯重新成为世界强国的梦想？所以，此时"普京计划"的出台集中代表了俄罗斯人民的希望。

普京不仅是计划的制订者，又是主要实践者，因为务实是他一贯的风格。因此，就任总理后，他着力推动的一项主要工作就是落实"普京计划"。这样一来，主管社会和经济事务的总理自然成为主角，而总统要做的就是创造有利的国内外环境，给予总理一切必要的支持。

梅德韦杰夫对于"普京计划"也是高度支持的，这一点从他多次的讲话中都能看出来。只不过梅德韦杰夫在一些实行方法上做了具体的发挥。他认为，提高俄罗斯民众生活质量，提高经济效率的办法之一就是减少国家对经济发展的干预，将现有的审批模式改变成登记模式。同时，应减少对国有企业的干预，要让专业的管理者而不是官员来管理企业。这些方法也是梅德韦杰夫从多年政府工作经验的实践中得出的。

有决策层配合支持，有民众的拥护和依赖，"普京计划"的实现就应该更加清晰具体了。

六、怎样看待梅普组合

在梅普组合执政之后，人们还在猜测着，虽然普京总理十分看好梅德韦杰夫总统，梅德韦杰夫也比较尊重他，可是两者是否能结成真正的黄金搭档呢？因为人们从媒体和各种公开的报道中看到，在处理一些具体问题上，这两个搭档的意见不是百分之百一致。比如，在反对经济危机的步骤、节奏上，他们有一些小的分歧。梅德韦杰夫总统三次批评政府反危机计划执行得不力。难道他们的关系出现破裂了吗？

其实，任何一个国家的总统和总理之间，他们的政治举措和在一些具体问题上的看法都不可能百分之百一致。就像勺子碰锅沿一样，只要在一起共事，就难免发生磕磕碰碰，这不足为奇，不能就此说明关系破裂。因此，如果他们核心的政治理念、核心的政治目标没有根本性矛盾，关系就不会走向分裂。

从总的政治目标来讲，梅普有一个共同的目标，就是要让俄罗斯实现国家的复兴。再者，梅德韦杰夫总统上任之初就提出了一系列的目标，和普京八年任总统时实行的政策方针是一致的，可以说是普京八年来没有实现的政治经济目标的延续，这一点也说明他们没有出现大的分歧。

除此之外，两个人的团队也是一致的（用俄罗斯国内的说法，他们属于"圣彼得堡帮"）。尽管他们曾面临着金融危机的一些挑战，但是两个人仍能在反危机的过程中携手并肩，一同应对这些挑战。

当然，由于年龄的差异、生活时代的不同，两人在政策侧重点等方面会有一些差异。普京与许多和他同时代的人一样，认为军事实力与强硬的政治态度是国家强大的关键标准。而四十出头的梅德韦杰夫生活在社会相对稳定的时期，再加上家庭出身和工作背景比较单纯，他认为国家强大的关键就是"可持续的经济发展和国民的安稳生活"。因此，他更关心经济问题。在民主制度上，他更强调俄罗斯需要进行法治改革，确保司法独立，这也为他这个法律系毕业生找到了用武之地。这些也是两者的差别。

正是因为有着这些明显的不同，也为他们的组合打下了搭配的基础。因为任何一个人都不是万能的，任何一个人都有自己的优劣势，需要和他人互补。普京和梅德韦杰夫也是如此，越是搭档越需要互补。

总的来说，他们的个人关系、工作关系都非常稳定，在工作上的配合也比较令人满意。俄国家杜马国际事务委员会主席科萨切夫对俄罗斯电视台说："梅德韦杰夫和普京在俄罗斯都拥有人们真正的支持，他们的联合对俄罗斯和俄罗斯外交以及整个世界而言都有好处。"俄罗斯东正教一位高级神职人员对梅普组合也高度赞美说："俄罗斯历史上何时出现过如此和平、和谐、友爱的最高权力交接？不仅苏联时期的人们会因此嫉妒我们，全世界很多国家，包括那些试图对我们说教的国家的很多人，都会因此嫉妒我们。"由此可见，梅普组合得到了不同层次、不同思想意识的人的认可，这说明这对黄金搭档搭配得确实不错。他们将在俄罗斯经济政治生活中分别发挥旗手和舵手的作用。

七、梅普联手，走出危机

正当梅普二人携手谱写俄罗斯政坛上新佳话时，2008年，一场由美国引起的金融危机向俄罗斯冲来。出乎梅德韦杰夫和普京预料的是，这次危机的冲击非常巨大。

2007年6月份，当美国次贷危机已经非常严重的时候，俄罗斯整体的宏观经济形势还是表现良好的。梅德韦杰夫曾乐观地表示，俄罗斯是世界经济中的"安全岛"。但没想到，2008年10月份金融危机效应就携着大西洋岸边经济崩溃的风暴进一步扩散，使俄罗斯整个的经济形势发生了非常大的变化。

当时的俄罗斯，尽管国家所欠的外债基本上还完了，但是企业和银行所借的外债非常庞大，已经和俄罗斯所有的外汇储备基本上相等。如果要还清这些钱，俄罗斯的外汇储备会一夜之间化为乌有。俄罗斯经济发展部和财政部对经济前景的预测越来越悲观。因为这次危机再次暴露出俄罗斯经济结构不合理，过度依赖能源和资源的问题。俄罗斯老百姓也对全球经济危机背景下的本国经济显得信心不足，32%的俄罗斯人深信，世界金融危机将影响俄罗斯经济。

进入2009年，梅普组合面临的是更加艰难的考验。根据俄罗斯统计局公布的数字，受金融危机的影响，1月份俄罗斯的失业人口为610万人，失业在家的人数急剧上升。在莫斯科的大街上，再也看不到在建筑行业和其他重体力劳动行业打工的中亚人。在莫斯科内环著名的商业街上，以往供不应求的高级写字楼的空置率居高不下。在经历了长达10年的繁荣之后，俄罗斯人忽然发现自己身边的世界变了。难道又要上演上世纪90年代的悲剧？这一次俄罗斯经济会凤凰涅？吗？危机之下，甚至有人质疑梅普组合是否能走下去？

有经济学家认为："俄罗斯政府没有能力对国内经济问题做出正确诊断，从而实际上将国家推向货币危机。"经济危机引发了普京危机。普京正遭遇越来越多的质疑和指责，人们在发出这样的疑问：这是不是意味着普京执政八年以来建立起来的俄罗斯体制不堪一击？这是普京没有想到的。这一次，梅普配经得起这场危机的考验吗？

不可否认，任何事情的发生都不是偶然的，都与内外因有着一定的联系。尽管俄罗斯的危机具有政治因素，也与国家管理体系对危机准备不足有关，可是事情发生了，分析原因不如去想办法解决问题。

分散众人的注意力

普京任总统时曾因"库尔斯克号"沉没遭受非议，这次在金融危机面前，他又面临着更严重的信任危机。此时，对于处于风口浪尖上的普京，梅德韦杰夫不是撒手不管而是出手营救。他接连在政治和军事方面出台方案，把人们对政府的指责变为关注政府的行动。

3月15日，梅德韦杰夫督促俄官员公开财产，同时表示打算带头，以杜绝腐败。梅德韦杰夫此时强调反腐无疑分散了民众的注意力，也为普京缓解了压力。两天后，梅德韦杰夫又表示，虽然财政困难，俄军仍将从2011年起大规模换装新式军备，并将增加军演次数。因为俄罗斯民间素有敌视西方的传统。尽管梅德韦杰夫强调大整军备是为应对北约在俄罗斯边境附近的军事扩张，但深层次原因或许就是为了缓解梅普联盟的尴尬处境。

第十章 ◎ 角色变换——普京从总统到总理

把挑战变为机遇

2008年10月份,梅德韦杰夫在克里姆林宫与俄罗斯一家石油公司总裁阿列克佩罗夫举行工作会晤时表示:"现在是我国和各国经济的困难时期,但也为我们提供了新的机遇。"次日,梅德韦杰夫又在圣彼得堡对记者表示,俄罗斯正在尝试利用经济危机,为本国经济发展注入动力。他强调:"我们不仅把现在发生的全球经济问题和衰退视为挑战,还把它看做为我国经济政策注入新动力的机会。"为了实现这些目标,他打算在最短的时间内为中小商家创造适宜条件,为投资浪潮营造富有吸引力的环境,确保对私有权实行可靠保护。

有了高层打气,俄罗斯企业增加了战胜危机的底气。90%的公司都在制定缩减费用的政策,52.3%的公司考虑员工人数优化问题,38%的公司打算冻结各种项目,大家都在用各种方法求得顺利度过经济危机。但是,和他们相比,在金融危机中依然有稳坐钓鱼台的人。这些人就是石油、天然气行业的从业人员,他们对金融危机的看法相对平静,这些行业也不打算取消员工奖金。他们明白,不论是否发生危机,任何时候都离不开能源,只是价格会受一些波动。所以对于金融危机他们也没什么可恐惧的。

俄罗斯有些人看到他们如此心闲气静,应对危机的心理和态度也比较冷静客观了。

2009年3月19日,俄联邦政府公布了《2009年反危机措施纲要》。

(一)加强社会保障,确保社会稳定。

具体措施是:大幅增加养老金、限制药品价格、帮助失业人员等,通过这些措施稳定底层人民的生活。

(二)支持实体经济,保存增长潜力。

通过支持骨干企业、提供优惠税收政策、提供资金和贴息、支持重点行业等办法,提高本国工业生产,增加就业人口。

(三) 健全金融体系。

增加资金的流动性、敦促银行向企业贷款、加强银行破产前资产保护。

(四) 实行均衡的宏观经济政策。

这些从宏观战略到微观措施的出台都证明，梅德韦杰夫和普京配合默契，他们有决心带领俄罗斯走出困局。也许对他们来说，这场经济危机恰好是一次考验他们配合的机会。

俄罗斯用于反危机的资金总计3.66万亿卢布，其中联邦预算支出1.61万亿，用于贷款和国家担保资金4500亿，提供优惠税收8486亿，央行向银行注资5000亿，动用国家福利基金2550亿。反危机投入总资金占国内生产总值的9.1%，表明了俄政府解决危机的决心和力度。但是这些资金的使用，就像普京声明的那样以不损害民众利益为原则。

梅普领导下的俄联邦，在危机面前，显示出了它的优越性。梅普组合也再一次经受住了严峻的考验。

八、普京任总理时的俄中关系

普京任总理后，俄中两国的关系也在继续向前推进。

2009年，中俄建交60周年时，普京在莫斯科会见了胡锦涛。双方就双边关系及共同关心的国际和地区重大问题交换了意见，达成重要共识。之后随着两国高层首脑互访，中俄关系的发展越来越好，成为大国关系中一对稳定发展的战略伙伴。

总结以往中俄外交关系的发展，我们会看到，在普京任总理期间，中俄关系的发展在他任总统时奠定的良好基础上又有新的突破。主要表现在以下几方面：

第一，中俄经济合作领域不断拓宽。

近年来，中俄经济合作立足于长远发展，双方经贸合作升级。逐渐从较低级的能源、木材等"资源交易"向技术型为主的产品开发和创新经济型转变。这一点从两国的高层会晤中得以证实。

2011年10月，普京总理与温家宝总理共同出席俄中总理第十六次定期会晤。他们共同签署了《俄中总理第十六次定期会晤联合公报》，并签署涉及经济、人文、旅游、农业、卫生、融资等双边合作方面的文件。这些合作协议涉及金额70亿美元，包括技术转让、研发和矿产开发等领域，其中中俄就管道原油贸易价格达成一致。以后中俄还合资成立了石油天然气公司，这有利中俄双方深化能源合作。

在金融方面，中俄于2010年11月取消本币结算限制，扩大本币在双边贸易结算中的比例，俄中分别启动卢布、人民币挂牌交易，这对两国经济合作，尤其是边境地区经贸合作发挥了巨大推动作用。

双边贸易额由2009年的约400亿美元增至2010年的590亿美元（据俄罗斯海关统计），接近金融危机前水平。

第二，人文合作更加活跃。

从中国2006年举办"俄罗斯年"开始，中俄两国在人文领域的合作不断扩大。2010年在俄罗斯举办"汉语年"期间，举行了包括中国文化节、汉语知识竞赛和文艺巡演等200多场丰富多彩的活动。双方还商定2012和2013年分别举办俄罗斯的"中国旅游年"和中国的"俄罗斯旅游年"活动，现在2012年的俄罗斯"中国旅游年"已经启动。

第三，两国在许多国际和地区问题上秉持相同的立场，并提出新的联合倡议。

2011年11月，在"上海合作组织"成员国首脑理事会成立十周年会议上，俄罗斯和中国再一次重申了两国计划在中国担任上合组织轮值主席国期间(2011年–2012年)继续加强合作，进一步巩固上合组织在保障中亚的稳定和安全，以及巩固地区国家间合作的作用。

第四，在反恐道路上同行。

2009年7月，中俄双方举行了"和平使命—2009"的反恐军事演习。

双方派出了精兵强将，以作战部队为主，目的就是维护本地区的安全及稳定。

从以上方面看中俄关系的良好发展和两国领导人的贡献分不开。特别是在俄罗斯历史上，伴随着普京当政的脚步，中俄关系更近一点。尽管两国在一些问题上还存有分歧，可是就像梅德韦杰夫总统访华时所说，"发展对华关系是俄罗斯外交优先方向，绝不动摇"。相信，这既是中俄高层的战略共识，也是中俄关系未来的发展方向。

第十一章

王者归来看普京

普京就是俄罗斯政坛的一个奇迹。他 2000 年首次当选总统，2004 年成功连任，2008 年任统一俄罗斯党主席，同年 5 月 8 日出任政府总理。2012 年总统大选，60 岁的他再次当选俄罗斯总统。无疑，他是政坛的王者。60 岁的普京站在了一个新起点上，他将雄心满满地带领俄罗斯走上强盛之路。人们必定不会忘记普京 12 年前的豪言："给我 20 年，还你一个奇迹般的俄罗斯！"普京，他能做得到吗？

第十一章 ◎ 王者归来看普京

一、俄罗斯政坛变动，中国不能不关心

2012年，对许多国家来说是名副其实的大选年。且不说中国将举行中国共产党的第十八届全国代表大会并选举产生新的中央领导集体，美国、俄罗斯、法国、韩国也将举行总统选举，日本也有可能更换首相。这些和人们的生活息息相关的事情，众人怎能不关注？

大选对一个国家的政坛来说应该是一个比其他事情都重要、都关键的大问题。政局的更迭，肯定会影响目前的政策和措施。这当然会吸引很多媒体记者、高官政要，甚至普通百姓的关注。至于那些关注国际战略发展走向的分析家们，对这些更为关注。

今天，在世界经济一体化的进程中，在地球已成为"地球村"的时代，哪个人、哪个国家如果试图"两耳不闻窗外事"，独善其身，恐怕是做不到的，只能被时代所抛弃。因此，2012世界各国的大选，人们无法不关注。

2012年，也是俄罗斯大选的关键年。那些国际战略家、外交家们早已把关注点聚焦在了俄政坛即将发生的走向上。

可能有的读者会发出这样的疑问，俄罗斯大选毕竟是俄罗斯的事情，我们，一个普通的中国人，有必要关心邻居家要发生什么事情吗？

古话说："唇亡齿寒"，"城门失火，殃及鱼池"，虽然说的是一些意外风险的发生都会殃及近邻，可是，就像世界上的万事万物都处于或密或疏的联系中一样，任何一个人、一个国家，都和其他人、其他国家的发展兴衰有着一定的联系。每个人、每个家庭、每个国家之间的关系就是这样互为联系、互相影响的，只不过由于地域的原因，有些关系近，交往多一些；有些关系远，交往少一些。

中国和紧邻自己的俄罗斯这个大国的关系，有悲有欢。因为相邻很近，俄罗斯的政局对中国的命运曾有过重大的影响。

在历史上，中俄原来并不是邻国。随着沙皇俄国的扩张侵略，中、俄才成为邻居。近代以来，中国饱受沙俄的侵略，被侵占了大片领土，签定了一系列不平等条约。十月革命后，苏俄与中国既有领土纠纷，也对中国的抗战提供过帮助。

新中国成立后，中苏、中俄关系也经历了曲折、反复。

1949年10月2日，苏联承认中华人民共和国，决定与中国建立外交关系。

1949年12月6日，毛泽东、周恩来率中国政府代表团访问苏联，16日到达首都莫斯科。次年2月回国。

1950年2月14日，中华人民共和国全权代表周恩来同苏维埃社会主义共和国联盟全权代表在莫斯科签订《中苏友好同盟互助条约》，同时签订其他合作协定。

1953年至1957年，中苏两国政府签订若干关于苏联援助中国政府发展国民经济以及中苏合作的协定。1960年7月16日，苏联政府单方面决定召回全部在中国的苏联专家1390名，停止供应中国建设急需的重要设备，两党两国关系彻底破裂。1969年3月2日至17日，中苏发生珍宝岛武装冲突。

1989年5月15日至18日，苏联最高苏维埃主席团主席、苏共总书记戈尔巴乔夫对中华人民共和国进行了正式访问，这是自1959年以来苏联最高领导人对中国的首次访问。5月16日，中央军委主席邓小平与戈尔巴乔夫举行了高级会晤，宣布中苏关系实现了正常化。

从50年代的"蜜"，到60年代的"争"，再到70年代的"斗"，最后过渡到80年代的"缓"，直至平稳过渡到结成战略协作伙伴关系的"稳定"新格局，这种从过于亲密到过于敌视，从一个极端滑向另一个极端的大起大落、大悲大喜的国家关系在当代国际关系上可谓罕见。这一切，与国际形势的发展分不开，更与两国的几代领导人的执政措施和方针政策分不开。因此，我们没有办法不关心俄罗斯，没法不关心俄罗斯政坛的变化。

另外，从世界格局来看，中俄两国关系的发展对当代世界格局的形成和发展也有着不可忽视的作用。今天的中国，在世界舞台上的位置早已令人瞩目，今天的俄罗斯也发生了很多变化，在世界上的地位举足轻重。因此，这两个国家随着领导人的更迭，两国关系会有怎样的发展，对世界各国都会引起重要的影响，当然会引起政治学家、国际关系学家的广泛兴趣。

既然外界都对中俄关系的发展十分关注，作为俄罗斯的战略和经济协作伙伴，我们更没有理由不关心伙伴的局势和发展。当然，这种关心是真诚的、友好的，是为了进一步巩固和发展相互友好的关系。因为这不仅有利于两国的发展，符合两国人民的心愿，也有利于世界各国的发展。

二、王者归来看普京

对于2010年3月份总统竞选这样的大事情，俄罗斯人当然是最为关心的。早在2012年来临之前，俄罗斯不论传统媒体还是新媒体，就纷纷刊发这方面的文章，认为2012年对于俄罗斯人来说是关键的一年，无论议会选举结果如何，其政治格局都会发生重大变化，对俄罗斯今后几年的发展都会产生深刻的影响。

俄罗斯人之所以密切关注总统竞选是有原因的。2008年5月7日，梅德韦杰夫走上总统的宝座时，人们曾报以极大的厚望。当时，俄罗斯的发展面临着严重的挑战。大多数人认为俄罗斯面临的三大问题是：对付腐败，建立独立的司法，经济多元化。法律系毕业的梅德韦杰夫决心改变这种情况。梅德韦杰夫行事目标明确而公开，处事有条理、冷静，他也有决心把俄罗斯变为"经济强大"的发达国家。可是，当2009年5月7日，他担任总统才满一年时，人们就发现，俄罗斯经济正面临十多年来最严重的危机，失业率接近10%，通胀率15%，而且信贷紧缩伤害了所有俄罗斯人。

这当然有历史原因，是金融危机这个魔兽打开了潘多拉魔盒造成的，不可能都是梅德韦杰夫一个人行为的结果。可是，人们多么希望新的执政者有能力力挽狂澜啊！时至今日，俄罗斯人民看到，在他们结束了叶利钦时代，经历了普京时代和梅德韦杰夫时代后，他们渴望的民主、铲除腐败的任务还远远没有完成。在这种情况下，人们不可能不把希望再一次寄托在总统大选上，希望新总统出台新措施，改变目前一些不尽人意的现象，让老百姓的生活越来越好，让俄罗斯也像挺拔的白桦林一样充满青春的朝气和明媚的阳光。因此，2012年的选举，对于俄罗斯人来说，不仅充满期待，而且热情参与。很多人都希望通过投票的方式表达自己的意愿。于是在群众支持，选民热情参与的情况下，2012俄罗斯的大选确实格外引人注目。

俄罗斯政坛的变动不仅引起俄罗斯人的高度关注，世界各国的政治家、国际关系学家以及一些普通民众也对俄罗斯的政坛变局充满好奇和期待。在这种内外因的结合下，2012俄罗斯政坛的变动吸引了世界上无数人的眼球。

时间进入2012年3月4日，俄罗斯举行了第六届总统选举。现任总理普京、共产党领导人久加诺夫、自由民主党领导人日里诺夫斯基、公正俄罗斯党领导人米罗诺夫、独立候选人普罗霍罗夫，参加了此次总统竞选。人们等待谜底的揭开。

三、眼含热泪的普京：我们赢了！

2012年3月5日，受全世界瞩目的俄罗斯总统大选统计结果终于揭晓，普京以绝对优势在第一轮选举中直接胜出，在他的政治生涯中第三次当选俄罗斯总统，为了庆祝当选，普京的支持者前往莫斯科马涅什广场集会，硬汉普京在登台演说时竟然眼含热泪。他因激动而略带沙哑但却铿锵有力的声音久久回荡在广场上空："曾经，我问你们，我们会赢吗？现在，我们赢了！"普京以手指台下，"我们获得了压倒性的支持，获得了公平的胜利。"

自2000年"入主克宫"以来，冷峻、铁腕是普京十多年留给人们的印象，而流泪的普京，的确令不少人吃惊。这个无所不能的男人，这个喜怒不形于色、甚至被嘲笑只有一种表情的男人居然流泪了。集会现场有记者追问普京为何流泪，普京的解释竟是："当时冷风吹到脸上了"。

第十一章 ◎ 王者归来看普京

面对寒夜摇旗呐喊的 11 万支持者，不轻言许诺的普京最后说："我曾向你们保证，我们会胜利，现在，我们胜利了。这是俄罗斯的光荣！"随后，他前往设在"全俄人民阵线"的竞选总部，庆祝胜利。

北京时间 2012 年 5 月 7 日下午 4 时，在莫斯科克里姆林宫内举行了俄罗斯当选总统弗拉基米尔·普京的就职典礼。典礼持续了一个多小时。一切都是那么的熟悉的。4 年前，"梅普组合"曾以几乎同样的流程实现权力更迭，而今一切如昔，以至于"轻车熟路"的普京甚至未对就职仪式进行彩排。

这一年的秋天，普京将满 60 岁。他的归来，可谓众望所归。俄罗斯《消息报》当天评价说，普京是一个有经验的强有力的领导人，受到绝大多数公民的支持。英国《每日电讯》则援引伦敦大学贝克学院历史教授奥兰多·菲吉斯的话说，"普京归来"并不准确，因为他根本就从未离开过——过去 12 年来，俄罗斯一直在受普京主义的影响。普京 12 年前的豪言音犹在耳。"给我 20 年，还你一个奇迹般的俄罗斯！"美联社称，"今天，普京站在了一个新起点上，雄心满满地带领俄罗斯走上强盛之路。"

这次俄罗斯总统选举于远东地区时间 4 日 8 时在俄罗斯最东部的楚科奇自治专区率先开始。这次选举登记选民 1.1 亿，全国设有投票站 9.5 万个，投票率高于 2008 年总统选举。由于俄罗斯领土横跨多个时区，从远东地区开始投票到西部地区结束投票共持续 21 个小时。

寻遍俄罗斯政坛，其实普京就是唯一的选择。剩下的所有程序似乎只是为已确立的结果走一下过场。但是，回顾俄罗斯独立以来跌宕的历史，这出选举大戏的细节还是值得人们给予特别的关注。注定是时势选择了普京，而时势又是此前历史进程的产物。

1999 年的最后一天，俄罗斯总统叶利钦辞职，于是，普京这一个不为世人所熟知的中年人成了俄罗斯的代总统，并且以有利的位置获得了 2000 年总统选举的胜利。当时人们还质疑他对国家的领导能力。而事实证明，他完全有能力掌控这个国家，甚至可以说，他就是为俄罗斯而生，他全盘操控了这多年来俄罗斯的政局变化。

普京上台执政之初，俄罗斯社会有着两个最强烈的民意期盼：一是期盼稳定，多数人早已厌倦了政治作秀、党派纷争，希望能有一个强势的政府和政治强人来扮演主持社会公正、平定天下的角色；二是期盼能重振俄罗斯的大国地位，恢复民族自豪感，这一情感在俄罗斯人的精神中有着很深的历史根基。在这一民意背景下，普京的出现可谓是应运而生，顺时而行，因而能够获得极高的民意支持。

普京掌握了宪法赋予总统的巨大权力，"决定国家内外政策的基本方针"，"武装力量的最高统帅"，可以任免包括总理在内的国家重要行政官员。而对他的唯一制约就是任期的限制——俄罗斯宪法规定，总统每任4年，只能连选连任一次。

2004年，尽管对自己连任把握非常大，普京还是在总统选举前几周，突然解除了总理卡西亚诺夫的职务，令没什么波澜的选战倏然翻出些浪花来。

在俄罗斯，普京的旗帜是秩序、法治和社会公正。为此，他不惜向经济寡头开刀，向地方诸侯收权，得罪于巨室。普京强化中央集权和社会调控的做法赢得了许多人，特别是弱势群体的欢迎。

此后，普京完全掌控了俄罗斯政坛的走向。在他8年任期期满的2008年，人们对俄罗斯政局将要发生的变化产生了无数的猜测：下一任是谁？普京不当总统后会去做什么？

四、"梅普"二人转——权力的轮回与默契

2008年的俄罗斯总统大选之前，普京高调宣布：将完全支持梅德韦杰夫参选，自己则出任新政府的总理。

梅德韦杰夫是个什么样的人呢？他展现于世人面前的总是一个低调、实干、人品好、忠诚、有修养、从政经验丰富、有能力的好人形象。其民

第十一章 ◎ 王者归来看普京

调支持率也从 11% 跃升至 45%。在普京的支持下，梅德韦杰夫在 2008 年的俄罗斯总统大选中成功胜出，成为俄罗斯政治舞台的新主角。

2011 年 12 月 5 日，俄罗斯国家杜马（下议院）选举落下帷幕，执政的统一俄罗斯党以近乎半数的比例再次成为俄罗斯国家杜马的第一大党。这次俄罗斯国家杜马选举的格局，为普京在俄罗斯政坛的卷土重来提供了强有力的政治保障。

然而，普京再次走向台前的道路并没有想象中的那么平坦。在杜马选举之后，俄罗斯共产党主席久加诺夫指出，在莫斯科等地的一些投票站有许多选票在投票前就被放进票箱了。一些投票站，有些人"冒充"俄罗斯共产党监督员进入投票站，真正的监督员则被禁止入内。俄罗斯自由民主党则提出，一些地区"根本没有进行选举"。欧盟安全组织的选举观察员则表示，选举筹备工作"干预了政治竞争，使竞选缺乏公平"，他们也注意到了选举中的欺诈行为，包括有人"堵住投票箱"等。美国国务卿希拉里 2011 年 12 月 5 日在欧洲安全与合作组织外长会议上表示，俄罗斯这次国家杜马选举"既不公平也不自由"。而且，苏联前领导人戈尔巴乔夫在 12 月 7 日接受国际文传通讯社的采访时也表示，选举"存在大量弄虚作假和舞弊"，"结果没有反映出人民的意愿"，必须"重新举行选举"。

2011 年 11 月 5 日晚上，莫斯科爆发了数千名示威者走上街头的示威抗议活动。抗议人群指责选举中存在舞弊，反对普京继续对俄罗斯统治，他们高喊"俄罗斯不需要普京""窃贼普京"等口号。此后的 12 月 10 日和 12 月 24 日，俄罗斯两次爆发大规模抗议大潮，波及的地域从圣彼得堡到西伯利亚。一些西方媒体甚至预测，普京正在失去对国家政权的控制。

然而，他们错了。

面对西方国家和国内民众的质疑，普京并未直接回应，仅是其发言人佩斯科夫向世界传达了普京的立场——杜马选举结果依然有效。尽管有媒体报道很多俄罗斯民众已经"厌倦"了普京，但这种说法缺乏事实上的依据。2012 年 3 月 4 日如期举行的总统大选的结果毫无悬念，普京如愿以偿地再度成为总统大选的最后赢家，开始了自己的第三个总统任期。这说明，俄罗斯的老百姓们非常实际，只要能够带来实实在在的好处，他们并不介意普京继续干下去。而一些俄罗斯媒体也以调侃的语调评价普京的强势归来："你还能把选票投给谁呢？"

在2012年总统大选前，人们一直在猜测，究竟普京和梅德韦杰夫谁会参加这一次的总统选举呢？这也是一个让全世界都猜了很久的政治谜团。2011年9月24日，梅德韦杰夫和普京一同出席统一俄罗党第十二次代表大会。在会上，梅德韦杰夫提议，由普京作为统一俄罗斯党候选人参加下一任总统大选。普京也正式表态说，如果他当选的话，梅德韦杰夫将出任总理——这好似是一场完美的"二人转"——普京的顺利当选意味着从2012年起的6年至12年，或者是更长的时间，俄罗斯仍然会是"普梅"组合执掌政局的时代，普京导演下的这部"二人转"大戏，"梅普"组合极有默契地实现了权力的轮回，俄罗斯政坛也必将继续沿着普京早已规划好的路径前进。细细想来，其实每个情节都早已安排好，一切皆是为了普京权力的延续。

五、强权背后的政治智慧

普京永远强硬地站在俄罗斯政治舞台的中心，并且通过大选重新赢回总统宝座，宣告了普京时代的延续。在这一过程中，作为政治强人，仅仅拥有铁腕手段可是不够的。普京在这一大选的进程中，也多次使用了一些饱含权谋的柔性政治技巧，向世人展示了他作为大国领导人的政治智慧。

作为一个曾经担任过两届俄罗斯总统的候选人，普京要想第三次成为大选的最终胜利者，竞选道路上的最大障碍无疑是关于他有碍俄罗斯民主进程的言论。为了打消民众对他可能走向独裁的顾虑，普京在黑海海滨城市索契会见瓦尔代国际辩论俱乐部成员时，巧妙地将美国前总统富兰克林·罗斯福作为挡箭牌，强调只要符合宪法规定，自己连任并不会损及俄

第十一章 王者归来看普京

罗斯的民主进程。"罗斯福连续4次当选,因为当时这不违反美国宪法。罗斯福1933年当选美国总统,之后连任3次,直至1945年8月去世于任内。美国随后修改宪法,规定总统任期不得超过两届,每届4年。但是在此之前,罗斯福的三次连任无疑是符合宪法规定的。"同时,为了打消民众对权力长期集中到一个人手中的顾虑,他还主动坦言:"我同意由一个人掌握所有权力是不对的,因此我选择与梅德韦杰夫分享权力。"

在普京巧妙跨过"独裁"这道障碍后,俄罗斯的政治力量分布出现了微妙的变化。在俄罗斯第六届国家杜马选举投票中,普京代表的执政党统一俄罗斯党仅以49.6%的选票获胜,保住下议院450席中的220席,但成绩较4年前大幅下滑。有些媒体开始宣称普京已经失去了对俄罗斯政治局势的全面控制,这也造成了一些民众对普京重新竞选前景的担忧。

为了挽回第六届国家杜马选举投票的结果对自己的不利影响,普京在名为"继续与普京对话"的直播节目中对国家杜马的选举结果进行了分析。他说:"执政党统一俄罗斯党丢掉部分选票是很正常的现象,因为俄罗斯刚刚经历了非常困难的危机时期,金融危机使民众生活水平下降,失业率上升,因此部分民众将选票投给了反对派。尽管如此,统一俄罗斯党依然保持领先地位,也获得了很好的得票率。因此,俄罗斯民众完全没有必要对总统选举的结果过度担忧。"

由于在杜马选举中,统一俄罗斯党被曝有舞弊行为,部分俄罗斯的中产阶级纷纷走上街头,表示对选举结果的质疑和抗议。对此,普京一方面强硬宣称杜马选举结果有效,不予更改,正面击退了反对派的又一次进攻;另一方面也通过媒体向民众解释了关于杜马选举舞弊传言的由来。他说:"这是反对党在选举之前的一次政治阴谋,任何国家在任何时候都可能发生这样的现象。这些政党和反对派举行集会,主要目的是为总统选举造势。反对派应把对选举结果的质疑带上法庭,而不是进行游行抗议。"

同时,依据普京的建议,2012年3月4日总统大选的所有投票点都设置了监控摄像头,所有民众都能对投票过程进行监督,最大程度地杜绝了舞弊行为，确保了普京当选的合法有效。

当然，评价一个领导者的最好标准是检验其政绩，普京强硬背后的底气自然是他执政以来俄罗斯经济发生的翻天覆地的变化。

2000年以来，俄罗斯社会经济发展取得了显著成就。在过去的十余年里，俄罗斯在社会领域中的成就最为显著。2000年，俄罗斯贫困人口比例为29%，如今这一比例下降至12.5%，并继续保持下降趋势。2000年，俄民众每月平均工资为2232卢布（约合当时的82美元），如今平均工资水平为26600卢布（约合745美元）。

21世纪初，俄罗斯的年通胀率达到30%，而2011年只有6%。在国际货币储备规模上，俄罗斯排在中国和日本之后，居世界第三。

2011年12月16日，俄罗斯结束了长达18年的马拉松式谈判，正式成为世贸组织成员，迎来了对外经贸合作和自身经济发展的崭新起点，这也是对"梅普组合"的最好肯定。

基于对普京执政的政绩肯定，美国《时代》周刊将其选为该刊2007年"年度人物"。《时代》周刊执行主编施滕格尔在谈到普京当选的原因时说："普京将处于混乱中的俄罗斯重新带回世界强国之列，取得了非凡的领导成就。"而普京在大选获胜后也承诺，自己会继续加强政治体系建设，促进经济多元化发展，推动经济创新现代化，并继续关注民生发展，创造一个俄罗斯历史上最辉煌的时代。

用强权回击挑战，用权谋安抚民心，用政绩赢得选票，或许这才是普京赢得总统博弈的秘密所在。

六、无可替代的普京

2011年12月4日，俄罗斯迎来了总统大选前的最后一次杜马选举。在这次杜马选举中，执政党统一俄罗斯党虽然再夺议会第一大党的地位，但相比于上一届却痛失了70多个议席。而俄罗斯共产党和公正俄罗斯党的议席较上次有了增长。然而最麻烦的是，普京领导的统一俄罗斯党被质疑存在舞弊现象。

12月10日，俄罗斯各地均出现抗议大潮，波及的地域从圣彼得堡到西伯利亚，光是莫斯科博洛特纳亚广场上的示威者，人数就超过2万人。

12月24日，苏联解体20周年纪念日的前一天，超过5万人聚集在莫斯科街头举行名为"为了诚实的选举"的示威集会，这也是普京执政12年来遭遇的最大规模反抗。

普京的反对者们两次走上莫斯科的街头游行，向媒体和政府提出他们的两个诉求：一是重新举行选举，二是要求中央选举委员会主席下台。此后，支持普京的民众也发起了游行集会，声称"反普"就是"叛国"。对于国内两个阵营民众的各自示威，普京并未直接回应，仅是其发言人佩斯科夫向世界传达了普京的立场——杜马选举结果依然有效。

2011年12月12日，时任俄罗斯总统的梅德韦杰夫在自己的"脸谱"主页上表示："宪法规定俄罗斯公民有权表达自己的立场，而他们（普京的反对者）正是这么做的。一切都依法进行，这很好。但我不同意集会的口号和声明。"

普京则表示出自己愿意与反对派进行对话的宽容态度，随后他却提出了一个令反对者们无法回答的问题："跟谁对话呢？"这个问题的背后，折射出普京及统一俄罗斯党的极度自信——放眼俄罗斯，谁能替代普京？是俄罗斯共产党的领导人久加诺夫？是现任圣彼得堡市长马特维延科？还是人称"最后的寡头"的普罗霍罗夫？

最终的答案在2012年的俄罗斯总统大选之后揭晓，普京再一次用事实堵上了所有反对派的嘴巴，强有力地向世界宣称：今时今日，我无可替代。

七、大选：金钱与权力的对决

在俄罗斯杜马选举结束之后，由于统一俄罗斯党被曝出存在舞弊嫌疑，因而在俄罗斯境内不断爆发大规模抗议活动。对此次危机出现的根源，普京一语道破天机："在杜马选举后和总统大选前，一些外国代表召集他们资金支持的那些人，即所谓的赞助接受人，并指导他们，给他们布置任务以影响选举活动。""在这个国家，有些人像走狗一样向外国使馆乞食，指望得到外国基金会和政府的支持，而不是依靠自己的人。国内外的反对者想把俄罗斯搞坏。那些反对我们的人想看到一个贫弱的国家。他们想要一个无组织、无秩序、分裂的社会，以便他们在背后搞肮脏勾当。""但是，此类活动肯定是做无用功，因为俄罗斯的民众不会接受外国势力资助的政客。"同时，普京不无讽刺地称外国政府"若把这些钱用于偿还债务，停止无效且代价高昂的经济政策，效果会更好"。

路透社分析，虽然普京在谈话中并没有具体指名道姓，但"普京是在暗示，不容许在俄罗斯出现邻国格鲁吉亚、乌克兰那样的颜色革命，不容许总统大选的结果出现丝毫偏差。"

毋庸置疑，普京在俄罗斯国内依然掌握着令人畏惧的庞大财力资源，军队和警察的立场并未动摇。而与普京对抗的力量仍然是那些所谓的"系统"政党和"非系统"团体，前者在议会有席位，后者正推动着街头抗议活动的发展。受到诸如此类一些因素的影响，普京政府有序应对当前形势的能力正在下降。好在尽管民心越来越躁动，但大部分人想要看到的是对目前体制的改良，而非再来一场革命。这一切总体来说还是有利于普京的。

国家杜马的选举结果和一年多以来普京领导的统一俄罗斯党的支持率持续下跌出乎普京和统一俄罗斯党的意料之外。因此有人质疑，统一俄罗斯党只能依靠贿选和操纵选票，继续维持其在议会中的多数党地位。

随着2012年3月的俄罗斯总统选举大幕拉开，普京再次成为了聚光灯的焦点。这次总统选举的主要看点已经成为究竟是西方通过资金和舆论支持的反对派获胜，还是掌握大量公共权力和政治资源的普京卷土重来。而最终的结果显示，绝大多数的俄罗斯选民愿意再给普京6年时间，以换取社会稳定和经济免受危机冲击。

结果是很明显的，在2012年大选中，普京利用公共权力和政治智慧，击退了西方势力通过金钱支持的反对者们的咄咄攻势，让自己第三次成为克里姆林宫的主人。在铁腕船长的领航下，俄罗斯这艘巨轮将会航向何方，让我们拭目以待。

八、俄罗斯民众这样看普京归来

普京当选后能够给俄罗斯带来什么样的改变，俄罗斯会怎样发展，今后将走一条什么样的路？

根据全俄社会舆论研究中心调查结果显示，俄罗斯公民对总理普京重返总统席位后的国家前景评价不一。39%的受访者认为普京重返总统席位将不会带来任何变化，43%的受访者认为他的归来将给国家发展带来新的活力，只有8%的人认为国家会停滞不前。

但是不论怎样，调查结果显示，大部分受访者都表示更接受目前的生活状态。"俄罗斯人依然更喜欢当代，只有24%的受访者希望回到勃列日涅夫时代，只有2%的俄罗斯人表示愿意回到叶利钦时代。"这就说明，不论在普京还是在梅德韦杰夫领导下，都取得了令人信服的成就。人们希望生活在当代，这就是最好的证明。

当然，普京不是圣人，也不是神，他不可能让每一个人都满意。但是，人们既然选择了他，就说明他符合俄罗斯主流的民心民意，符合时代的需要，符合社会发展的趋势。再者，人们从他连任两届总统和一届总理的工作中也看到了他的能力和魄力，所以他们才把信任和期望投给了他。但是，外界称普京上任后不轻松。他不仅要面对与西方国家的冲突，还要面对国内中产阶级要求自由、公正的压力，可谓内忧外患。

可是，越是困难越向前，这是硬汉普京的性格，他是不会退却的。

经过多年的历练，他更加成熟，更加稳重，经验更加丰富了，施政的方式和方法更加灵活了。因此，俄罗斯民众才选择了普京。

九、普京归来，外界众说纷纭

普京当选后，对周边国家的影响会怎样？俄罗斯会走怎样的路，外界不免众说纷纭。

叫好的有，攻击谩骂的也有。

法国一家媒体就将梅普二人相互确保权力称为"对民主肆无忌惮的调戏"。美国《外交政策》则怀疑普京当选后对西方的态度会趋于强硬，因为普京一向以前苏联的历史而自豪。他最喜爱的逻辑就是：我们不比你们差，很多时候还比你们好。美联社则评议，如果普京再次当选俄罗斯总统，奥巴马政府此前与梅德韦杰夫政府确定的美俄关系"重启"进程将会继续下去。因为决定这一进程的是国家利益，而非一个国家执政者的性格脾气。不论怎样，美国大多数人并不对普京上任持特别反感或者排斥的态度。

至于西方人抨击的普京上台后民主成分会减弱，会造成专制局面，俄罗斯人心中有数。他们自己最清楚，在俄罗斯，虽然有人试图打破集权，实行西方式的民主，可是在苏联解体后的前十年，俄罗斯对西方民主政治做了相当认真的尝试，但并没有达到理想的结果，只造成了一片散沙般的混乱。因为俄罗斯横跨欧亚，地广人稀，资源丰富，辽阔疆域上的复杂民族对国家统一也构成了一定的潜在威胁，是普京重树国家威权，建立了秩序，才把俄罗斯带向一定程度的繁荣。对那些试图打着自由的名义搞分裂的人，他也绝对不姑息养奸。普京曾对时任美国总统的小布什在第32届八国峰会后记者招待会上批评俄罗斯民主问题回答说："让我跟你老实说吧，俄罗斯人压根就不想要伊拉克那种民主。"这也说明普京执政后俄罗斯还需要一定时期的集权主义。普京曾说，俄罗斯需要一个"不仅能够有效服务于今天，而且还能服务于子孙的政治体制。"所以，不论西方媒体怎样

第十一章 ◎ 王者归来看普京

抨击普京当政后会怎样专制，但是局外人毕竟不明白别人家里的真实情况，说三道四基本上不会起到什么太大的作用，只能是过过嘴瘾。

还有国外媒体议论普京第一次当总统时"很强硬"，开放度不够，外国公司在俄罗斯挣大钱很难，这次是否也会像原来那样？

当时普京实行这样的政策是有现实原因的。当时的俄罗斯国力处于历史低潮，他们需要像列宁一样实现"战时共产主义"政策，垄断重要的国家资源，并且要"肥水不流外人田"才能确保国内老百姓的生活稳定。因此，普京绝对不会低价出让一些重要资源，而让虎视眈眈的外部势力挑战国家的核心利益。而今天的俄罗斯，老百姓对国土和重要资源的认识也越来越清晰，他们懂得自己需要何种程度的民主和权威。

在文学艺术界，有这样一句经典名言：民族的才是世界的。一个领导人的执政风格和对国家的政治体制的选择也是同样，只有民族的才是世界的，符合俄罗斯国情，那就是最好的。

撇开这些政治见解，就普京的形象和表现来说，其实，在外界看来，还是蛮友好的，不但充满活力，而且很有人情味和幽默感。

普京在出访日本的一次活动中，曾和一个日本女孩同台摔跤。不巧的是，普京居然被那个女孩子摔倒了。普京的贴身保镖当时大为惊讶，以总统的技术不应该如此啊！但是，这正好显示了普京友好的一面。一个十分乖巧可爱的小姑娘，当然应该让她赢啊！这才是大家风范嘛！仅是这些表现，既亲切又友好的形象就展现出来了，在日本民众的心里也留下了和蔼亲切的印象。

至于普京在外交活动中表现出的幽默也是十分令人愉快的。他任总理时，有人问起"当您和俄罗斯总统都睡觉的时候，谁管理国家"，普京笑着回答说，"我们轮流睡觉。不用怀疑，一切尽在掌握。"

一次，当普京与时任英国首相的布莱尔在莫斯科的一个酒吧内闲聊时，普京用俄语开玩笑地说："在俄罗斯有这样一个笑话，俄罗斯男人在办公室聚在一起时，他们谈论的都是女人；当他们出了办公室与女人在一起时，他们谈论的都是工作。"

和这样机智而充满幽默的人在一起，怎能不令人感到轻松愉快呢？严肃的话题也会变得活泼一些，复杂的谈判也会变得轻松一些。

因此，普京，不仅只是受到俄罗斯国内民众的喜爱，而且受到国外人士的喜爱和尊敬。在大多数人的心目中，也都给普京打了很高的印象分。有了以前的铺垫，此次普京归来，多数人都是认可的。

十、中国，怎样看待普京归来？

在2012年的春天，对于中国的各大媒体来说，在国内新闻的版面上，无疑"两会"是热门，是焦点，但是在国际新闻版面中，俄罗斯大选就是中国人观注的焦点了。因为俄罗斯是我们最近的邻居，而且这些年来，也是关系比较亲密的邻居。何况，俄罗斯作为世界大国，在世界舞台上也举足轻重。谁当选，不仅关系到以后俄罗斯的发展，也关系到他们对中国的态度。中国人当然也有理由关心。

当电视上播出普京当选后，中国国家主席胡锦涛第一时间同俄罗斯当选总统普京通了电话，祝贺普京当选俄罗斯新一届总统。之后双方就中俄双边关系及重大国际和地区问题深入交换了意见。

在电话中，胡锦涛主席表示："中国政府和人民坚定支持俄罗斯走符合本国国情的发展道路，坚定支持俄罗斯为维护国家主权、安全，促进经济发展所做的努力。中方始终将发展中俄关系作为中国外交的主要优先方向之一。我们愿同俄方共同努力，加强务实合作和战略协作，推动中俄全面战略协作伙伴关系不断迈上新台阶。"

曾经，在普京第一次当选总统后，时任中国国家主席江泽民也是第一个和他通电话的外国领导人。更不用说，近些年来，随着两国领导人的互访，中俄关系更加紧密，取得了进一步的突破。在双方领导人共同推动下，中俄双方建立了完备的会晤磋商机制，制定并签署了《中俄睦邻友好合作条约》等法律文件，这一切，为两国关系发展奠定了牢固的法律基础。

对于胡锦涛主席的热情祝贺，普京也表示中国是俄罗斯的好邻居、好邻邦、好朋友，两国关系建立在两国根本利益的牢固基础上，发展水平是前所未有的，俄罗斯政府和人民高度重视发展对华关系，愿意加强经贸、科技、能源、航天等各领域务实合作。在复杂多变的国际形势下，俄中共同为维护世界和平与稳定发挥重要作用。

第十二章

第三度入主克里姆林宫

　　普京再次执掌俄罗斯，意味着"新普京时代"的正式开启。普京在新的任期内，将继续实践其"振兴俄罗斯"的构想，不过，普京新政府必将面临更多的挑战和考验。

　　"如果我们是一个团结的国家，如果我们热爱祖国、强化俄罗斯的民主、宪法权利和自由，我们会实现目标。"普京希望在自己的努力下使俄罗斯各阶层各尽其能、各司其职，实现国家的快速发展和社会的公平公正。

一、普京上任周年获半数民众认可

2013年5月7日是普京第三次出任俄罗斯总统满周年的日子。俄罗斯民意基金会于2013年4月底在俄罗斯43个联邦主体的100个居民点进行民意调查,半数俄罗斯人认为普京就任总统一年来的表现符合预期。

普京此次就任前,俄罗斯国内政治气氛一度紧张,部分反对派政党和团体频繁举行抗议游行,强烈要求改革。因此,消除国内抗议浪潮、维护社会稳定,成为普京重返克里姆林宫后面临的紧迫任务。为此,普京采取了一系列措施推进改革,俄议会也在2012年6月通过了新修订的集会法,加大对相关违法行为的处罚力度。此外,俄当局以立法形式监督俄境内获得外国资助的非商业组织的活动,并要求有关方面汇报外国资助方名称、资助金额和资金使用情况。得益于这些改革取得的进展,那些攻击俄罗斯民主倒退的人失去了口实,而那些打算破坏俄社会稳定的人也渐渐失去了市场。

经济:加快结构调整

普京就任以来,国际市场油气价格一直处于高位,这为能源出口大国俄罗斯获得稳定的外汇收入提供了保证。俄财政收支状况良好,外债处于合理水平,卢布汇率保持稳定。

一年来,在俄政府的关注下,民众收入提高,国内工资水平不断上升,经商环境也得到改善。此外,由于俄政府采取鼓励生育的政策,俄人口减少的势头得到有效控制。

不过,这一年俄经济发展也并不是完全利好的局面。2012年下半年以来,俄经济增速持续放缓,2013年第一季度增速仅为1.1%。

在总体经济发展战略上，普京提出建设新经济的倡议。在具体目标上，俄罗斯要在未来几年跻身世界前五大经济体。所谓"新"经济，实际上与以前一直提倡的创新型经济一脉相承，其核心内容是调整产业结构，转变增长方式，摆脱对资源和原材料的依赖。

反腐：从权力走向制度

就任后普京继续高举反腐大旗，重拳反腐，加强对官员的职务行为和财产状态的监督，对于渎职、腐败的官员坚决罢免。

在2012年年底的国情咨文中，普京提出，在监督政府官员收入和财产的同时，将开始监督政府官员和国有公司领导以及其家属的开支和获得大笔财产的交易。此后，普京的倡议成为《俄罗斯政府法》修正案。

2013年4月，俄联邦委员会通过法律，禁止高官、公务员、上下院议员、法官拥有国外账户以及在国外银行拥有有价证券。官员和议员们允许拥有国外房产，但必须公开购房资金来源。禁令也适用于所有上述人员的配偶和未成年子女。

普京这一系列行动的规模超乎以往，多名涉贪高官纷纷落马。分析指出，随着反腐立法的逐渐完善，俄罗斯正从"权力反腐"走向"制度反腐"。

外交：开展大国务实合作

在对外政策方面，普京一年来采取比较务实的做法。他主导俄罗斯与美国保持"斗而不破"的关系。虽然俄美在反导问题上的分歧依然没有化解，围绕"马格尼茨基法案"产生的纠纷又令两国关系一度恶化，但是在美国波士顿发生爆炸案后，双方承诺继续在反恐和安全问题上开展合作，俄美关系出现回暖迹象。

在对华关系上，俄罗斯继续推动与中国的全面战略协作伙伴关系向前发展。两国最新签署了关于合作共赢、深化全面战略协作伙伴关系的联合声明，确定了两国关系发展的方向和重点合作领域，展示了俄罗斯与中国全面战略协作伙伴关系的高水平和特殊性，为推动双方务实合作注入了新动力。

国防：打造"强军梦"

国防问题是普京第三任期的重中之重。普京上任几个月后多次视察海军、空军，强调提升这两个军种的战斗力。特别是在2012年8月的俄空军100周年典礼上，普京承诺2020年前为空军装备超过1600架新型战斗机，并斥巨资打造高技术空军。

普京于2013年4月25日表示，一系列参数超过其主要对手——美国F-35战斗机的T-50战斗机将在2016年开始装备俄罗斯空军。同时，普京指出，目前俄军军官补充率为98%，正在根据俄军目前员额和需求对军校进行优化和合并。普京说："干部培养规模应符合武装力量的数量，而不应面向苏联时期的臃肿军队。"

二、普京的2013——五大年度关键事件

2013年是普京第三次总统任期的第一个完整的执政年份，对普京在这一年的工作，俄罗斯的众多媒体都做了很多的报道和盘点。俄罗斯《莫斯科时报》就盘点了普京在2013年出台的许多新政策，并评论说这些政策让全球知道俄罗斯政府不仅不提倡吸烟和酗酒，同时也不喜同性恋。此外，《莫斯科时报》还特别评出了普京2013年五大年度关键事件。

首先，2013年可谓是普京的"禁令之年"。俄罗斯在这一年颁布了许

多条禁令，其中许多都是令人称道的，如 6 月实施的禁制公共场所吸烟等禁令。但是普京还宣布禁止进口一款乌克兰巧克力以及摩尔多瓦红酒，这被认为是普京因这两国政府与欧盟关系过密而加以的制裁。此外还有对立陶宛日用品的禁令，分析人士称这是因为立陶宛主办了欧盟峰会。最有趣的当属鄂木斯克地区的一条禁令，政府禁止当地所有的公立学校庆祝万圣节。

第二件便是俄罗斯宣布禁止美国人领养俄罗斯儿童，克里姆林宫对这项政策的解释是以防俄罗斯儿童遭受"美国野蛮父母"的伤害。有数据称，在过去的 20 年内有不到 0.2% 的美国人收养过俄罗斯儿童。有分析人士称，这一政策旨在回应美针对俄罗斯违反人权的指责。

第三件是斯诺登事件。"棱镜门"事发后，事件的主角斯诺登在莫斯科谢列梅捷沃机场中转区滞留一个多月后，8 月 1 日获准在俄临时避难一年，之后便消失于公众视线。

第四件是俄罗斯反同性恋运动。俄国家杜马在 2013 年以全票通过了一项颇受争议的"同性恋宣传法"，将俄罗斯同性恋群体规定为二等公民，并规定对同性恋行为罚款 5000 卢布。

最后一件便是俄罗斯前首富霍多尔科夫斯基获释。这位前能源"寡头"在 12 月 20 日获得普京的赦免，但是只能流亡海外，否则将遭受 5.5 亿美元的罚款。外界普遍把这次特赦视为 2014 年 2 月索契冬奥会的"公关行为"。

三、克里米亚入俄：俄罗斯安全环境新挑战

2014 年 2 月，乌克兰局势风云突变，使俄罗斯的安全环境面临新的变数。

乌克兰位于欧洲东部，是前苏联十五个加盟共和国中仅次于俄罗斯和哈萨克斯坦的第三大加盟共和国。1991 年苏联解体，乌克兰宣布独立。

乌克兰历史上是基辅罗斯的核心地域。10 世纪前后，东斯拉夫各部落

第十二章 第三度入主克里姆林宫

在今乌克兰地区结合形成了古罗斯部族，并建立了基辅罗斯国家。12至14世纪，古罗斯部族逐渐分裂成俄罗斯人、乌克兰人和白俄罗斯人3个支系。1654年，乌克兰哥萨克领袖赫梅利尼茨基与俄罗斯沙皇签订《佩列亚斯拉夫和约》，商请沙俄来统治东乌克兰地区，自此东乌克兰（第聂伯河左岸）与俄罗斯帝国正式合并，开始了乌克兰和俄罗斯的结盟史。18世纪，俄罗斯又相继把乌克兰黑海北岸大片地区并入自己的版图。到1795年，乌克兰绝大部分地区均在沙皇俄国统治之下。1917年底，东乌克兰地区建立社会主义性质的苏维埃政权，成立了乌克兰苏维埃社会主义共和国。而西乌克兰于1918年至1920年被波兰占领。1922年苏联成立，东乌克兰加入联盟，成为苏联的创始国之一。根据波兰和苏联签订的《里加条约》，西乌克兰成为波兰领土。直到1939年11月波兰被德国和苏联分割占领，西乌克兰与乌克兰苏维埃社会主义共和国合并，整个乌克兰纳入了苏联版图。

因此，基于历史原因，乌克兰的东部和南部地区长期受俄罗斯影响，俄罗斯民族成为乌克兰的第一大少数民族，其人口多分布于乌克兰东部地区和克里米亚半岛，人们多使用俄语进行日常交流，他们的政治倾向也更偏重于俄罗斯。而在乌克兰西部和中部，人口的主体仍然是乌克兰人，人们几乎全部使用乌克兰语，甚至有人根本就不会说俄语，或者以说俄语为耻辱，他们的政治倾向也更偏重于欧洲。可以看出，乌克兰国内民众在"向东走"还是"向西走"的问题上是存在着深度对立的。

在获得民族独立后，处于地缘政治夹缝中的乌克兰很快又成为大国利益博弈的战场。俄罗斯视乌克兰为自己的"核心利益区"，竭力阻止乌克兰政府倒向西方。而以美国主导的西方世界，则将乌克兰作为遏制俄罗斯帝国崛起的战略基地。

2013年11月21日，乌克兰政府宣布暂停与欧盟签署准成员国协定的准备工作，这引起了乌克兰国内欧洲一体化支持者的强烈不满，他们开始在基辅和乌克兰各地举行大规模的抗议活动，随后酿成流血冲突。

2014年2月19日，乌克兰局势骤然升温，基辅地区的暴动骚乱愈演愈烈，其他地区的大规模暴力冲突也不断升级，造成了大量人员死伤，乌克兰瞬间成为国际关切的焦点。随后乌克兰议会罢免了总统亚努科维奇，并以大规模杀害平民为罪名全国通缉了这位总统，亚努科维奇只好慌忙逃往俄罗斯避难。对于乌克兰反对派的掌权，俄罗斯并不买账，俄军开始在俄乌边境集结并举行军事演习。乌克兰东部的俄语地区也愈发动荡起来，其中尤以克里米亚地区为甚。

克里米亚自治共和国位于黑海北部海岸的克里米亚半岛上，毗邻近东地区两大洲的咽喉，因此历来是兵家必争之地。历史上，克里米亚曾先后被不同的民族占领。1918年，克里米亚归属俄罗斯。1954年5月，为纪念乌克兰与俄罗斯结盟300周年，苏联最高苏维埃主席团下令将克里米亚划归乌克兰。1991年苏联解体后，克里米亚半岛自然而然地作为乌克兰的一部分，成为了其境内唯一的自治共和国。由于当地居民多为俄罗斯族裔，所以大部分民众对此强烈不满，多怀有脱乌入俄的倾向。

2014年3月1日，当地亲俄武装人员攻占了克里米亚议会和政府大楼，升起了俄罗斯国旗，同时俄军也不断向克里米亚境内增兵。3月6日，克里米亚自治共和国议会投票决定克里米亚加入俄罗斯联邦，并定于当月16日就自治共和国地位举行全民公决。至此，克里米亚脱乌入俄似乎大局已定。

而普京在2014年3月10日会见全俄人民阵线的代表时表示，俄罗斯本来没有计划接纳克里米亚，因为俄罗斯并没有预料到事态会如此发展，他将克里米亚纳入俄罗斯的最终决定是在了解了当地居民的意愿后做出的。

普京说，在对克里米亚进行了秘密的社会调查后，当地居民的意愿才得以明晰。根据当时社会调查的结果，约有80%的克里米亚居民赞成加入俄罗斯，而在塞瓦斯托波尔，居民赞成率更高。为此，他感谢克里米亚与塞瓦斯托波尔居民的立场。

3月16日，乌克兰克里米亚自治共和国举行全民公投，近97%的投票者赞成克里米亚加入俄罗斯。

3月18日，普京在莫斯科克里姆林宫向议会上下两院发表演讲，就克里米亚问题阐述立场。他说,3月16日举行的克里米亚全民公投完全符合国际法准则,公投投票率超过82%,超过96%的选票支持克里米亚重新并入俄罗斯,这样的数据极具说服力。普京强调,俄罗斯与乌克兰的关系永远是最重要、最关键的,俄乌关系不应被领土争端所挟持。俄罗斯在当地的驻军人数没有超过俄乌协议中规定的2.5万人。

普京还就克里米亚公投申请入俄对全国发表电视讲话:克里米亚与俄罗斯具有深厚的历史文化渊源,过去与现在都是俄罗斯不可分割的一部分。而谈及西方就克里米亚问题向俄罗斯施压,普京表示,西方国家对俄罗斯采取制裁措施的做法是不负责任的行为,也是侵略,俄罗斯将予以反击。

俄罗斯总统普京在2014年3月21日签署了经俄罗斯联邦议会批准的克里米亚入俄条约,以及规定其地位及边界等细节的宪法条例。这标志着克里米亚入俄的法律程序全部完成。普京签署的相关文件此前分别由国家杜马(议会下院)和联邦委员会(议会上院)批准通过。至此,俄方认定克里米亚共和国和塞瓦斯托波尔直辖市正式成为俄罗斯的两个新的联邦主体。

作为现代意义上的民族国家,乌克兰的历史不过20多年。但在这20多年中,乌克兰就像天平上的一个砝码,它的每一次立场的游移都会引起欧洲格局乃至世界格局的改变与倾斜。在这个意义上,乌克兰向何处去并不仅仅是它自己的问题。

对于俄罗斯来说,独联体地区不是展开政治博弈的战场。俄罗斯不能接受,将原苏联地区历史上形成的特权关系,转让给其他势力集团。俄罗斯将采取各种方法,甚至通过战争,坚持其在独联体的利益。而另一方面,北约东扩的步伐不会停止,乌克兰也必将纳入北约体系。这不仅意味着西方要拆掉俄罗斯的军事屏障,也要彻底打碎俄罗斯的"帝国梦"。西方希望减轻自身的不安,但结果是加深了俄罗斯的不安,导致对抗的升级。

截至本书停笔时,乌克兰的动荡局势还没有平息的迹象。面对北约东扩咄咄逼人的势头,俄罗斯采取了各种方法来保障自己的安全环境,接纳克里米亚就是普京迎战的最新一击,显示了普京在维护国家战略安全上的决心。

乌克兰将走向何处，欧洲的战略格局将如何变化，人们还拭目以待。

四、普京反腐：没有碰不得的人

在俄罗斯的每个历史时期，腐败现象总是存在。第三次出任总统的普京面对愈演愈烈的腐败行为，也不得不严阵以待。在当下的俄罗斯，腐败不但有新的成因和表象，还总是与过去的传统融为一体，而更让人感到痛心的是，腐败已经渐渐从政府向司法机关、军队、教育系统扩散，向街头巷陌扩散，甚至扩散到了普通民众的心理层面。而一份全球反腐败非政府组织"透明国际"公布了的2012年全球清廉指数，更是能说明俄罗斯的腐败现象有多么严重：在清廉指数排行榜上的182个国家中，俄罗斯排名仅在第143位。这一排名，甚至还不如塞拉利昂和尼日尔等非洲不发达国家，仅比利比亚、伊拉克、索马里、阿富汗等动乱国家稍强一些。

腐败严重损害了执政党统一俄罗斯党的声望。反对派在集会游行中不断打出横幅，"反对统俄党官僚腐败"，非常醒目。

要知道反腐并不是普京的一时心血来潮。早在2000-2008年的前两个总统任期内，普京就采取了高级官员财产申报、设立公开举报制度等措施。而2008年梅德韦杰夫出任总统后也曾放出狠话，要惩治腐败"这一俄罗斯社会重症"，更是设立总统反腐败委员会，亲自担任主席，并颁布了《国家反腐败纲要》和《反腐败法》。但令普京失望的是，俄罗斯的腐败之风不仅没有刹住，反有变本加厉之势。

2012年12月12日，普京重返克里姆林宫后的首次国情咨文即以反腐为主题。他发誓，"要把腐败分子清除出政权机关！"听众报以热烈的掌声。

2012年下半年以来，普京在俄罗斯再次掀起反腐浪潮，所颁布的各类法令之严厉世所罕见。

在这一股反腐浪潮中,先是俄罗斯前国防部长谢尔久科夫被普京闪电般撤职,随后,俄多名政府高官应声而倒。

"反腐败斗争中不应该存在碰不得的人,社会公众希望反腐败斗争取得重大成功。"2013年2月21日,俄罗斯总统办公厅主任伊万诺夫曾作出上述表态。

2013年4月2日,普京签署了一项法令,以推动俄官员收支申报制度获得严格执行,包括申报购入房产、土地、汽车、贵重物品、股票和在海外持有资产的信息,同时解释购入这些资产所用资金的来源。总统普京和总理梅德韦杰夫在内的各级官员已经提交了收支申报表。

2014年4月11日,俄罗斯总统普京批准2014-2015年反腐败计划。普京表示对腐败行为零容忍,并已经公布个人财产和收入情况。他命令俄罗斯立法机关和行政机关在7月1日前对反腐败计划进行修改,保证对反腐败措施的有效监督,从而取得反腐的实际效果。普京同时表示,俄罗斯将采取措施保证联邦议员遵守法律和伦理规定的禁令、限制和义务,监督高级官员执行关于所受礼品估价和上交情况通报制度等,继续在社会营造对腐败行为的不容忍态度。普京还表示,俄罗斯还将制定措施,掌握官员在国外开户的信息,扩大有义务披露受益人信息的法人名单。

五、涨薪背后的官员财产公示

2014年的4月14日,普京签署相关命令,把自己和总理梅德韦杰夫的工资上调1.65倍。普京为自己涨薪一事被西方外媒视为他对自身工作的"嘉奖"。根据俄罗斯官方公布的数据,普京的收入水平并不高。

普京在2014年4月11日批准2014-2015年反腐败计划的同时,公布了个人财产和收入情况。根据克里姆林宫11日公布的官员财产申报数据,普京2013年收入370万卢布(约64万人民币),此外还有三辆国产车、一套仅77平米的公寓、一个车库和一块土地。根据这份数据，相比于其他官员都申报豪华汽车、数套在欧洲的房产等，普京当属克里姆林宫最穷的官员之一。而有趣的是，就在普京个人收入和资产情况公开数小时后，美国白宫也公布了奥巴马总统夫妇去年的收入。2013年奥巴马的收入约为48万美元（约为298.6万元人民币），远高于普京。

短短数小时内两国领导人收入水平的曝光，使各国的官员财产公示制度再一次受到关注。而由于俄罗斯国内被西方舆论广为诟病的腐败问题，俄罗斯在官员财产申报和公开方面制定和实施了多种措施，希望借助官员财产申报和公示之力铲除腐败。

早在1997年，时任俄罗斯总统的叶利钦就签署了一项法令，要求政府总理、副总理和各联邦部长每年向俄罗斯税务机关申报个人财产。但这一套申报机制运行的效果极为有限。因为对于俄罗斯杜马成员和其他政府官员而言，这项法令毫无约束力，根本起不到应有效果。

直到2008年时任俄罗斯总统的梅德韦杰夫签署《反腐败法》和2009年的五项总统令，才真正为俄罗斯官员财产申报和公示制度打下法律基础。新的法律在财产公开的主体、内容和形式方面都有了更详细的规定。新的法律规定大多数政府官员都需要申报收入和财产，并且他们的配偶和未成年子女也被纳入申报人的范围之内。到2009年4月，时任总统梅德韦杰夫和总理普京相继公开了个人收入及家庭财产情况，此后俄罗斯副总理和11位部长也公开了个人收入和家庭财产。梅德韦杰夫于2010年和2012年又先后签署了两份《国家反腐败计划》，加强了对政府工作人员收入和财产的监控，并加大了对违法行为的惩戒力度。

六、普京离婚——无关政治只因爱

普京在政坛上无疑是令人瞩目的明星，而他的感情生活也颇为普通人所关注。2013年6月6日普京和夫人柳德米拉·普京娜宣布离婚，结束了他们 30 年的婚姻生活。

数年来，俄罗斯总统普京夫人普京娜一直是一个谜一样的人物，她三次成为俄罗斯第一夫人，但多年以来，公开露面的次数却屈指可数。即使外国领导人携妻子访问俄罗斯，镜头里也没有出现普京和夫人一起迎接的镜头。普京和普京娜高调宣布离婚，被西方媒体称为"闪电一般"的消息。且让我们回顾一下两个人的感情经历。

一次旅行改变两个人的命运

普京娜 1958 年出生于俄罗斯著名的工业城市加里宁格勒，她的祖上是务农的。小时候母亲给她起了个乳名"柳达"，到了上学的年龄，父母又给她起了个学名——柳德米拉·什克列布涅娃。

50 年代的苏联，人们的生活并不富裕，柳达一家的生活也是这样。即便家里比较贫寒，她妈妈也总是把她打扮得漂漂亮亮的。柳德米拉天性活泼，能歌善舞、人见人爱，一直是学校里的"校花"。

高中毕业后，柳德米拉报考了向往已久的圣彼得堡戏剧学院的表演专业，可是没有如愿。一年之后，柳德米拉考入加里宁格勒理工大学，但那时她对枯燥的理工课程没有兴趣。她大学二年级考上了加里宁格勒联合航空公司，成了一名空姐。

24 岁那年，航空公司安排她到列宁格勒的疗养院短期度假，没想到在这次度假期间她与普京相识，一段动人的爱情故事就这样开始了。柳德米拉回忆说："虽然，这次旅行对我来说是一件心驰神往的事情，可是我哪里知道，事情绝不那么简单，它从根本上改变了我的命运。……在剧院的台阶上，朋友介绍我认识了一个叫沃洛佳的小伙子。""当时他穿着简朴，相貌平常，清瘦矮小且不爱讲话。"

当时的普京虽然地位普通，长相也一般，但他的严谨、冷傲和不时显露的幽默，还是深深吸引着这位曾经的"校花"。他们在剧院看完表演之后，柳德米拉已经被普京的男子汉气魄所感染，迅速和这位"警察"谈起了恋爱。

普京回忆当时的经过说："我当时跟她说我在警察局工作，因为要是让更多的人知道你在安全局工作，就不会把你派到国外去了。由于工作的特殊性，当时我真的不知道我们之间的关系能够发展到什么程度……"

这种爱情虽然美好可是不太稳定，因此普京求婚时也不像别的小伙子那样浪漫，他很现实。有一天，普京突然对柳德米拉说："我们交往已经3年半了，我是个什么样的人你应该很清楚了。我不爱说话，脾气也不好，有时还会让别人感到很委屈。做我的伴侣还有一定的危险性。现在你该决定与我的关系了。"

他没想到柳德米拉回答得很干脆："我已经决定了。"

对柳德米拉来说，当时选择的机会很多。她漂亮出众，善良可爱，比普京条件好的追求者也有很多，可是她一旦选择了普京，就毫不犹豫。为了维持这段异地恋，柳德米拉甚至辞职到列宁格勒大学读书。

风雨同舟

1983年，这对情侣在一条小轮船上举行了婚礼。那一年，普京31岁，柳德米拉26岁。蜜月结束之后，因为当时还没有自己的房子，他们就和普京的父母住在一起。

生活总有不愉快的时候，柳德米拉回忆当时的生活说："最让我们头疼的事情就是没有钱，我们常常为钱的事发愁。"即便这样，一向严肃的普京也没有忘记买个小礼物之类，不时给爱妻一个惊喜。从中可以看出普京铁骨柔肠的一面。

在柳德米拉的记忆中，她和普京结婚之后最美好的一段时光是在德国柏林度过的。当时普京被派往柏林工作，柳德米拉和孩子也一同前往。晚上，普京回到家后总是抱着女儿，亲热个不停。晚上普京家里也常常是高朋满座，有时还有德国朋友全家来做客。

从这些方面看，普京是一个很重视家庭、爱情和友情的人，和人们想象中的冷酷无情的克格勃完全不一样。

最能考验他们婚姻的是，1989年柏林墙倒塌后，他们的生活充满了变数。可是，即便在普京最失意的日子里，柳德米拉也始终和他在一起，风风雨雨一起度过。虽然她不知道未来将会是什么样子，可是她相信自己找的男人是个有责任心靠得住的人。

让孩子健康成长

普京夫妇有两个女儿，玛莎(1985年生)和卡佳(1986年生)。由于普京工作繁忙，照顾孩子的责任全都落在柳德米拉一个人身上。她对女儿的教育原则是健康成长。她认为，重要的是知识而不是分数，对孩子不能过分苛求，关爱和呵护将帮助她们健康成长。

谈到家庭教育，柳德米拉说："有记者经常问及我们教育一双女儿的秘诀，我总是一笑置之。其实，哪有什么秘诀可言，家庭氛围对于子女成长非常关键。"普京也曾提到过，他是在一个充满爱心的家庭中成长起来的。在精心为女儿们营造这样一种氛围的同时，他还经常要求她们做一些力所能及的家务劳动。

他们的两个女儿从小就开始学习小提琴。当然，她们也想外出散步、玩洋娃娃，或者什么都不干地闲着。对此，柳德米拉说："我希望她们在空闲的时候也能学到东西，不虚度光阴。不能将自己的想法强加给孩子。应该尊重她们的选择。"

恩爱夫妻终分手

在俄罗斯，有这样一句俗语——要嫁就嫁普京这样的人。但是，普京令人为之倾倒的政治家魅力，却恰是柳德米拉"不能承受之重"。

虽然身为总统夫人、总理夫人，但柳德米拉并不喜欢抛头露面，也不热衷于政治活动，只想做一名普通的妻子。但是，嫁给普京，就注定她的生活无法普通。柳德米拉曾在接受采访时说，当她在1999年得知她的丈夫将接任俄罗斯总统的职位时，她充满了恐惧。"我的朋友打电话给我：'你听说了吗？你丈夫将成为总统。'当我从她那里得知这个消息，我哭了一整天。因为我知道，我从此不会再有私人生活了。"

普京娜喜欢的是无忧无虑的生活，并不希望看到丈夫被政治所束缚。而普京则自言自己对政治非常热衷，多年来，普京始终是俄罗斯政坛数一数二的人物。这种生活对顾家的普京娜而言，或许显得非常难以接受。普京娜曾和友人谈起："普京如果有重新选择的机会，我会劝说他改变一种生活方式。"因而媒体分析称，普京夫妇之所以离婚，是因为工作狂的丈夫和家庭化的妻子之间的感情越来越冷淡，共同语言越来越少，所以最终平静分手。

但离婚不代表两人之间的感情消失了。在与柳德米拉办完离婚手续不久后的一次问答会上，普京被提问："什么时候找新的第一夫人？"普京简短回答："我要先帮柳德米拉嫁出去，然后才会考虑自己。"这样的回答，是真情流露也好，是政治家的辞令也罢，透露出的都是普京对柳德米拉的那份深深的情意。

第十三章

走近魅力普京

　　毫无疑问，普京是一个很有魅力的人，他能三度入主克里姆林宫成功就说明他不仅有能力，而且极具魅力。有魅力才能有影响力，否则，俄罗斯人怎么会如此拥护他呢？那么，他的魅力只是表现在外表干练、容貌清秀，能开飞机、会滑雪，具有男子汉的胆量和强健的体格吗？这是其一，普京的魅力主要在于他的思想、他的性格，在于他的外冷内热、情感丰富，在于他独特的做事方式和方法。这一切造就了他的影响力和感召力。

　　还是让我们走近他，看得更真切一些吧。

一、"平民"总统，这就是独特的魅力

众所周知，普京是一位平民总统。普京不仅出身平民，而且他对俄罗斯民众的艰辛有着切身的体验，对他们的所思所想、所需所求有着深刻的了解。这是他独一无二的地方，可以说这就是他独特魅力之所在。

有人说他的平民思想和他的出身有关。出身底层可能会形成平民思想，但这并不存在必然的关系。君不见，有许多出身社会底层的人，一旦身居高位却数典忘祖的数不胜数。在我国的传统戏曲《屠夫状元》中，一个仅仅当上状元没几天的党金龙，就很快忘本了。他在太师杨猎高官厚禄的诱惑下，把国恨家仇扔于脑后，不惜认贼作父、杀害生母。虽然这只是戏剧情节，但是在现实生活中，一朝飞上天，连亲娘老子都不认的也大有人在。他们会千方百计为自己并不高贵的出身遮盖上各种耀眼的光环，更不用说主动去接近平民。因此，普京出身平民，又能赢得平民总统的称号，是难能可贵的。

普京的平民性不是短暂、热血冲动的一时表现，也不是装装样子安抚民众，或者政治"作秀"为自己拉选票。他始终有着浓厚的平民思想，并且能把平民思想一直贯穿在行动中。他不仅在思想意识上和寡头划清界限，在言语上谴责寡头财阀，而且拿出行动、采取各种措施与之作斗争。所有这一切就是为了在最大程度上符合和满足普通民众的愿望。

普京的平民性还表现在他利用一切机会到民众中去，倾听他们的呼声。在总统选举投票那一天，普京听到一位老太太说："在沙皇保罗时，设有投诉箱。老百姓可以将诉状投进去，沙皇就可以取出来读它们。"普京明白了，人民有疾苦需要向他反映，他不能不倾听。老百姓最担心、最痛心的不就是自己选出的领导人抛弃自己吗？

自苏联解体后，俄罗斯的领导人都是高踞于平民之上的。20世纪90年代的寡头道路又使平民对政府官员失望。而普京改变了这一局面。

普京不但倾听来自底层的呼声，更为重要的是，他能切实地为他们解决困难。

一次在外地，有个参加过卫国战争的老太太向普京抱怨说自己的退休金低于全国平均水平，没有享受任何优惠。普京回莫斯科后立即向退休基金会会长问明情况。原来根据规定，他们想享受优惠就要自己办齐证件去申请，不申请就没有优惠。但是，这个行动不便的老太太能够一趟趟去申请吗？普京了解到这些情况后，对这项规定很快进行了修改，要求基金会工作人员亲自为退休老人上门服务。

还有一位老太太诉苦家中没有电话，普京马上责令地方负责人给她装电话，临走时还亲切嘱咐她："有了电话，您先给我打！"

这令俄罗斯的人民不由地想起了列宁时代。那时候，人们常常去列宁那里寻求帮助。他们来到列宁的会客室，一边喝着招待他们的白开水，一边慢慢向伊里奇讲述自己的生活。在普京身上，他们看到前苏联时期的优良传统又回归了，怎能不感动？虽然今天，克里姆林宫红墙，俄罗斯普通公民不可能随意去。但是，他们还是抓住普京走出克里姆林宫的机会斗胆接近他，向他诉苦。因为，就像俄罗斯媒体所说的那样：上帝太高，沙皇太远，求助普京帮助最现实。普京无疑是老百姓自己的人，能够为他们解决实际问题的人。

丽季娅·瓦莲季娜就是靠这种方式解决问题的人。一年夏天，瓦莲季娜的家乡发了大水，她的损失很大。原本，只靠养老金生活的瓦莲季娜，现在突遇这样大的灾难，还要养活两个孩子和5个孙子(因为他们的父母都在两年前的一次车祸中丧生)，一个人的养老金捉襟见肘。于是她去请求区领导援助。但是地方政府没有马上答应她，因为需要帮助的人太多了。瓦莲季娜感到很失望。

恰在这时，她听说普京总统来到附近视察工作了，于是她决定斗胆去找普京。她认定普京是可以帮助她的。于是她不顾年迈劳累，一下火车就跑向市政府大楼，却被警察和持枪便衣拦住了。

恰好这时，普京从大楼里走了出来。瓦莲季娜立即向他跑了过去，"亲爱的普京……"她边跑边喊。

警察再次拦住了她，将她拿着信的那只手扭向背后。但是普京听到了瓦莲季娜的喊声并命令放开她。

这时的瓦莲季娜终于站在总统面前，可是由于激动，她把所有事先准备好的话都忘得一干二净，她只是重复说道："请帮帮我，请帮帮我……"她把写好的信递给了总统。

过了两周，瓦莲季娜得到了买奶牛的钱。她指着她新买的奶牛得意地对镇上的居民夸耀说："瞧！这就是普京总统送给我的奶牛。"

对于普京来说，民众的疾苦就是他的疾苦，他无法容忍自己漠然视之。2007年9月，普京在访问俄联邦图瓦共和国时，有一个10个月大的女婴因肠道传染导致严重的并发症，当地医院无法救治，只有在共和国儿童病院才能获救。普京得知后，迅速派出自己的直升机送女婴去共和国儿童医院。终于，女婴得救了。

普京之所以能够这样做，就是因为在他的心目中人民的利益和安危高于一切。正因为他对俄罗斯普通民众无比热爱，把民众饥苦时刻挂在心间，使普京成为平民色彩很浓厚的"领袖"。正是因为他的平民色彩，老百姓感到他可近可亲，造就了他的领袖魅力，赢得了人们对他的信任。

二、亲切随和的总统

提起"总统""总理"这些国家首脑，大多数人都会想到他们不苟言笑，令人望而生畏的形象。这些"总统""总理"们自己也认为，只有这样才能显示自己的权威地位。

普京自当上俄罗斯总统后，一直是媒体和舆论关注的焦点人物，他不苟言笑的外形和克格勃的经历让人把他与硬汉形象画上了等号。然而，普京并非只有令人生畏的坚强、果敢的一面，他也有可亲可敬、十分随和亲切的一面。

在俄罗斯的一个农庄里，曾发生过这样的一幕：普京考察远东时，路过一个村子。有个身穿裤衩的男子正在劈木柴，突然他老婆对他嚷道："当家的，总统来了！""什么总统，见鬼了！"男子不相信，可是抬头一看，愣了："弗拉基米尔·弗拉基米罗维奇，真的是您！"男子惊奇之余竟不知深浅地请普京跟他儿子一起游泳。当时水温只有21摄氏度，普京二话没说就下了水。

在21摄氏度的水温中让总统和儿子一起游泳，这个村民的想法够异想天开的了。普京完全可以找出一千个理由拒绝，甚至置之不理。可是令人想不到的是，普京答应了。这个亲切随和的举动被传为佳话。

还有一次，普京在参加莫斯科国立大学建校250周年庆祝活动时，竟与一名漂亮的在校女学生喝起了交杯酒。这在很多政治家看来够大胆的吧，可是普京做起来却非常自然。不可否认，在越来越讲究人人平等的年代，政要们纷纷想出各种办法拉近与公众的距离。但如果他们的心目中没有平民意识，没有平民情结，只能让人感到做作、刻意作秀。而普京所做的这一切都是那样自然，他本身就把自己看成了平民。因此，他给人的感觉不是靠高高在上的权力的威严，而是让人感到一种人性化的温暖。

更令人不可思议的是，普京的亲和力漂洋过海，扩散到了国外。在伦敦几家餐馆的菜单上竟然出现了一道名为"普京的耳朵"的新款菜肴。居然把俄罗斯总统的耳朵当成菜肴，不是大不敬吗？普京可不这样看。

原来，这道美味的汤菜是普京的夫人柳德米拉接受英国《泰晤士报》记者的电话采访时，亲口传授的最佳配方。正是因为她是在电话里传授的秘方，所以这款菜肴被命名为"普京的耳朵"。

起菜名的人的确够大胆创意，为了吸引更多的食客不惜用总统的名字。但是，普京反应平淡、不恼不怒，也让人看到了他的大家风度。

2000年，一个名叫尼基塔的俄罗斯五岁小男孩正在克里姆林宫参观，巧遇总统普京。普京蹲下来问了他的姓名后，掀起他的足球衫亲了一下他的小肚子。那个得到意外之吻的小男孩在被总统亲了肚子以后，好几天都

第十三章 ◎ 走进魅力普京

不肯洗澡。他为自己这个意外的收获惊喜万分、激动万分。

总统的这个意外之吻，马上引起了世界很多人的好奇。在电脑上，有15000多人都在问普京："你为什么要亲尼基塔的肚子？"人们不理解，一个大总统，为什么能做出这种孩子般的举动？

7月6日，普京总统坐在电脑前和全世界的网民聊天。普京这样回答："他是个可爱的小孩，我看见他就像看见自己的孩子一样。他很不错，这个吻没什么特别的。"

普京不但近距离接触平民，而且还自然真实地流露自己的感情，怎能不让人感到好奇？好奇之余是感动、是温暖。

这就是一个不做作的普京，正因为真实才让人感到可亲可近。虽然玩至兴起，有时候也难免率性而为，可这也是人之常情，也是总统的自由啊。坦率真诚，不躲藏掩盖，自然流露一股令人感到亲切的平民气息，这也是人们喜爱他的原因之一。

表现普京随和性格的还有，在基层到最普通的人家去视察时，他毫不隐瞒自己的喜好：爱吃酸奶、蜂蜜和葡萄干，还要喝上几口伏特加酒，和主人闲聊一通。一次，他在土拉家喝了主人自酿的酒，主人高兴得给酒起名为"普京伏特加"，并特意酿了一桶，等待普京的再次光临。

人们喜爱普京，还因为他是一个十分有生活情趣的人。从他的业余生活中，人们看到了他不是呆板的枯燥的说教面孔，而是能够给人们的生活增添乐趣、令人们生活得开心愉快的人。

2000年6月24日，普京来到俄联邦鞑靼斯坦共和国首府喀山，参加在这里举行的民间庆祝活动。在一座公园里，普京观看完一系列比赛后，亲自同获得冠军的女运动员别佳诺娃掰腕子。获胜后，普京绅士般吻了别佳诺娃的手。

不过，这一切并没有结束，令人们没有想到的是，普京在大庭广众之下要露一手。只见他当众迅速脱下T恤衫，赤裸着上身，将脸浸在一盆酸奶之中，寻找盆底的硬币。这个动作虽不复杂，成功的机会却不很高，但普京很快就用嘴将一枚50卢布的硬币从盆底叼了出来。围观的人们抱以热烈的掌声。

爱民、亲民，以丰富有趣的平民活动愉悦人心，这就是普京的另一面。他不仅严峻刚强，他也和蔼可亲，他所做的这一切让人感到一种亲切平易的气息。和这样的人在一起，不是让人感到很亲切、很有趣、很轻松吗？

三、女性心目中最有魅力的男人

俄罗斯人拥戴普京，喜欢普京，特别是俄罗斯女性，可以说对他崇拜得五体投地。从衣食住行到家庭生活乃至个人业余爱好、生活习惯等……无一不是她们津津乐道的话题。

尽管俄罗斯的女性都希望嫁给普京，像那首《嫁人就嫁普京那样的人》歌中唱的那样。可是嫁普京不大可能，即便这样，也不妨碍她们对普京的一往情深。据《纽约时报》报道说，俄罗斯总理的新照片迷倒了俄罗斯所有女性。新照片就是普京潜入贝加尔湖湖底、与摩纳哥王子一起钓鱼、开歼击机等照片。

俄罗斯女性之所以喜爱普京，一是因为他健康充满活力，二是因为他的不屈不挠的硬汉形象。除此之外，普京还是一个很幽默的人。幽默是人们的开心果，她们当然喜爱这样的男人。

幽默风趣的男人

普京在总统任期内最后一年曾在克里姆林宫召开大型记者招待会。当时共有1300多名记者参加招待会，其中外国记者约200人。普京在近5个小时的时间里回答了80名记者提出的106个问题，包括接班人、国内经济、与西方关系、科索沃问题、美国反导系统等。可是，俄罗斯一个电台的记者提问的问题却有点跑题。这名女记者在会上询问普京,是否有人送他情人节礼物了,因为那天是情人节。这引来人们一片友好的笑声。虽然这个问题很有趣,可是也很敏感,因为外界一直有传言说,"普京宝贝"前艺术体操冠军卡巴耶娃产下的男婴是普京的私生子。此后,虽然普京和卡巴耶娃对此都做了声明,可是俄罗斯的女人喜爱普京是人所共知的。这些人都敢公开地唱"嫁人就要嫁普京",送普京礼物应该也能做得出来吧。人们等待普京的回答。

但是,出乎女记者意料的是,普京回答:"暂时还没有人来得及送我情人节礼物。因为我今天早上晨练后,就一直为记者会做准备,没来得及和任何人交谈,我就来到这个大厅。当然,我的妻子已经向我祝贺情人节,但'没舍得'给我送情人节礼物。"

普京的话太艺术了。他说"暂时还没有人来得及送"说明自己异性缘不错,如果干脆说"没有"是很伤大雅的。但是他又开玩笑说,老婆不舍得送,合情合理。一大把年纪的夫妻可能也想不起来玩浪漫了。但是普京却说"舍不得",确实很有趣。事已至此,也算有了圆满的答复。谁料这名女记者出人意料地说,她非常想送普京一个情人节礼物,应该怎么办,意思是要不要的决定权在普京。因为普京不是一般男人,是总统啊!此时接受礼物是否会和绯闻联系在一起。可是普京大度地回答说:"请过来吧。"

又是一阵善意的笑声,女记者的心愿满足了。可想而知,那些想送却不敢送的女人会怎样羡慕甚至嫉妒她。

普京这样做显得既有温情又有男子汉的胸怀。因为这是公众场合,女记者的行为不是偷偷摸摸,而且已向众人宣告,接受也无可指责,倒是不接受就太不给她面子了。这样幽默而重感情的人,哪个女人不喜爱呢?比起那些正襟危坐、冠冕堂皇的人来说,不是更有人情味吗?

普京的幽默总是信手拈来。因为普京喜爱锻炼,有俄罗斯记者问他,下一站是否要参观国际宇宙空间站,普京委婉地拒绝了这一提议,他说"地球上还有大量工作要做"。听到他的回答,令人忍不住喷饭。

珍惜感情的男人

其实普京是一个很重视感情的人，只不过他不会轻易流露而已。正因为此，当他流露出来时就很感动人。

普京当总统时，曾出席俄罗斯音乐家康斯坦丁·赖金表演的独角戏《低音提琴》，纪念这位音乐家的50岁生日。

起初，在演出开始前，观众们对普京没有做出任何欢迎的表示，因为人们还不了解他。甚至当普京在演出结束后走上舞台，向康斯坦丁·赖金表示祝贺并为他颁发勋章的时候，整个演出大厅对普京的态度也极为冷淡。

但是，当普京发表对康斯坦丁和阿尔卡季·赖金生日贺辞后，观众对他的态度产生了改变。他无意中说到，恰恰是在阿尔卡季·赖金的小型剧剧院他和他的妻子相识了。观众们听到人到中年的总统对年轻时的感情如此记忆犹新，被打动了。原来他也像普通人一样有着如此丰富的感情，如此珍惜感情，以至于到现在还在感谢剧院这个媒人。正是这种感情的流露打动了观众。当普京走下台时，演出大厅里几乎所有人都站起身来，对普京表示敬意。

普京未曾想到这几句真诚的话语把他和观众的距离拉近了，他显然有些激动。第二天《生意人报》上就有这样的消息见报："当总统与赖金两个人并排站在舞台上时，可以明显发现总统非常激动，两只脚不停地挪动，竭力挑选一些情感真挚的用词。可以说，普京取得了成功：他进入演出大厅时大部分观众仍旧示威性地坐着不动，但在他离开时几乎所有的人都站了起来。"

女人最喜爱的就是重视感情、珍惜感情的男人，她们对那些拈花惹草的暴发户常常不感冒。普京，一个国家总统如此重视感情，珍惜感情，女人怎能不被打动？

第十三章 ◎ 走进魅力普京

铁骨柔肠的男人

一个敢硬对美国,一个敢把车臣武装叛乱分子打得落花流水的人也有温柔慈爱的一面。

2003年12月8日路透社报道,俄罗斯总统普京周日投票后急忙返家照料刚产下8条小狗的爱犬科尼。这让人看到这个硬汉柔软的一面。

普京已把那些爱犬当成了家庭中的一员。2000年总统大选他接受访问时,还带着一头长毛犬在他身旁。

忙中偷闲,照顾爱犬,这也是普京鲜为人知的另一种温柔吧。

率直可爱

普京不但幽默、重视感情,而且十分率直。

2007年8月13日至15日,普京与摩纳哥国家元首阿尔贝二世一起在西伯利亚度假。在叶尼塞河畔,普京玩得高兴,索性脱掉上衣,赤裸上身挥竿钓鱼,让自己健壮的身体与大自然亲密接触。可见他的一颗"随心所欲的顽童之心"。这正好让人们看到了他率直和热爱生活的一面。

大爱无疆

普京的爱,不仅是对家人,对家中的动物,而且还延伸涵盖到大自然其他动物身上。

2007年8月,他在视察一个鲟鱼养殖中心时,亲吻一条鲟鱼就让人看到了他的大爱无疆。这是普京在视察俄罗斯南部阿斯特拉罕附近的一个鲟鱼养殖中心时,做出的举动。他用双手抓住这条鲟鱼,随后吻了这条鲟鱼的头部。之后把这条鲟鱼放入里海。养殖中心的旁观者对普京的表现抱以热烈的掌声。因为鲟鱼已成为里海濒危鱼类，它的黑鱼卵是制作鱼子酱的原料。而这个养殖中心正在为恢复鲟鱼数量而努力。

有爱心的人，沙漠也能变绿洲。毫无疑问，普京的这些个人魅力，有助于他实现自己的梦想。

四、运动健将普京

普京，个头不高，但精力充沛，朝气蓬勃。他的阳刚之气增添了他的个人魅力。自从 2000 年正式当选为俄罗斯总统后，普京在俄罗斯妇女的心目中成为俄罗斯最性感、最有魅力的男人。普京之所以总是精力充沛、阳刚之气十足，其中秘诀就是他经常坚持体育锻炼。

最爱柔道

柔道是普京多年来一直喜爱的运动项目。普京从 11 岁开始学习桑勃式摔跤，后来又对柔道产生了浓厚兴趣，曾多次获得圣彼得堡市柔道冠军。大学期间，他一直坚持柔道训练和比赛并获得佳绩。1974 年他荣获列宁格勒市柔道比赛冠军，1975 年取得柔道教练资格。现在，普京早已过不惑之年，但还是特别喜欢柔道，隔三差五就要练习一番。为了切磋技艺，交流经验，普京至今还同当年一起练柔道的同伴保持着联系。在访问日本时，他还特意和日本的柔道高手切磋了技艺。2000 年，普京还与人合作出版了一本书，书名为《柔道：历史理论与实践》。后来，普京又多了一个头衔"柔道教练"。

柔道不仅使他的身体得到了锻炼，而且也磨练了他的性格。以柔道交友又提高了他的知名度和亲和力。

合格的滑雪手

柔道之外，普京还喜爱其他体育项目。山地滑雪，也是普京喜欢的一种运动项目。

虽然他初学山地滑雪时，经常站不稳，有时还摔倒，但他坚持不懈，不久就成了一名合格的滑雪手。独联体国家领导人在哈萨克斯坦举行非正式会晤期间，哈萨克斯坦领导人邀请各国领导人滑雪。谁知滑雪刚开始，普京就如离弦之箭把其他领导人远远地甩在了后面，速度之快，令大家瞠目结舌……由此观之，普京在滑雪方面也能"鹤立鸡群"。

喜爱驾机

普京十分喜爱驾机。俄罗斯人还记得，当普京第一次竞选总统时，曾搭乘"苏—27"战斗机抵达车臣战区视察。他还亲自驾驶飞行高度7000米、飞行时速2000公里的战斗机，可见他的驾机技术极为熟练。

人们通过电视画面看到了一个能征善战、干练且充满活力的总统候选人形象。公众支持率上升，普京也如愿当上了总统。

喜爱游泳、桑拿和钓鱼

除了格斗、桑勃式摔跤、柔道和山地滑雪外，普京还喜欢游泳、桑拿和钓鱼。他每天早晚各游泳一次，不定期进行桑拿和钓鱼活动，即使参加外交活动也不间断。20世纪90年代初他访问中国上海期间，气温高达40摄氏度，代表团其他成员大多去逛商店或参观博物馆，普京却留在旅馆里游泳。现在普京依然保持这个习惯，繁忙的工作之后在总统宫邸的大游泳池内畅游，以解除劳累。

另外，普京还喜爱骑马。位于新奥加列沃的总统官邸有几匹良种马，它们先是被赠送给叶利钦，然后又被赠送给了普京。骑马时，叶利钦不敢冒险离开马鞍，而普京则不同，在莫斯科一位最好的骑术教练的指导下，他已经对这项运动驾轻就熟了。

普京喜爱运动，也早想抽机会好好玩一把，过过瘾。2009年8月3日这天，普京终于如愿了，他在西伯利亚的野外帐篷中度过了一天愉快的休假生活。当时56岁的普京依旧活力充沛，他乘坐橡皮艇沿河漂流，同当地人一起准备木柴生火。游泳、爬树、骑马全部尝试一番，全面展示了他的"硬汉"形象。

可以说，至今为止还没有哪位国家元首级人物能像普京这样在体育方面多才多艺、精力充沛。他能在西伯利亚赤膊钓鱼、单膝劈柴，能开战斗机上天，能在西伯利亚丛林伏虎，乘袖珍潜艇访问贝加尔湖底，还能威风凛凛地戴着墨镜骑哈雷重型摩托车兜风。那矫健的身形让他的"硬汉"形象更加丰满。无怪乎俄罗斯女性认为他是世界上最有魅力的男士。

定时定量体育锻炼

普京在日常生活中非常注意体育锻炼，即便在身兼俄罗斯总统和总理两个重要职务时，普京仍然坚持每天40分钟的跑步和做操。

而普京对运动的热爱也带来了一个"副产品"，出访或者到俄罗斯各地视察时，不少人都送他体育用品，在普京官邸，摆满了别人赠送的柔道服、滑雪服、冰鞋、运动衫等体育用品。看来，体育也给他赢得了友谊和朋友。

其实，体育锻炼对普京来说，收获的不只是健康活力，在性格和品质上也影响甚大。通过长期不懈的体育运动，普京不仅保持了强健的体魄，而且磨练了意志，提高了素养。普京坚韧不拔的性格，含而不露的情感，谨慎果断的工作作风，都与此不无关系。因此可以说，体育锻炼使他收获颇丰！

五、普京思想的魅力

　　普京能够赢得广大俄罗斯民众的信赖，不仅因为他具有朴实无华的平民风格和充满活力的干练形象，还由于他的治国思想符合俄罗斯的现实需求与发展趋势。他提出的"新俄罗斯思想"之所以能够为大多数俄罗斯精英与民众所接受，就充分显示了他的思想魅力。

　　"新俄罗斯思想"是把俄罗斯的历史传统、当今的社会现实和未来的发展方向巧妙地糅和在一起的思想体系。

　　"新俄罗斯思想"的第一面旗帜就是弘扬俄罗斯历史传统。

　　一个时代转型的时期，最乱的是人心。要稳定社会，需要先稳定人心，统一人心。统一人心需要有旗帜鲜明、深得人心的思想。前苏联解体后，由于戈尔巴乔夫和叶利钦对俄罗斯历史特别是苏联历史妄自菲薄，人们的思想非常混乱，不知道以后的路应该怎样走。普京作为在国家衰落时刻登上权力巅峰的领导人，他明确表示"毫无意义地否定历史将使整个民族数典忘祖"。苏联时期有某些领域值得骄傲，"忽视，甚至否定这一时期不容置疑的成就是错误的"。普京还强调，只有"把全人类的普遍价值观与俄罗斯的传统价值观有机地结合在一起"，俄罗斯的未来才有希望。

　　普京的这些思想让人们想起了列宁的一句名言："忘记过去就意味着背叛。"过去是连接未来的桥梁，岂能过河拆桥？代表他这些思想观点的行为就是在纪念二战胜利日的庆典上，他让5000名来自前苏联15个共和国的老战士走在阅兵式的最前列，这个场面让经历十年生活磨难的俄罗斯人想到了昔日战胜法西斯的无限荣光。在2000年12月，俄国家杜马根据普京的提议通过有关法律，规定用苏联国歌旋律作为国歌，用红旗作为军旗。普京将苏联国歌定为国歌，那激昂的旋律重新振奋了俄罗斯人的精神。在对列宁遗体是否运回家乡的处理问题上，普京说："许多人把自己的生活与列宁联系在一起，安葬列宁意味着他们虚度了生命。"还说："安葬列宁遗体将导致社会动乱。"普京通过自己这些鲜明的政治立场首先从思想上统一了人心。

对于普京的这些表现，也有人指责他的思想感情中有着太浓重的苏联情结。的确，普京生于1952年，是在原苏联红旗下成长起来的。普京既经历过苏联红旗的高高飘扬，也目睹了这面红旗的最后降落。虽然叶利钦时期全盘否定苏联，但他始终难忘心中固有的"苏联情结"。但是，这些感情并不是偏颇的，而是理智客观的。

2000年2月，普京在竞选总统期间回答热线电话时引用俄罗斯家喻户晓的一句话说："谁不为苏联解体而惋惜，谁就没有良心；谁想恢复过去的苏联，谁就没有头脑。"怀念过去不等于要回到过去，只是意味着要客观评价过去。俄罗斯国内很多人对苏联没有做出实事求是的客观评价，他们一味指责原苏联扩军备战、威胁世界和平、拖垮国内经济，仿佛俄罗斯的落后都是苏联造成的。在这种状况下，人们的思想怎能不乱？因此，普京及时澄清事实，发出了权威而公正的声音，使人们的思想得到了统一。这就是普京的思想魅力。

"新俄罗斯思想"的第二面旗帜是爱国主义。

普京非常崇拜彼得大帝，他常常引用彼得大帝的话说："我以生在俄罗斯而自豪。"尽管俄罗斯的国力已经今不如昔，尽管俄罗斯伤痕累累，发展之路坎坷曲折，可是普京对祖国的爱忠贞不渝。普京强调，"爱国主义是人民英勇和力量的源泉"，"丧失爱国主义精神，就丧失了民族自豪感和尊严，也就将失去能够创造伟大成就的人民"。的确如此，一个连自己祖国都不爱，或者对祖国发展失去信心的人，人们又怎能放心地把祖国发展的重任托付给他。

爱国是不分年龄、不分国别的。普京自幼就受到了父亲教导他的爱国主义启蒙教育，从小就立志要报效国家。普京的"苏联情结"本质上是一种爱国主义情结。在苏联即将解体之时，普京流泪了，拒绝接受授予他的中校军衔，愤然退役，这就是爱国的表现。2000年12月14日，他在《关于国家标志问题的声明》中明确说道:"在苏联时期我国拥有的一切就不值得我们回忆了吗?我们把苏联火箭制造和宇航科学家和设计师的成就置于何地?我们把反法西斯战争中俄国军队所取得的辉煌胜利置于何地?……"普京,这位具有浓厚历史感的政治家,他要改变一些人对待苏联历史和文化的虚无主义态度,以此增强民族的自尊、自信和自强精神,引导民众看到国家的前途。这就是他的思想魅力。

"新俄罗斯思想"的第三面旗帜是全面融入世界。

普京曾在东德工作五年,经常走访西德、瑞士等发达国家。这种海外经历使普京具备了宽广的国际视野。他承认俄罗斯与先进国家存在很大的差距,要结束这种局面,必须使俄罗斯人民的生活、国家的强大与世界的发展紧密地联系在一起,俄罗斯必须全面参与世界经济一体化,并在不同文明的对话与合作中实现俄罗斯的利益。

打破封闭,走向开放,融入世界,这也是俄罗斯年轻一代的心声。普京用以上这些思想凝聚了人心,给人们指明了前进的方向。这些思想就是实现俄罗斯民族复兴的精神动力。

六、普京的个性感召力

许多政治学家与社会学家认为,每当国家和社会生活中发生某些重大变革之时,总有一类人会脱颖而出。这些人与其他人相比有着更鲜明的领导素质。比如罗斯福、丘吉尔、曼德拉等,他们都是20世纪极具个性感召力的领袖。

在苏联,这类领袖无疑是列宁和斯大林。20世纪90年代初,叶利钦无疑也是有个性感召力的领袖。当时代的列车进入21世纪,谁都没有想到,一个叫普京的人登上领袖舞台,而且长久地赢得了人们的支持。我们知道,在俄罗斯的总统选举中民众的投票起关键作用,他们有权决定让谁领导他们。可以说,政治领袖们的命运就决定在他们手上。可是,令人百思不得其解的是，这样一个地域宽广、民族众多、民众的意志难以猜测和控制的国家里，怎么会有这样一个领导人，在仅仅一年半时间里就成功赢得了绝大多数国人的持久尊重呢。他成功的秘诀何在？他为什么那样有影响力和感召力呢？

时势造英雄，每一个英雄或者领袖人物的横空出世都离不开造就他的环境。可是，在大环境相同的情况下，为什么脱颖而出的偏偏是这个人而不是其他人呢？因此，我们说，造就那些英雄和领袖人物的不仅仅是时势，他们自身的品质、能力，就像一颗熠熠闪光的新星一样令人瞩目，令人敬佩甚至仰望，这才是他们得以脱颖而出的关键。

事实也的确是这样，大凡那些领袖人物，他们都有着异于常人的对社会的责任感，对社会发展的无限热情；他们有独特的高瞻远瞩的眼光，纵横捭阖的无比开阔的视野；内心具有巨大的内在能量，意志坚强果断，孜孜不倦地追求心中的目标。这些个性感召力使他们领袖的影响力增加，也造就了众人今天对他们的特殊态度。

那么，普京的个性感召力何在？

责任感无比强烈

"给我20年的时间，还你一个奇迹般的俄罗斯！"这是普京的爱国热情和无比崇高的责任感的集中表现。普京不仅将总统的职责当做一份荣誉去对待，而且看做无比神圣的责任和义务。

一批心理学家给普京做了如下总结评价："普京是一个严肃的、思维健全的、时时感受到肩上责任重大的人。"正是因为感到肩负的责任重大，他工作忙碌，很少休息。

普京不仅对国家、对社会责任感无比强烈，即便和同事、下属相处，他也会勇敢担负自己应该承担的责任，这一点和前任领导不一样。众所周知，叶利钦和戈尔巴乔夫当形势变得严峻时经常会随意更改已经做出的决定，将责任推卸到别人身上，一走了之。但是，普京却不做"甩手掌柜"，在危机事故面前，他总是第一个承担责任。这种品质让人感到可以托付。

忠诚报恩

在普京的品行中，忠诚和知恩必报是很令人称道的。在普京和索布恰克的关系中，就充分地表现了这一点。在和叶利钦的关系中，普京也表现出了这样的品质。

众所周知，得益于叶利钦的提携，普京才从容地登上总统宝座。那么，深受"传位"之恩的普京会怎样对待叶利钦呢？

第一，积极评价叶利钦时代。普京出任代总统不久便在 2000 年新年献词中说：俄罗斯"走上了民主和改革的道路"，成为"一个强大的独立国家"，这都是叶利钦的"伟大功劳"。

第二，下令保护叶利钦及其家人。普京当代总统之后签署的第一个命令，就是为叶利钦及其家人"提供法律保障"。当时，叶利钦在辞职前不仅本人险遭国家杜马反对派的弹劾，其家人也因"洗钱"等丑闻受到检察机关的调查，被列为全国"第一要案"。案中也牵连到叶利钦小女儿塔季扬娜的问题。普京发布了为叶利钦提供法律保障的命令后，不仅使叶利钦的生活待遇受到国家保障，而且使其今后不被追究法律责任。

2004 年 3 月，法国《巴黎竞赛画报》访问普京时，普京曾说过这样的一段话："当初叶利钦之所以选中我，也许是看中我并不从属于任何一个寡头集团，至少我可以保证他离任后的人身自由和某种宁静的生活空间吧。"

客观公正评价他人

普京不是势利的政治掮客，也不是随风倒的墙头草，他有自己独立的观点。在对重要政治人物的评价上，普京有自己的看法。

2002年1月，记者采访时问他怎样看待斯大林，普京说："斯大林是一个独裁者，这毋庸置疑。但问题在于，正是在他的领导下苏联才取得了伟大的卫国战争的胜利，忽视这一事实是愚蠢的。"在普京的影响下，俄国内目前已再次出现正面赞扬斯大林功绩的社会现象。

普京就是这样一个客观公正的人，他认为一个人不能在失去历史感的同时，也失去了自己的主体意识和核心价值观，削弱了自己独立而成熟的思维能力。如果习惯于用别人的脑袋想问题，用别人的语言来说话，这样的民族和国家，是很难挺起脊梁的。

除了以上这些为人称道的品行外，普京还具有钢铁般的意志和出色的组织能力。可以说，平民出身培养了他对祖国和人民的高度责任感，特工经历练就了他的沉稳和深藏不露，柔道训练造就了他的坚忍不拔，以柔克刚。正是这一切，造就了他的个人魅力和感召力、影响力。

七、独特的工作风格

普京的工作风格自成一体，令人耳目一新，这也可以说是造就他个人魅力的重要方面。

低　调

低调的工作作风是普京一贯保持的，这一点与他当特工情报员的经历分不开，因为当一名特工不能太显山露水，那样容易暴露目标。从政之后，他继续保持这种工作作风。不论在索布恰克身边还是在叶利钦身边，他始终保持谦逊低调，甘当默默无闻的绿叶，因此赢得了他们的好感。

这种作风即便在他竞选总统时也保持着。当普京竞选总统时，一些政治家建议普京频繁地在电视屏幕上露面，提高知名度。普京没有那样去做，他展现了自己自然、务实、轻松幽默、坚强果敢、真诚朴实等风格，并没有因为车臣一战就显得跋扈和自我陶醉。结果，普京这些低调的"电视形象"不仅帮他在总统大选中获胜，而且也使他在选民当中一直保持着很高的信任度。

另外普京参加任何活动都不像前苏联时期官员那样很讲究排场，尽量不带众多的随从。即便是在重大的场合中，人们也会看到普京本人没有专门的服务员。他不希望将所有人的目光都聚焦到自己身上。

总之，普京给人们留下的印象是，没有明显的自命不凡。

务　实

普京的务实作风人所共知。和叶利钦相比，普京没有发布太多的总统令，也不愿意整天和文件打交道，他讲究"眼见为实"。他宁愿把时间花费在调研和视察上。即使在视察中，普京也善于躲开当地领导安插的"工农代表"，专挑未经"训练"的普通人，跟他们聊家常。

普京的务实性不仅表现在深入一线，而且还表现在他不摆架子。他没有将时间浪费在寒暄和客套话上，总是开门见山，直奔主题。这种工作作风，大大提高了工作效率。

反应敏捷

毫无疑问，作为一名情报人员，应当培养良好的应急反应能力，以便在危险情况下做出恰当的反应。这一切在普京从事谍报生涯时已经具备了。在他当选总统后，他这种能力又得到了充分的发挥。

一次，普京总统在一个大型商务会议上宣布建立特种金融情报机构时，一位大银行家问他："那我们俄罗斯还有银行秘密可言吗？""那你认为现在有吗？"普京迅速地反问道。这位银行家默默地坐回自己的座位上，不知该怎样回答。许多人都注意到了普京对这个充满藐视的问题所做出的迅捷而恰如其分的反应。

在2001年普京就任总统后，一次记者招待会上，记者们唇枪舌剑，一番迅捷、尖锐的即兴答问当场展开。一名记者突然问普京："您关注公民社会的发展了吗？"他是想给普京一个下马威。因为普京当上总统的时间不长，社会经济发展情况不熟悉。但是，他没有想到普京马上回答说："我已经有10年没有跟踪监视什么人了。"有意用幽默的方式岔开话题，令在场的人感到很好笑，记者也没有达到自己的目的。

还有一次，普京访问美国时，曾将自己贴身的小十字架拿出来给基督徒小布什看。因此小布什问：普京是不是东正教信徒？这是普京一生中第一次对回答问题面露难色。停顿了一下，他说："我不想回答这个问题，因为我认为它应当是个人隐私。我不想让这个领域被用作政治目的。"普京的回答很有分寸，无懈可击。

办事雷厉风行

普京做事一向雷厉风行。在他的带动下，政府官员也提高了工作效率。曾经的俄罗斯官场办事效率十分低。就拿窗口行业来说，无论有多少人排队，"午休"是雷打不动的。不过，这些现象自普京出任总统后都得到了明显改善。政府机关原来那种逍遥自在、单纯"与文件打交道"的时代彻底终结了。在普京的带领下，政府机关的办事效率得到了很大提高。

2007年9月，普京曾任命祖布科夫为俄罗斯总理。在一次会议上，有人汇报说，由于中央政府的资金未能如期到位，从而导致俄远东某偏远地区能源供应出现问题。听到这番话，祖布科夫并没有追究资金的问题，而是责问相关部门的负责人是否知情。

一位部长起身说，他刚接手有关事情，不了解详情。祖布科夫生气地说："开完会你就买机票去远东，了解情况解决问题，资金不到位你就别回来。"

对于政府工作效率的提高，民众拍手称快。

普京处事果断、行动迅速，一旦需要，就抢在对方行动之前做出闪电般的决定。在他的带动下，俄罗斯政府机关高效工作的局面开始形成。这就是他的工作风格带来的影响力。

八、老练的处事原则

普京，作为俄罗斯万众瞩目的总统，能得到大多数人长久的支持和信赖，一路顺风顺水，除了他的能力超群外，在为人处世的方式上也有令人称道之处。因为官场就是人际交往的场合，人脉就是事业脉，能处理好这些人际关系需要有高超的为人处世的本领。

让大家对自己有好感

作为一名政治家，能让大多数人对自己有好感才能拥有影响力。普京为人处世的原则就是——让大家对自己有好感。

普京早在从事情报搜集工作时就懂得了这一点。因为情报军官要学会让形形色色的人为自己做事，使他们对自己产生好感。这是一名情报人员必须具备的能力，特别是在国外工作的情报人员的基本职业素质。这种经过严格训练的能力对普京日后的从政之路起了很大的帮助作用。

从政后，他也牢记这个原则，无论是担任总统事务局局长、总统办公厅副主任，还是圣彼得堡市第一副市长，普京都赢得了大多数人的好感。即便他在监督部门工作时，也经受住了诱惑的考验，从受贿分子紧盯的机构中做到了全身而退，就是得益于这个宝贵的处事原则。他既坚持原则又能让被监督的人不讨厌自己，的确是处世的高手。

谦逊待人，从不落井下石

在叶利钦解除普里马科夫总理职务的第二天，普京就以联邦安全局长和俄罗斯国家安全会议秘书的身份，带着自己的一批副手来到普里马科夫的别墅，表达自己的感激之情并授予他一柄"巩固国家安全功勋"个人佩剑。这令普里马科夫总理十分感激。

普京还曾亲自前往前苏联克格勃主席克留奇科夫的住所，邀请他出席联邦安全局纪念尤里·安德罗波夫诞辰85周年而举行的全体会议。克留奇科夫对普京的照顾和他的谦虚大为惊讶。

普京，凭着这种谦逊有礼的人品和处事方法赢得了同事和外界对他的好评。

不轻易卷入争端

普京在任总理和总统期间，没有与任何一位部长或其他高级官员有过正面冲突，甚至在总统竞选中也没有和任何一位竞选对手发生过直接争执。他不喜欢公开争吵。他认为处理同事之间的分歧，面对面的对抗不一定能达到目标，完全可以通过其他方式取得结果。

正式履行总统职责以后，普京不止一次地介入各种性质、各级别的冲突当中，与政府部长、总统办公厅官员、地方领导人，甚至与寡头以及大众传媒代表等都发生过意见不一致的矛盾。但是，这些矛盾都迅速得到了解决，没有产生任何粗暴攻击和争吵，更没有演变成持久的争斗。

在这方面，普京能做到对事不对人，而且对粗鲁的、愚蠢的或者无中生有的指责，普京也一概不予理会。他不想无端卷入争端。

善于倾听

对于政治家来说，善于倾听对方的观点是非常重要的。但是，要做到这点并不容易。特别是高层领导，他们常常自我感觉良好，表现欲极为强烈，要让他们耐住性子去倾听别人的观点，通常十分困难。

前苏联及俄罗斯的领导人大多不习惯倾听。赫鲁晓夫喜欢用明确自己立场的发言作为政治局会议的开场白先定基调，之后，参会者很难再提出与党中央第一书记想法相悖的观点；戈尔巴乔夫也喜欢自己唱独角戏；叶利钦通常是向座谈者提问题，不善于听取别人向他提出的建议，甚至还会把他们从办公室赶出去。

和他们相比，普京就完全不一样，他善于倾听。甚至当他不同意对方的观点时，也会认真地听很长时间。当然，他这种倾听不是浪费时间，而是要求对方不仅提出批评，而且还应当给出建议，非常具体的建议。

善于倾听，让对方感到了普京对人们的尊重，同时，普京也可以归纳整理形成自己独特的思路。

平衡高手

普京虽然不是体操冠军，可是他深谙平衡之道。他曾经说过："政治的艺术就在于在需要和可能之间寻找平衡。"在关系到俄罗斯国家发展前途的决策上，普京事实上也运用着一定的平衡之道。

比如，在政治模式的选择上，财阀们要求国家成为寡头的国家；激进者要求国家立刻成为民主的国家；老百姓要求国家成为还全部财产于民的国家；知识阶层要求国家成为西方式的"公民国家"。面对这些不同的要求，普京不慌不忙地说："成为民主国家要有条件，必须要在经济上取得一定程度的发展。没有这些条件，就根本谈不上民主。"因此，在第一届任期内，普京就恰到好处地运用着平衡之道。他开始反对寡头的"三部曲"，就是为了让大多数民众找到心理平衡；他在总统和杜马之间寻找平衡，让杜马成了支持国家元首的机构；他在军队和政府之间寻找平衡，让军队成了他重振国威的强力手段；他在中央政权和地方当局之间寻找平衡，在给予地方政府一定利益的同时确立了中央政府和国家宪法的权威；他在旧的执政者和新的改革者之间寻找平衡，通过大动人事手术刀，形成了他的新政府。虽然损害了少数人的利益，但是得到了强力部门和大多数人的支持，使自己的思想能够贯彻下去，这就是普京的平衡之道。相比起一些过激的措施，这更为高明。

九、韬光养晦，以柔克刚

在人们的印象中，普京始终是一个敢打敢冲的硬汉形象。最令人印象深刻的是，2012年俄罗斯总统大选，普京曾遭遇了炸弹袭击。他在爆炸事发地对媒体公开回应说："我从来不怕也不会怕"，"那些东西不应该干扰工作，如果害怕，那就别活着了，让他们怕我们吧"，这就是硬汉普京的回答。

普京这种强硬性格的形成一方面是先天因素造就的，一方面也和他身处的位置和环境有关，面对武装叛乱分子，面对恐怖主义，他不得不采取这些强硬手段。

其实，普京的性格还有另一面，那就是韬光养晦、以柔克刚。在俄罗斯经受内外交困的艰难时刻，普京往往能表现出韬光养晦的一面。

这方面最明显的表现就是：在普京任第一届总统时，他看到，俄罗斯"正处于数百年来最困难的历史时期"，仅凭他自己的能力和热情，凭当时俄罗斯的发展局面和国际地位，"未必能够大大改变国际关系的现有结构，未必能够动摇美国的霸权"。

此时,他的智囊班子中负责外交方面的人士建议普京,先不急于同外部不利于自己的大环境去做对抗,而是集中精力着重国内经济建设。而在涉及到国家领土和主权方面的问题时,要极其强硬地坚持原则性的对外政策立场。

对于智囊团的建议,普京仔细想了一下确实如此。因此根据俄罗斯当时的国际环境,普京决定将"韬光养晦"的外交政策继承并发扬为"以融促变",就是放弃对抗,以积极主动的姿态与"对手"合作,融入其中,并借此为国内经济发展创造良好的外部环境。于是,在外交舞台上,人们看到了一个充满亲和力的普京。即便在对待美国的问题上,他也把坚定的原则和弹性的手段结合起来。特别是在"9·11"后,加大了与西方的合作力度,俄主动与美开展反恐合作促使双边关系实现重大突破。布什在公开场合把俄称作"伙伴"而不再是"对手"。

在与北约的关系上,普京也不再习惯于武力对抗,而是与北约建立了新的合作机制,并借此促使北约由单纯的军事集团向军事政治组织转变。

在与欧洲的关系上,通过普京的长袖善舞,放弃与美全球对峙,俄欧就建立共同经济空间、能源合作等这些具体的国计民生问题积极磋商。美欧对车臣问题的态度也有所转变,他们也承认了俄罗斯是市场经济国家。

在外交上"韬光养晦"的同时,普京深知他隐忍退让是为了俄罗斯的重新崛起。只是要以国家利益为中心,量力而行,尽量隐藏锋芒的一面,集中资源投入到关系俄罗斯切身利益的方向和领域。

在处理国外事务中是这样,在处理国内事务上,普京也表现出以柔克刚的一面。比如,他的宗教政策。

在前苏联时期,长期以来,当局只是把东正教作为一种宗教来对待。于是,教堂被摧毁了,僧侣被强迫还俗了,信仰成了一种罪过。可是,东正教早在大多数俄罗斯人的心灵中扎下了根。在那些信教的人看来,东正教不仅是一种信仰,还是一种生活的寄托。

那么，应该如何对待有宗教信仰的人呢？普京上台后，他尊重了那些人的信仰。在俄罗斯东正教复活节的前夕，也正值俄罗斯国家杜马选举的前夕，普京到了离莫斯科不远的东正教圣地——苏兹达尔，在那里和修道院中的僧侣、修士及信教者一起祈祷、谈话。

这种尊重的态度赢得了广大东正教信众的好感。

由此看来，在处理各种复杂的关系方面，普京懂得何时使用"柔"的一面，何时使用"硬"的一面。

十、像普京那样健康生活

普京健康的身体的确令人羡慕，很多人都希望像他那样健康且充满活力。那么，普京的健康秘诀何在呢？

这和他曾经从事的职业有关。普京年轻时当过情报员。当一名情报员需要东奔西走，而且还要应对一些意外事件，这些都需要情报员身强体壮，精力充沛。后来，当他离开情报机关后，依然保持了这样的健康理念。为了保持健康的身体，他坚持参加体育锻炼，另外，在饮食习惯上他对自己也有着严格的要求。

吃低碳水化合物的高营养食品

俄罗斯营养学家认为，普京喜欢吃的食物都属于低碳水化合物的高营养食品。普京自己也曾说过："老实说，我没有足够的时间吃东西。我喜欢蔬菜：西红柿、黄瓜、生菜。早上喝粥、嚼奶豆腐、喝蜂蜜。如果在鱼和肉之间选择，我会挑鱼。除冰激凌外，我对甜食基本不感兴趣。我通常只喝绿茶。"医学专家认为，这些低碳水化合物的饮食会使血糖稳定、营养充分，减少脂肪摄入，还可提升精力和智力。

无怪乎普京那样精力充沛呢？这样的饮食习惯和他的健康身体有着很大关系。

尽量少吃

尽量少吃，这也是普京的饮食习惯。在很多官方宴会上，普京总是避免多吃。即便是在元首会晤宴会上他也保持这种习惯。例如2003年10月，普京对泰国进行正式访问，泰方举行盛大宴会，并用最具代表性的对虾汤款待普京夫妇。海味食品是普京喜爱的，可是汤端上来之前，普京没有痛快淋漓地吃个够，他预先吃了一些蔬菜和小虾，品尝了一些汤。餐后还吃了一些热带水果、椰子味冰激凌以及南瓜布丁。

保持正常的生活规律

年轻时，普京的生活也是很有规律的。他在德国工作时的一名同事回忆说："普京不酗酒，不吸烟，不贪财，不玩女人。他一定有他的弱点，但我没有发现。"

后来成为总统，出席重大的外交活动在所难免，但是普京能够控制自己，尽量保持正常稳定的生活规律。普京曾说："我从不酗酒，一小杯伏特加，仅此而已。酒精对解决问题没有帮助。我享受达到既定目标的快乐。如果有什么事情阻碍我，我就将其除去。"为了防止饮酒误事，他曾在一次宴会上将杯中的伏特加倒进了身边的花盆里。

保持正常的生活规律不仅给普京的身体带来了健康，而且还树立了新的领导人形象。自从普京就任总统后，外界反映国家杜马里的酒精味儿淡了。先前的叶利钦曾是一个"嗜酒如命"的人。据叶利钦当年的保镖透露，叶利钦从每天早上7点开始就"酒不离手"。有一次，叶利钦访问英国，乘坐的专机降落后，叶利钦竟久久未出现在舷梯上。许久，他才面红耳赤地走下飞机，因为他喝高了。这还不算，在他的"榜样"的效应下，群起仿之，俄国家杜马就是一个"散发着浓浓酒精气味的地方"。但普京当上总统后，他不仅自己对酒精不感冒，而且也十分厌恶官员饮酒误事，他很少在公开场合喝酒。2000年，俄罗斯至少通过了两部限制饮酒的法律：一部是2004年颁布的禁止做啤酒广告的法案；另一部则是2005年颁布的，禁止在公共场所饮用酒精含量高于12%的饮料的法令。受普京的影响，俄罗斯高官们在公开场合举杯畅饮的情景越来越少。

由此可见，普京良好的生活规律不仅给自己带来了身体健康，而且给俄罗斯的政坛带来了一股健康的空气。仅凭这一点，人们增添了对他的好感。

其实，拥有健康的身体是每个人的愿望，不论总统还是平民百姓。特别是在生活水平日益提高的今天，健康更成了人们关注的话题。因此，在我们仰慕普京取得的成就的同时，也希望能像他一样，通过锻炼和重视饮食健康，拥有一个令人羡慕、令自己骄傲的无比健康的身体！这也能增添我们每个人的魅力。